W0412716

SV

Anthony Giddens
Konsequenzen der Moderne

Übersetzt von
Joachim Schulte

Suhrkamp

Titel der Originalausgabe:
The Consequences of Modernity
© 1990 by the Board of Trustees
of the Leland Stanford Junior University

Published 1990 by Polity Press
in association with Basil Blackwell, Oxford

Die Deutsche Bibliothek – CIP-Einheitsaufnahme
Giddens, Anthony:
Konsequenzen der Moderne
Anthony Giddens.
Übers. von Joachim Schulte. –
2. Aufl. – Frankfurt am Main :
Suhrkamp, 1995
Einheitssacht.: The Consequences of modernity <dt.>
ISBN 3-518-58197-X

Zweite Auflage 1995
© dieser Ausgabe Suhrkamp Verlag Frankfurt am Main 1995
Alle Rechte vorbehalten
Satz: Satz- und Reprotechnik GmbH, Hemsbach
Druck: Druckhaus Beltz, Hemsbach
Printed in Germany

Inhalt

IV

V

VI

Und wenn dieses Jetzt der Welt
letzte Nacht wäre?
John Donne,
Devotions upon Emergent Occasions

Die imaginäre Zeit ist von räumlichen Richtungen nicht zu unterscheiden. Wenn man nach Norden gehen kann, so kann man sich auch umdrehen, um sich nach Süden zu wenden. Ebenso sollte man, wenn man in der imaginären Zeit vorwärts gehen kann, auch imstande sein, sich umzudrehen und zurück zu gehen. Das heißt, es kann keinen wichtigen Unterschied geben zwischen der Vorwärts- und der Rückwärtsrichtung der imaginären Zeit. Betrachtet man dagegen die »reale« Zeit, gibt es, wie wir alle wissen, doch einen gewaltigen Unterschied zwischen der Vorwärts- und der Rückwärtsrichtung. Woher rührt dieser Unterschied zwischen Vergangenheit und Zukunft? Warum erinnern wir uns an die Vergangenheit, und nicht an die Zukunft?

Stephen W. Hawking,
A Brief History of Time

Im März des Jahres 1986 erschien in der englischsprachigen Zeitschrift *Soviet Life* ein neunseitiger Artikel über das Kernkraftwerk Tschernobyl unter der Überschrift »Totale Sicherheit«. Nur einen Monat später ereignete sich während des Wochenendes vom 26. auf den 27. April in ebendieser Anlage der – bis heute – schlimmste Reaktorunfall der Welt.

James Bellini,
High Tech Holocaust

Sobald wir entdecken, daß es nicht bloß eine einzige Kultur gibt, sondern mehrere Kulturen, also sobald wir das Ende eines – sei es illusorischen oder realen – Kulturmonopols einräumen, werden wir von unserer eigenen Entdeckung mit der Vernichtung bedroht. Auf einmal wird es möglich, daß es ausschließlich andere gibt, daß wir selbst nichts weiter sind als andere unter anderen. Da jeglicher Sinn und Zweck abhanden gekommen ist, ergibt sich die Möglichkeit, durch die Zivilisationen zu spazieren wie sonst durch Überreste oder Ruinen. Die ganze Menschheit wird eine Art von imaginärem Museum: Wohin sollen wir am Wochenende fahren? Sollen wir die Ruinen von Angkor besuchen oder in Kopenhagen über das Tivoli bummeln?

Paul Ricœur, *Histoire et Vérité,*
»Civilisation universelle et cultures nationales«

Vorwort

Dieses Buch hat im Grunde die Form eines längeren Essays. Ich habe es nicht in formal gegliederte Kapitel, sondern in Abschnitte unterteilt, um den Strom der Argumente ununterbrochen fließen zu lassen. Die hier zum Ausdruck gebrachten Gedanken stehen in unmittelbarem Zusammenhang mit meinen bisherigen Schriften, auf die hier oft Bezug genommen wird. Der Leser wird derart häufige Selbstverweise hoffentlich verstehen und vergeben, denn der Grund ist nicht Hochmut, sondern die Angabe von Belegen für Thesen, die in einer derart knapp gehaltenen Arbeit nicht ausführlich gerechtfertigt werden können. Entstanden ist das Buch aus den im April 1988 an der kalifornischen Stanford University gehaltenen Raymond Fred West Memorial Lectures. Den Gastgebern in Stanford, die mich seinerzeit überaus freundlich aufgenommen haben, möchte ich an dieser Stelle danken. Besonders verpflichtet weiß ich mich Grant Barnes, der als Mitarbeiter von Stanford University Press auch für die Einladung verantwortlich gewesen ist und ohne den es diesen Text gar nicht gäbe.

I

Einleitung

Im folgenden werde ich eine Institutionenanalyse der Moderne darlegen, in der auch kulturelle und epistemologische Themen anklingen. Damit schlage ich einen ganz anderen Weg ein als die meisten heute gängigen Erörterungen, die den Akzent gerade umgekehrt setzen. Auf die Frage, was die Moderne überhaupt sei, kann man als erste Annäherung an die Antwort festhalten: Das Wort »Moderne« bezieht sich auf Arten des sozialen Lebens oder der sozialen Organisation, die in Europa etwa seit dem siebzehnten Jahrhundert zum Vorschein gekommen sind und deren Einfluß seither mehr oder weniger weltweite Verbreitung gefunden hat. Diese Bestimmung bringt die Moderne mit einem Zeitabschnitt und einem geographischen Ausgangsort in Zusammenhang, während ihre Hauptmerkmale fürs erste unangetastet in einer Black Box verstaut bleiben.

Heute, im ausgehenden zwanzigsten Jahrhundert, wird von vielen behauptet, wir stünden am Anfang einer neuen Ära, auf die die Sozialwissenschaften reagieren müssen, und diese neue Ära führe uns über die Moderne hinaus. Zur Bezeichnung dieser Übergangszeit ist eine verwirrende Vielfalt von Begriffen vorgeschlagen worden, die sich zum kleineren Teil positiv auf das Auftauchen eines Gesellschaftssystems neuen Typs beziehen (hierhin gehören Ausdrücke wie »Informationsgesellschaft« oder »Konsumgesellschaft«), während der größere Teil eher den Gedanken nahelegt, daß eine bisher bestehende Sachlage ihrem Ende zustrebt (»Postmoderne«, »Postmodernismus«, »postindustrielle Gesellschaft«, »Postkapitalismus« usw.). Bei einigen Auseinandersetzungen über diese Themen konzentriert man sich in der Hauptsache auf institutionelle Umwandlungen, namentlich wenn geltend gemacht wird, daß wir uns von einem auf der Herstellung materieller Güter beruhenden System entfernen und uns auf ein System zubewegen, in dem es vor allem um Informationen geht. Öfter ist es jedoch so, daß besonders philosophische und epistemologische Streitfragen im Brennpunkt dieser Kontroversen stehen. Diese Einstellung ist zum Beispiel für Jean-François Lyotard kennzeichnend, also für den Autor, der mehr als jeder andere für die Popularisierung des Begriffs der Postmoderne verantwortlich ist.[1] Nach Lyotards Darstellung bezieht sich der Begriff der Postmoderne auf einen Wechsel, der wegführt von erkenntnistheoretischen Begründungsversuchen und vom Glauben an einen vom Menschen bewerkstelligten Fortschritt. Was die Situation der Postmoderne auszeichnet, sei ein Verschwinden der »großen Erzählung«, der alles überwölbenden »Geschichte«, durch die uns als Wesen mit einer bestimmten Vergangenheit und einer vorhersagbaren Zukunft ein Platz in der Historie zugewiesen wird. Nach postmoderner Anschauung gibt es eine Mehrzahl heterogener Erkenntnisansprüche, unter denen die Wissenschaft keine privilegierte Stellung einnimmt.

Auf die von Lyotard zum Ausdruck gebrachten Vorstellungen wird üblicherweise damit geantwortet, daß man nachzuweisen versucht, die Aufstellung einer kohärenten Erkenntnistheorie sei dennoch möglich und man sei imstande, zu verallgemeinerungsfähigen Erkenntnissen zu gelangen, die das Leben in der Gesellschaft und Muster der sozialen Entwicklung betreffen.[2] Ich für mein Teil möchte aber einen anderen Kurs einschlagen. Die Orientierungslosigkeit, die sich in dem Gefühl äußert, systematisches

1 Jean-François Lyotard, *Das postmoderne Wissen*, Wien: Edition Passagen, 1986.

2 Jürgen Habermas, *Der philosophische Diskurs der Moderne*, Frankfurt am Main: Suhrkamp, 1985.

Wissen über die Organisation der Gesellschaft sei nicht zu haben, geht, wie ich ausführen werde, in erster Linie aus der vielfach empfundenen Ahnung hervor, wir seien Gefangene einer Welt von Ereignissen, die wir nicht zur Gänze verstehen und die sich weitgehend unserer Kontrolle entzieht. Um die Entstehung dieser Sachlage zu analysieren, genügt es nicht, neue Begriffe wie »Postmoderne« und dergleichen zu erfinden. Vielmehr müssen wir uns erneut mit dem Wesen der Moderne selbst befassen, von dem man sich in den Sozialwissenschaften aus bestimmten recht spezifischen Gründen bisher keinen zulänglichen Begriff gemacht hat. Wir treten nicht in eine Periode der Postmoderne ein, sondern wir bewegen uns auf eine Zeit zu, in der sich die Konsequenzen der Moderne radikaler und allgemeiner auswirken als bisher. Jenseits der Moderne können wir nach meiner These zwar die Umrisse einer neuen und andersartigen, einer »postmodernen« Ordnung ausmachen, doch diese Ordnung ist völlig verschieden von dem, was zur Zeit von vielen »Postmoderne« genannt wird.

Die hier dargelegten Anschauungen gehen aus einer Interpretation der neuzeitlichen Gesellschaftsentwicklung hervor, die, wie ich an anderer Stelle bereits betont habe, auf das »Diskontinuierliche« abhebt.[3] Damit meine ich, daß die sozialen Institutionen der Moderne in mancher Hinsicht einzigartig sind und sich in ihrer Form von allen Typen traditionaler Ordnung abheben. Daß man die eigentliche Beschaffenheit der hier ins Spiel kommenden Diskontinuitäten in den Griff bekommt, ist, wie ich ausführen werde, eine unerläßlich Vorstufe der Analyse des wirklichen Wesens der Moderne sowie der Diagnose der Konsequenzen, welche die Moderne heutzutage für uns hat.

Mein Ansatz verlangt außerdem eine knappe kritische Er-

3 Anthony Giddens, *The Nation-State and Violence*, Cambridge: Polity Press, 1985.

örterung einiger in der Soziologie vorherrschender Standpunkte, denn das Fach Soziologie ist von der Sache her besonders mit der Untersuchung des modernen sozialen Lebens befaßt. Da es bei den bisherigen Auseinandersetzungen um Moderne und Postmoderne vor allem um kulturelle und erkenntnistheoretische Fragen gegangen ist, sind die Mängel der etablierten soziologischen Standpunkte dabei kaum behandelt worden. Eine Interpretation, die sich wie die hier von mir vertretene hauptsächlich für eine Analyse der Institutionen interessiert, muß dagegen auf dieses Thema eingehen.
Während ich diese Feststellungen als Sprungbrett benutze, werde ich im Großteil der hier vorgelegten Untersuchung bestrebt sein, das Wesen der Moderne ebenso auf neue Art zu schildern wie das Wesen der am Ende der Jetztzeit womöglich zum Vorschein kommenden postmodernen Ordnung.

Die Diskontinuitäten der Moderne

Die Vorstellung, die Menschheitsgeschichte sei durch bestimmte »Diskontinuitäten« geprägt und entwickle sich nicht reibungslos, ist natürlich vertraut und wird in den meisten Spielarten des Marxismus hervorgehoben. Mein Gebrauch des Begriffs steht allerdings in keinem spezifischen Zusammenhang mit dem historischen Materialismus und zielt nicht darauf ab, die Menschheitsgeschichte als Ganzes zu kennzeichnen. Diskontinuitäten gibt es zweifellos in verschiedenen Stadien der historischen Entwicklung, so zum Beispiel an den Übergangsstellen zwischen Stammesgesellschaften und dem Auftauchen von Agrarstaaten. Darum geht es mir hier nicht. Ich möchte vielmehr jene ganz bestimmte Diskontinuität – bzw. jene Gruppe von Diskontinuitäten – akzentuieren, die mit der Zeit der Moderne in Verbindung steht.

Die durch die Moderne entstandenen Lebensformen haben uns in ganz beispielloser Weise von *allen* traditionalen Typen der sozialen Ordnung fortgerissen. In extensionaler wie in intensionaler Hinsicht haben sich die mit der Moderne einhergehenden Umgestaltungen tiefer ausgewirkt als die meisten der für frühere Perioden charakteristischen Arten des Wandels. Auf der extensionalen Ebene haben diese Umgestaltungen dazu gedient, weltumspannende Formen der sozialen Verbindung herzustellen; in intensionalem Sinne haben sie dazu geführt, manche der intimsten und persönlichsten Merkmale unserer tagtäglichen Existenz zu ändern. Freilich gibt es Kontinuitäten zwischen dem Traditionalen und dem Modernen, die ihrerseits nicht völlig aus der Luft gegriffen sind, und außerdem weiß man, wie irreführend es sein kann, diese beiden Seiten in allzu grobschlächtiger Form einander gegenüberzustellen. Doch die Veränderungen, die sich in den letzten drei oder vier Jahrhunderten – also während eines winzigen Zeitabschnitts der historischen Gesamtzeit – zugetragen haben, sind in ihren Auswirkungen derart dramatisch und so umfassend gewesen, daß unsere Kenntnis früherer Übergangsperioden nur von begrenztem Nutzen ist, wenn wir versuchen, diese Veränderungen zu interpretieren.
Der seit langem herrschende Einfluß des sozialen Entwicklungsgedankens ist einer der Gründe, weshalb das Diskontinuierliche der Moderne oft nicht vollständig erkannt worden ist. Selbst die Theorien, die – wie zum Beispiel der Marxismus – die Bedeutung diskontinuierlicher Übergänge betonen, fassen die Menschheitsgeschichte so auf, als habe sie eine Gesamtrichtung, die von allgemeinen dynamischen Prinzipien bestimmt werde. Dem Entwicklungsgedanken verpflichtete Theorien stellen nun wirklich »große Erzählungen« dar, wenn auch nicht unbedingt teleologisch inspirierte Erzählungen. Die »Geschichte« läßt sich der Entwicklungstheorie zufolge im Sinne einer »Fabel« erzählen, die dem Gewirr menschlicher Geschehnisse

ein geordnetes Bild aufprägt. Die Geschichte »beginnt« mit isolierten Kleinkulturen aus Jägern und Sammlern, geht durch die Entwicklungsstadien des Feldanbaus und der Hirtengemeinschaften hindurch, um von dort zur Bildung der Agrarstaaten zu gelangen, und dieser Vorgang gipfelt dann im Auftreten der modernen Gesellschaften des Abendlands.

Die Verdrängung der entwicklungsgeschichtlichen Erzählung oder die Dekonstruktion ihrer Fabel trägt nicht nur dazu bei, die Aufgabe einer Analyse der Moderne zu klären, sondern sie verändert auch die Ausrichtung der Auseinandersetzung um die sogenannte Postmoderne. Die Geschichte weist in Wirklichkeit nicht die Form der »Totalität« auf, die ihr von entwicklungsgeschichtlichen Auffassungen unterstellt wird – und der Entwicklungsgedanke hat in der einen oder anderen Spielart das Nachdenken über die Gesellschaft sehr viel stärker beeinflußt als die teleologischen Geschichtsphilosophien, die von Lyotard und anderen Autoren in erster Linie aufs Korn genommen werden. Die Dekonstruktion der Vorstellung von der sozialen Entwicklung bedeutet, daß man sich mit dem Gedanken abfindet, die Geschichte könne weder als etwas Einheitliches gesehen werden noch als Widerspiegelung bestimmter vereinheitlichender Ordnungs- und Umgestaltungsprinzipien. Das heißt aber nicht, alles sei Chaos oder es sei möglich, unendlich viele rein idiosynkratische »Historien« zu schreiben. Es gibt zum Beispiel bestimmte Episoden historischer Übergänge, deren Charakter ermittelt werden kann und über die sich Verallgemeinerungen aufstellen lassen.[4]

Wie sollen wir die Diskontinuitäten ermitteln, die die gesellschaftlichen Institutionen der Moderne von den sozialen Ordnungen der Tradition trennen? Hier kommen verschiedene Merkmale ins Spiel. Eines ist die schiere *Ge-*

4 Anthony Giddens, *The Constitution of Society*, Cambridge: Polity Press, 1984, 5. Kapitel.

schwindigkeit des Wandels, der von der Moderne in Bewegung gesetzt wird. Traditionale Zivilisationen mögen zwar beträchtlich viel dynamischer gewesen sein als andere vormoderne Systeme, doch unter modernen Verhältnissen ist die Schnelligkeit des Wandels extrem. Während das im Hinblick auf die Technologie vielleicht besonders augenfällig ist, gilt es doch durchweg für alle sonstigen Sphären. Eine zweite Diskontinuität ist die *Reichweite des Wandels*. Indes zwischen verschiedenen Bereichen des Erdballs Verbindungen hergestellt werden, schwappen Wogen der sozialen Umgestaltung praktisch über die gesamte Oberfläche der Erde. Ein drittes Merkmal betrifft das innere *Wesen der modernen Institutionen*. Manche sozialen Formen der Moderne finden sich einfach nicht in früheren historischen Perioden, so zum Beispiel das politische System des Nationalstaats, die völlige Abhängigkeit der Produktion von unbelebten Energiequellen oder die durchgängige Kommodifizierung der Erzeugnisse und der Lohnarbeit. Andere Formen stehen bloß in scheinbarer Kontinuitätsbeziehung zu früher existierenden sozialen Ordnungen. Ein Beispiel hierfür ist die Stadt. Moderne Stadtsiedlungen umfassen oft dasselbe Areal wie die traditionalen Städte, und es mag so aussehen, als hätten sie sich lediglich von hier aus weiter ausgedehnt. In Wirklichkeit ist die moderne Stadtanlage aber nach ganz anderen Prinzipien gegliedert als denen, durch die sich die vormoderne Stadt in früheren Zeiten vom Land abhob.[5]

5 Anthony Giddens, *A Contemporary Critique of Historical Materialism*, London: Macmillan, 1981.

Sicherheit und Gefahr, Vertrauen und Risiko

Im Zuge der weiteren Untersuchung des Charakters der Moderne möchte ich einen gewichtigen Teil der Erörterung den Themen »Sicherheit vs. Gefahr« und »Vertrauen vs. Risiko« vorbehalten. Wie jeder, der im ausgehenden zwanzigsten Jahrhundert lebt, erkennen kann, ist die Moderne ein zweischneidiges Phänomen. Die Entwicklung der modernen Gesellschaftsinstitutionen und ihre weltweite Verbreitung haben in sehr viel höherem Maße als irgendein vormodernes System Möglichkeiten geschaffen, die den Menschen die Chance geben, ein sicheres und lohnendes Dasein zu führen. Aber die Moderne hat, wie deutlich spürbar geworden ist, auch eine Schattenseite.

Alles in allem ist die »Sonnenseite« der Moderne von den klassischen Begründern der Soziologie besonders nachdrücklich hervorgehoben worden. Marx wie Durkheim sahen zwar die Probleme der Moderne, doch jeder der beiden glaubte, daß die von der Moderne ermöglichten Wohltaten ihre negativen Merkmale aufwögen. Marx erblickte im Klassenkampf eine Quelle grundlegender Spaltungen der kapitalistischen Ordnung, doch zugleich hatte er die Vorstellung, daraus werde ein humaneres Gesellschaftssystem hervorgehen. Durkheim glaubte, die weitere Ausbreitung des Industrialismus werde ein durch Verknüpfung der Arbeitsteilung mit dem moralischen Individualismus integriertes harmonisches und erfüllendes Leben in der Gesellschaft herbeiführen. Von den drei Gründervätern war Max Weber der pessimistischste, denn nach seiner Anschauung ist die moderne Welt eine paradoxe Welt, in der materieller Fortschritt nur um den Preis einer Ausbreitung der Bürokratie erlangt wird, die ihrerseits die Kreativität und Autonomie des Individuums zermalmt. Aber nicht einmal Max Weber hat zur Gänze vorhergesehen, wie weit sich die Schattenseite der Moderne schließlich ausdehnen würde.

Um ein Beispiel zu nennen: alle drei Autoren haben gesehen, daß die moderne Industriearbeit entwürdigende Konsequenzen nach sich zieht, indem sie viele Menschen dem Drill einer stumpfen, repetitiven Fron unterwirft. Dagegen wurde nicht vorhergesehen, daß die Förderung der »Produktivkräfte« ein in großem Maßstab destruktives Potential mit Bezug auf die materielle Umwelt haben würde. Ökologische Belange spielen in den der Soziologie einverleibten Denktraditionen keine große Rolle, und es nimmt nicht wunder, daß es den Soziologen heute schwerfällt, diese Belange systematisch zu würdigen.

Ein weiteres Beispiel ist der konsolidierte Einsatz politischer Macht, wie er besonders in Phasen totalitärer Herrschaft unter Beweis gestellt wird. Der willkürliche Einsatz politischer Macht schien den Begründern der Soziologie vor allem der Vergangenheit anzugehören (obwohl es, wie aus Marx' Analyse der Regierung Louis Napoleons hervorgeht, auch in der Gegenwart mitunter noch Anklänge daran geben mochte). Der »Despotismus« war allem Anschein nach hauptsächlich ein Merkmal vormoderner Staaten. Nach dem Aufstieg des Faschismus, dem Holocaust, dem Stalinismus und anderen Ereignissen der Geschichte des zwanzigsten Jahrhunderts können wir erkennen, daß totalitäre Möglichkeiten von den instutitionellen Parametern der Moderne nicht ausgeschlossen werden, sondern vielmehr in ihnen enthalten sind. Der Totalitarismus ist zwar etwas anderes als der herkömmliche Despotismus, doch als Folgeerscheinung ist er um so erschreckender. Die totalitäre Herrschaft verknüpft die politische, militärische und ideologische Macht in konzentrierterer Form, als es vor dem Auftreten moderner Nationalstaaten je möglich gewesen war.[6]

Ein weiteres treffendes Beispiel ist die militärische Machtentfaltung als allgemeines Phänomen. Sowohl Durkheim als auch Weber haben die entsetzlichen Ereignisse des Er-

6 Giddens, *The Nation-State and Violence.*

sten Weltkriegs noch miterlebt (Durkheim starb allerdings, ehe der Krieg zu Ende war). Durkheims zuvor gehegte Hoffnung, der Industrialismus würde in natürlicher Weise die Entstehung einer friedlichen und integrierten industriellen Ordnung fördern, scheiterte an diesem Konflikt, der, wie sich dann erwies, in dem geistigen Rahmen, den Durkheim zur Grundlegung seiner Soziologie entwickelt hatte, unmöglich untergebracht werden konnte. Weber schenkte der Rolle, die die militärische Macht in der bisherigen Geschichte gespielt hatte, mehr Aufmerksamkeit als Marx oder Durkheim. Dennoch gab er keine ausgearbeitete Darstellung des Militärs in der Moderne, sondern verlegte das Hauptgewicht seiner Analyse auf Rationalisierung und Bürokratisierung. Keiner der klassischen Begründer der Soziologie stellte das Phänomen der »Industrialisierung des Kriegs« systematisch in Rechnung.[7]

Die Erfindung der Kernwaffen konnte von den Gesellschaftswissenschaftlern, deren Schriften im späten neunzehnten und frühen zwanzigsten Jahrhundert entstanden, nicht vorhergesehen werden.[8] Doch die Verbindung der industriellen Innovation und Organisation mit der militä-

7 William McNeill, *The Pursuit of Power*, Oxford: Blackwell, 1983.

8 H. G. Wells hat allerdings tatsächlich eine solche Prognose gestellt, und zwar in dem 1914, unmittelbar vor Ausbruch des Ersten Weltkriegs geschriebenen Buch *The World Set Free*. Angeregt wurde diese Prognose von dem Physiker Frederick Soddy, einem Mitarbeiter Ernest Rutherfords. In diesem Buch erzählt Wells die Geschichte eines 1958 in Europa ausbrechenden Krieges, der sich von dort ausbreitet und die ganze Welt erfaßt. In diesem Krieg kommt eine schreckliche Waffe zum Einsatz, zu deren Konstruktion eine als Carolinum bezeichnete radioaktive Substanz verwendet wird. Hunderte dieser Bomben, die Wells »Atombomben« nennt, werden über den Städten der Welt abgeworfen und bewirken eine ungeheure Verheerung. Darauf folgt eine Zeit allgemeiner Hungersnot und chaotischer politischer Verhältnisse, woraufhin eine neue Weltrepublik entsteht, in der der Krieg für alle Zeiten untersagt ist.

rischen Macht ist ein Vorgang, der sich schon von den frühesten Anfängen der modernen Industrialisierung herschreibt. Daß dieser Prozeß in der Soziologie weitgehend unanalysiert geblieben ist, deutet darauf hin, wie stark die Überzeugung war, die im Entstehen begriffene neue Ordnung der Moderne werde – im Gegensatz zu dem für die bisherigen Zeitalter charakteristischen Militarismus – im wesentlichen eine friedliche Ordnung sein. Nicht nur die Drohung einer nuklearen Auseinandersetzung, sondern auch die Wirklichkeit militärischer Konflikte bildet in unserem Jahrhundert einen grundlegenden Bestandteil der »Schattenseite« der Moderne. Das zwanzigste Jahrhundert ist das Jahrhundert des Kriegs, in dem die Anzahl der gravierenden militärischen Gefechte mit hohen Verlusten an Menschenleben sehr viel größer ist als in den beiden vorangehenden Jahrhunderten. In unserem Jahrhundert sind bisher über 100 Millionen Menschen in Kriegen getötet worden, und das ist auch unter Berücksichtigung des gesamten Bevölkerungswachstums ein höherer Anteil der Weltbevölkerung als im neunzehnten Jahrhundert.[9] Sollte es zu einer sei's auch begrenzten nuklearen Auseinandersetzung kommen, wäre der Verlust an Menschenleben schwindelerregend, und bei einem unbegrenzten Konflikt der Supermächte könnte es dahinkommen, daß die Menschheit überhaupt ausgemerzt würde.

Die Welt, in der wir heute leben, ist von Problemen und Gefahren geprägt. Dadurch ist mehr bewirkt worden als bloße Abstumpfung oder Nötigung zur Einschränkung der Annahme, mit dem Eintreten der Moderne werde es zur Bildung einer in höherem Maße glücklichen und sicheren Gesellschaftsordnung kommen. Der Verlust des Fortschrittsglaubens gehört natürlich auch zu den Faktoren, die der Zersetzung der historischen »Erzählungen« zugrunde

9 Siehe die Statistiken in Ruth Leger Sivard, *World Military and Social Expenditures*, Washington, D. C.: World Priorities, 1983.

liegen. Doch dabei geht es um sehr viel mehr als die Schlußfolgerung, die Geschichte gehe »nirgendwohin«. Wir müssen eine Institutionenanalyse des zweischneidigen Charakters der Moderne entwickeln. Dabei müssen wir einige der Begrenzungen der klassischen soziologischen Betrachtungsweisen wettmachen, also Begrenzungen, die das soziologische Denken bis heute in Mitleidenschaft ziehen.

Soziologie und Moderne

Die Soziologie ist ein überaus umfassendes und vielgestaltiges Fach, und alle unkomplizierten Verallgemeinerungen, die diesen Bereich insgesamt betreffen, lassen sich in Frage stellen. Doch wir können auf drei weitverbreitete Auffassungen verweisen, die sich zum Teil von der in der Soziologie fortwährenden Wirkung der klassischen Gesellschaftstheorie herschreiben und einer befriedigenden Analyse der modernen Institutionen im Wege stehen. Die erste Auffassung betrifft die Diagnose der Institutionen der Moderne. Die zweite steht in Zusammenhang mit dem Hauptgegenstand der soziologischen Analyse: der »Gesellschaft«. Bei der dritten geht es um die Verbindungen zwischen soziologischer Erkenntnis und den Merkmalen der Moderne, auf die sich eine derartige Erkenntnis bezieht.

1. Die bedeutendsten Theorietraditionen der Soziologie einschließlich derjenigen, die von den Schriften Marx', Durkheims und Webers herstammen, ziehen tendenziell eine einzige vorrangige Umgestaltungsdynamik in Betracht, um das Wesen der Moderne zu interpretieren. Für Autoren, die unter dem Einfluß von Marx stehen, ist der Kapitalismus die wichtigste Transformationskraft zur Gestaltung der modernen Welt. Mit dem Niedergang der Feudalherrschaft wird die in der lokalen Gutsbewirtschaftung wurzelnde Agrarproduktion

durch eine Produktion verdrängt, die Märkte von nationaler und internationaler Reichweite bedient und durch die nicht nur eine unbegrenzte Vielfalt materieller Güter, sondern auch die menschliche Arbeitskraft kommodifiziert, also zur Ware wird. Die im Entstehen begriffene soziale Ordnung der Moderne ist sowohl in ihrem Wirtschaftssystem als auch in ihren übrigen Institutionen *kapitalistisch*. Die Rastlosigkeit und Mobilität der Moderne wird erklärt, indem man sie als Ergebnis des Zyklus Investition-Profit-Investition hinstellt, der in Verbindung mit der Gesamttendenz des Absinkens der Profitrate die ständige Disposition des Systems hervorbringt, immer weiter zu expandieren.
Dieser Standpunkt ist von Durkheim wie von Weber kritisiert worden, die ihrerseits dazu beigetragen haben, konkurrierende Interpretationen auf den Weg zu bringen, die großen Einfluß auf die spätere soziologische Analyse geübt haben. Durkheim führt das Wesen der modernen Institutionen im Sinne der auf Saint-Simon zurückgehenden Tradition vor allem auf die Wirkung des *Industrialismus* zurück. Nach Durkheim ist nicht der kapitalistische Wettbewerb das zentrale Element der zum Vorschein kommenden industriellen Ordnung, und einige der von Marx besonders nachdrücklich hervorgehobenen Merkmale sind nach seiner Anschauung nebensächlich und kurzlebig. Die Geschwindigkeit und Wechselhaftigkeit des Lebens in der modernen Gesellschaft leite sich im wesentlichen nicht vom Kapitalismus her, sondern von dem Energie verleihenden Anreiz einer komplexen Arbeitsteilung, die die industrielle Ausbeutung der Natur den menschlichen Bedürfnissen nutzbar machte. Demnach leben wir nicht in einer kapitalistischen, sondern in einer industriellen Ordnung.
Bei Max Weber ist zwar nicht vom Bestehen einer industriellen Ordnung, sondern von »Kapitalismus« die Rede, doch in manchen ausschlaggebenden Hinsichten

steht seine Anschauung Durkheim näher als Marx. Der »rationale Kapitalismus« umfaßt nach Webers Kennzeichnung die von Marx angegebenen ökonomischen Mechanismen einschließlich der Kommodifizierung der Lohnarbeit. Doch in diesem Sprachgebrauch heißt »Kapitalismus« offensichtlich etwas anderes als derselbe Ausdruck, wenn er in den Schriften von Marx vorkommt. Der tonangebende Begriff ist der der Rationalisierung, die in der Technologie und in Gestalt der Bürokratie in der Organisierung menschlicher Tätigkeiten zum Ausdruck kommt.

Leben wir heute in einer kapitalistischen Ordnung? Ist der Industrialismus die vorherrschende Kraft, die die Institutionen der Moderne prägt? Sollten wir eher die rationalisierte Steuerung der Informationen als hauptsächliches Grundmerkmal ansehen? Ich werde geltend machen, daß die in dieser Form gestellten Fragen so nicht beantwortet werden können – das heißt, wir sollten diese Kennzeichnungen nicht so auffassen, als schlössen sie einander gegenseitig aus. Die Moderne ist nach meiner These *auf der Ebene der Institutionen vieldimensional*, und jedes der von diesen verschiedenen Traditionen angegebenen Elemente spielt dabei eine Rolle.

2. Der Begriff der Gesellschaft steht bei vielen soziologischen Ausführungen im Brennpunkt. Dabei ist »Gesellschaft« freilich ein mehrdeutiger Begriff, der sich sowohl in allgemeiner Weise auf soziale Verbände bezieht als auch auf ein abgesondertes System sozialer Beziehungen. Mir geht es hier nur um die zweite dieser Ausdrucksverwendungen, die bei allen vorherrschenden soziologischen Betrachtungsweisen zweifellos eine grundlegende Rolle spielt. Marxistische Autoren reden mitunter zwar lieber von sozialen »Gebilden« als von der »Gesellschaft«, doch hier wie da ist in ähnlicher Weise ein »abgegrenztes System« gemeint.

Im Rahmen nichtmarxistischer Perspektiven ist der Begriff der Gesellschaft vor allem dann, wenn der Einfluß Durkheims erheblich ist, direkt mit der Definition der Soziologie verknüpft. Die übliche Definition der Soziologie, mit der nachgerade jedes Lehrbuch beginnt (»Die Soziologie beschäftigt sich mit der Untersuchung menschlicher Gesellschaften« oder »Die Soziologie befaßt sich mit der Untersuchung moderner Gesellschaften«), bringt diese Anschauung deutlich zum Ausdruck. Wenn überhaupt, so gibt es nur wenige Autoren, die Durkheim auch darin folgen, daß sie die Gesellschaft in beinahe mystischer Weise als eine Art von »Überwesen« behandeln, dem gegenüber die einzelnen Angehörigen ganz zu Recht eine Einstellung der Ehrfurcht an den Tag legen. Doch der Vorrang des Begriffs »Gesellschaft« als Kernbegriff der Soziologie ist überaus weitgehend anerkannt.

Warum sollten wir Vorbehalte haben gegen den in der Sozialwissenschaft üblicherweise verwendeten Begriff der Gesellschaft? Für solche Vorbehalte gibt es zwei Gründe: Autoren, die die Soziologie als Untersuchung der »Gesellschaften« auffassen, haben auch dort, wo sie es nicht ausdrücklich sagen, die Gesellschaften im Sinn, die mit der Moderne zusammenhängen. Bei der Konzeptualisierung schweben diesen Autoren ganz deutlich abgegrenzte Systeme mit jeweils eigener innerer Einheit vor. Doch wenn man »Gesellschaften« so auffaßt, sind sie offensichtlich nichts anderes als *Nationalstaaten*. Aber obwohl es gelegentlich vorkommen kann, daß ein Soziologe, der von einer spezifischen Gesellschaft spricht, statt dessen in salopper Weise den Ausdruck »Nation« oder »Land« gebraucht, wird die Beschaffenheit des Nationalstaats nur selten zum direkten Gegenstand der Theorie erhoben. Wir dagegen müssen bei der Erläuterung des Wesens moderner Gesellschaften die spezifischen Merkmale des Nationalstaats in den Griff bekommen, also die Merkmale eines Typs von sozialer Gemeinschaft, der in radikalem Gegensatz steht zu vormodernen Staaten.

Ein zweiter Grund betrifft bestimmte theoretische Interpretationen, die eng mit dem Begriff der Gesellschaft verknüpft sind. Zu den einflußreichsten Interpretationen dieser Art gehört die von Talcott Parsons.[10] Nach Parsons besteht das Hauptziel der Soziologie darin, das »Problem der Ordnung« zu lösen. Das Problem der Ordnung ist, da es als Frage der Integration definiert wird, von ausschlaggebender Bedeutung für die Interpretation der Abgegrenztheit sozialer Systeme. Es geht um die Frage, wie es gelingt, den Zusammenhalt des Systems angesichts von Interessenaufsplitterungen zu gewährleisten, die doch alle in Gegensatz zu allen anderen bringen würden.

Eine solche Auffassung sozialer Systeme halte ich für mein Teil nicht für nützlich.[11] Wir sollten die Frage der Ordnung im Sinne des Problems umformulieren, wie es denn geschehe, daß soziale Systeme Zeit und Raum »binden«. Bei dieser Fragestellung wird das Problem der Ordnung als Problem der *raumzeitlichen Abstandvergrößerung* gesehen. Es geht um die Bedingungen, unter denen Zeit und Raum derart strukturiert werden, daß Anwesenheit und Abwesenheit in einen Zusammenhang gebracht werden. Diese Fragestellung muß begrifflich von der Frage der »Abgegrenztheit« sozialer Systeme unterschieden werden. Moderne Gesellschaften (oder Nationalstaaten) weisen zumindest in mancher Hinsicht eine deutlich bestimmte Abgegrenztheit auf. Aber alle derartigen Gesellschaften sind zugleich mit Verbindungen und Zusammenhängen verflochten,

10 Talcott Parsons, *The Social System*, Glencoe, Ill.: Free Press, 1951.

11 Die Gründe für meine Meinung werden in *The Constitution of Society* dargelegt.

die quer zum soziopolitischen System des Staates und zur kulturellen Ordnung der »Nation« verlaufen. Es hat praktisch keine vormodernen Gesellschaften gegeben, die ebenso deutlich abgegrenzt waren wie die Nationalstaaten der Moderne. Agrarzivilisationen besaßen immerhin »Grenzen« in dem Sinne, der dem Ausdruck von Geographen zugeschrieben wird, während die Übergänge zwischen kleineren landwirtschaftlichen Gemeinschaften sowie Gesellschaften von Jägern und Sammlern einerseits und sonstigen Gruppen in ihrer Nachbarschaft andererseits fließend waren. Sie waren nicht im gleichen Sinne territorial ausgerichtet wie Gesellschaften, die auf einem Staatswesen basieren.
Unter Modernitätsbedingungen ist das Niveau der raumzeitlichen Abstandvergrößerung noch sehr viel höher als in den am weitesten entwickelten Agrarzivilisationen. Doch dabei handelt es sich um mehr als bloß die Erweiterung der Fähigkeit der sozialen Systeme, sich über Zeit und Raum zu erstrecken. Um einige der kennzeichnenden Merkmale der Moderne als eines Ganzen zu erkennen, müssen wir recht eingehende Betrachtungen darüber anstellen, in welcher Weise moderne Institutionen zu ihrer »Situierung« in Raum und Zeit gelangen.

3. Von diversen Denksystemen, die sich in anderen Hinsichten durchaus voneinander unterscheiden, ist die Soziologie so aufgefaßt worden, als erzeuge sie Wissen über das moderne soziale Leben, das dann im Interesse von Prognose und Steuerung verwendet werden kann. Dieses Thema wird vor allem in zweierlei Weise behandelt: Im einen Fall gilt die Anschauung, die Soziologie liefere Informationen über das soziale Leben, durch die uns eine ähnliche Art von Kontrolle über soziale Institutionen ermöglicht werde wie im Reich der Natur durch die Physik. Nach dieser Überzeugung steht das soziologische Wissen in instrumentellem Verhältnis zu

der sozialen Welt, auf die es sich bezieht. Derartiges Wissen könne in technologischer Weise angewandt werden, um in das soziale Leben einzugreifen. Hiervon unterscheidet sich der Standpunkt, der von einer anderen Gruppe von Autoren vertreten wird, zu der auch Marx gehört (oder zumindest ein in bestimmter Weise interpretierter Marx). Nach ihrer Ansicht ist der Schlüsselgedanke der, »die Geschichte zu benutzen, um Geschichte zu machen«: Die Ergebnisse der Sozialwissenschaft können nicht ohne weiteres auf ein starres Etwas angewandt werden, sondern müssen durch das Selbstverständnis der gesellschaftlich handelnden Wesen gefiltert werden.

Daß diese zweite Anschauung diffiziler ist als die erste, läßt sich zwar nicht bestreiten, aber auch sie ist noch unzulänglich, denn ihre Vorstellung von Reflexivität ist zu schlicht. Das Verhältnis zwischen der Soziologie und ihrem Gegenstand – den Handlungen der Menschen unter Verhältnissen der Moderne – muß vielmehr im Sinne der »doppelten Hermeneutik« begriffen werden.[12] Die Entwicklung der soziologischen Erkenntnis zehrt von den Begriffen der handelnden Menschen ohne Expertenwissen. Andererseits finden Begriffe, die in den Metasprachen der Sozialwissenschaften geprägt werden, routinemäßig wieder Eingang in den Bereich der Handlungen, zu dessen Beschreibung oder Erklärung sie zunächst formuliert worden waren. Das führt aber nicht in unmittelbarer Weise zu einer transparenten sozialen Welt. *Soziologisches Wissen schraubt sich in den Bereich des sozialen Lebens hinein und aus diesem Bereich wieder heraus, und es gehört als integraler Bestandteil mit zu diesem Vorgang, daß dieses Wissen dabei sowohl sich selbst als auch diesen Bereich umgestaltet.*

12 Anthony Giddens, *New Rules of Sociological Method*, London: Hutchinson, 1974; ders., *The Constitution of Society*.

Dies ist ein Modellfall von Reflexivität, allerdings nicht von der Art, daß es einen parallelen Verlauf gäbe, bei dem sich die Akkumulation soziologischen Wissens auf der einen Spur bewegt und die ständig umfassendere Kontrolle der sozialen Entwicklung auf der anderen. Kumulatives Wissen der, wie man wohl unterstellen darf, von den Naturwissenschaften gesammelten Art wird von der Soziologie ebensowenig erworben wie von den übrigen Sozialwissenschaften, die sich mit den heute lebenden Menschen befassen. Im Gegenteil, die »Einspeisung« soziologischer Begriffe oder Wissensansprüche in die soziale Welt ist ein Vorgang, der sich weder von den Befürwortern dieser Begriffe und Wissensansprüche noch von mächtigen Gruppen oder gar Regierungsinstanzen ohne Umstände kanalisieren läßt. Dennoch ist die praktische Wirkung der Sozialwissenschaft und der soziologischen Theorien enorm, und soziologische Begriffe und Ergebnisse bilden konstitutive Elemente des eigentlichen Wesens der Moderne. Was dieser Sachverhalt bedeutet, wird weiter unten detailliert ausgeführt.

Um das Wesen der Moderne angemessen zu begreifen, müssen wir uns, wie ich geltend machen möchte, in jeder der genannten Hinsichten von bestehenden soziologischen Betrachtungsweisen lösen. Wir müssen das außerordentlich Dynamische und die zum Globalen tendierende Reichweite der modernen Institutionen analysieren und erklären, in welcher Weise zwischen ihnen und traditionalen Kulturen Diskontinuitäten bestehen. Auf eine Charakterisierung dieser Institutionen komme ich später zu sprechen, während ich zunächst die Frage aufwerfen möchte: Welches sind die Quellen des dynamischen Wesens der Moderne? Bei der Formulierung einer Antwort lassen sich verschiedene Gruppen von Elementen auseinanderhalten, deren jede sowohl für die Dynamik als auch für den weltumspan-

nenden Charakter der modernen Institutionen relevant ist.
Die Dynamik der Moderne geht auf folgende Erscheinungen zurück: die *Trennung von Raum und Zeit* und deren Neuverbindung in Formen, die die Einteilung des sozialen Lebens in präzise Raum-Zeit-»Zonen« gestatten; die *Entbettung* [*disembedding*] der sozialen Systeme (womit ein Phänomen gemeint ist, das in engem Zusammenhang steht mit den Faktoren, die bei der Raum-Zeit-Trennung eine Rolle spielen); die *reflexive Ordnung und Umordnung* gesellschaftlicher Beziehungen im Hinblick auf ständig hinzukommende Erkenntnisse, die die Handlungen von Einzelpersonen und Gruppen betreffen. Diese Erscheinungen werde ich einigermaßen detailliert analysieren (wobei zunächst auch ein Blick auf das Wesen des Begriffs »Vertrauen« geworfen wird). Als erstes werde ich auf die Ordnung von Zeit und Raum eingehen.

Moderne, Zeit und Raum

Um die engen Zusammenhänge zwischen der Moderne und den Umgestaltungen von Zeit und Raum zu verstehen, müssen wir zunächst einige Gegenüberstellungen vornehmen, die sich auf die Raum-Zeit-Verhältnisse in der vormodernen Welt beziehen.
Alle vormodernen Kulturen besaßen Verfahren zur Berechnung der Zeit. Der Kalender zum Beispiel war ein für Agrarstaaten ebenso kennzeichnendes Merkmal wie die Erfindung der Schrift. Doch durch die Berechnungsweise der Zeit, die zumindest für die Mehrheit der Bevölkerung die Grundlage des Alltagslebens bildete, wurde stets eine Verbindung hergestellt zwischen Zeit und Raum. Überdies war diese Berechnungsweise normalerweise ungenau und variabel. Niemand war imstande, die Tageszeit anzu-

geben, ohne auf sonstige Markierungen des gesellschaftlichen Raums Bezug zunehmen. Ein »wenn« wurde fast durchweg mit einem »wo« in Zusammenhang gebracht oder durch regelmäßig wiederkehrende Naturereignisse ermittelt. Von ausschlaggebender Bedeutung für die Trennung der Zeit vom Raum war die Erfindung der mechanischen Uhr und deren Verbreitung bei nachgerade allen Angehörigen der Bevölkerung (ein Phänomen, das frühestens vom Ende des achtzehnten Jahrhunderts datiert). Die Uhr brachte eine einheitliche Dimension »leerer« Zeit zum Ausdruck, welche derart quantifiziert wurde, daß die präzise Bezeichnung von Zeitzonen des Tages (wie zum Beispiel der täglichen »Arbeitszeit«) möglich wurde.[13]

Die Zeit blieb an den Raum (und an einen Ort) gebunden, bis es dazu kam, daß der Einheitlichkeit der Zeitmessung durch die mechanische Uhr eine Einheitlichkeit der gesellschaftlichen Organisation von Zeit entsprach. Dieser Wechsel fand zur gleichen Zeit statt wie die Ausbreitung der Moderne und ist erst in unserem Jahrhundert zum Abschluß gekommen. Zu den wichtigsten Aspekten dieses Wechsels gehört die weltweite Standardisierung der Kalender. Heute richten sich alle nach demselben Datierungssystem. Das Näherrücken des Jahres 2000 ist zum Beispiel ein globales Ereignis. »Neujahr« wird zwar weiterhin zu verschiedenen Zeitpunkten gefeiert, doch diese werden einer Datierungsweise untergeordnet, die im Hinblick auf alle praktischen Belange allgemeingültig ist. Ein weiterer Aspekt ist die Standardisierung der Zeit über die Grenzen der verschiedenen Regionen hinweg. Auch in der zweiten Hälfte des neunzehnten Jahrhunderts war es durchaus üblich, daß die verschiedenen Gebiete innerhalb eines Staates unterschiedliche »Zeiten« hatten, während die Situation

13 Eviatar Zerubavel, *Hidden Rhythms: Schedules and Calenders in Social Life*, Chicago: University of Chicago Press, 1981.

zwischen den Grenzen der Staaten noch chaotischer war.[14]

Die »Entleerung der Zeit« ist in hohem Maße die Voraussetzung für die »Entleerung des Raums« und hat daher kausalen Vorrang vor dieser. Denn die zeitübergreifende Koordinierung ist, wie ich weiter unten geltend machen werde, die Grundlage der Kontrolle über den Raum. Die Entwicklung des »leeren Raums« läßt sich mit Hilfe der Trennung des *Raums* vom *Ort* begreifen. Die Unterscheidung zwischen diesen beiden Begriffen ist wichtig, denn häufig werden sie als mehr oder weniger gleichbedeutend aufgefaßt. »Ort« begreift man am besten, wenn man sich an die Vorstellung eines lokalen Schauplatzes hält, womit auf die im geographischen Sinne verstandenen physischen Umgebungsbedingungen gesellschaftlicher Tätigkeiten Bezug genommen wird.[15] In vormodernen Gesellschaften fallen Raum und Ort weitgehend zusammen, weil die räumlichen Dimensionen des gesellschaftlichen Lebens für den größten Teil der Bevölkerung und in den meisten Hinsichten von der »Anwesenheit« bestimmt werden: an einen Schauplatz gebundene Tätigkeiten sind vorherrschend. Mit dem Beginn der Moderne wird der Raum immer stärker vom Ort losgelöst, indem Beziehungen zwischen »abwesenden« anderen begünstigt werden, die von jeder gegebenen Interaktionssituation mit persönlichem Kontakt örtlich weit entfernt sind. Unter Modernitätsbedingungen wird der Ort in immer höherem Maße *phantasmagorisch*, das heißt: Schauplätze werden von entfernten sozialen Einflüssen gründlich geprägt und gestaltet. Der lokale Schauplatz wird nicht bloß durch Anwesendes strukturiert, denn die »sichtbare Form« des Schauplatzes verbirgt die weit abgerückten Beziehungen, die sein Wesen bestimmen.

14 Stephen Kern, *The Culture of Time and Space 1880-1918*, London: Weidenfeld, 1983.

15 Giddens, *The Constitution of Society.*

Die Dislozierung des Raums vom Ort ist, anders als im Fall der Zeit, nicht eng mit dem Auftreten einheitlicher Meßverfahren verknüpft. Mittel zur zuverlässigen Unterteilung des Raums sind immer schon leichter verfügbar gewesen als Mittel zur Erzeugung einheitlicher Zeitmaße. Die Entwicklung des »leeren Raums« ist vor allem mit zwei Mengen von Faktoren verbunden, nämlich erstens mit denen, die die Darstellung des Raums gestatten, ohne auf einen privilegierten Schauplatz Bezug zu nehmen, der als hervorstechender Ausgangspunkt fungiert, und zweitens mit denen, die die Ersetzbarkeit verschiedener Raumeinheiten ermöglichen. Die Entdeckung entlegener Regionen der Welt durch Reisende und Forscher aus dem Abendland war die für beide Faktorengruppen notwendige Grundlage. Die fortschreitende topographische Erfassung des Erdballs führte zur Herstellung von Weltkarten, bei denen die Perspektive im Hinblick auf die Darstellung von geographischer Lage und Gestalt kaum noch eine Rolle spielte, und dadurch wurde der Raum als etwas von jedem spezifischen Ort oder Gebiet »Unabhängiges« installiert.
Die Trennung der Zeit vom Raum sollte nicht so gesehen werden, als handelte es sich um einen einsinnig verlaufenden und keine Umschwünge zulassenden Vorgang, der womöglich alles umfaßt. Es verhält sich im Gegenteil so, daß dieser Vorgang wie alle Entwicklungstrends dialektische Merkmale aufweist, die die Entstehung von entgegengesetzten Eigenschaften auslösen. Außerdem gibt die Trennung der Zeit vom Raum eine Grundlage ab für ihre Neuverknüpfung im Verhältnis zu sozialen Tätigkeiten. Am Beispiel des Fahrplans läßt sich das ohne weiteres aufzeigen. Ein Fahrplan von der Art derjenigen, nach denen sich die Züge der Eisenbahn richten, könnte auf den ersten Blick wie eine bloße Liste von Zeitangaben wirken. Doch in Wirklichkeit ist er ein Mittel zur Herstellung einer Raum-Zeit-Ordnung, indem er sowohl den Zeitpunkt als auch den Ort des Eintreffens der Züge angibt. Als solcher

gestattet er die komplexe Koordinierung der Züge samt ihrer Fahrgäste und Frachtstücke über weite Strecken der Raum-Zeit.

Warum ist die Trennung von Zeit und Raum von derart ausschlaggebender Bedeutung für die extreme Dynamik der Moderne?

Erstens, diese Trennung ist die Hauptvoraussetzung für die in Kürze zu analysierenden Prozesse der Entbettung. Die Trennung von Zeit und Raum und deren Umgestaltung zu standardisierten »leeren« Dimensionen verlaufen quer durch die Verbindungen zwischen dem gesellschaftlichen Tun und seiner »Einbettung« in die Besonderheiten der Anwesenheitszusammenhänge. Die Reichweite der raumzeitlichen Abstandvergrößerung wird durch entbettete Institutionen enorm ausgedehnt, die ihrerseits auf Raum und Zeit übergreifende Koordinierung angewiesen sind, um diese Ausdehnung bewirken zu können. Dieses Phänomen dient dazu, durch Loslösung von den Zwängen ortsgebundener Gewohnheiten und Praktiken vielfältige Möglichkeiten des Wandels zu eröffnen.

Zweitens, diese Trennung stellt die Schaltmechanismen für das das moderne soziale Leben auszeichnende Merkmal der rationalisierten Organisation zur Verfügung. Es kann zwar mitunter vorkommen, daß Organisationen (zu denen auch die modernen Staaten gehören) jene recht statische, der Trägheit förderliche Qualität besitzen, die Max Weber mit der Bürokratie in Verbindung gebracht hat, aber häufiger geschieht es, daß sie eine Dynamik besitzen, die zu vormodernen Ordnungen in scharfem Gegensatz steht. Moderne Organisationen sind imstande, das Lokale und das Globale durch Verfahrensweisen zu verbinden, die in traditionaleren Gesellschaften undenkbar gewesen wären, womit sie das Leben vieler Millionen von Menschen regelmäßig beeinflussen.

Drittens, die mit der Moderne in Verbindung gebrachte durchgreifende Historizität hängt von – früheren Zivilisationen nicht zu Gebote stehenden – Verfahrensweisen ab, etwas in Zeit und Raum »einzubringen«. Die »Geschichte« als systematische Aneignung der Vergangenheit zum Zwecke der Mitgestaltung der Zukunft empfing ihren ersten wichtigen Anreiz mit dem frühen Auftauchen der Agrarstaaten, aber durch die Entwicklung der modernen Institutionen erhielt sie einen grundlegend neuen Anschub. Ein nunmehr allgemein anerkanntes standardisiertes Datierungssystem sorgt für die Aneignung einer einheitlichen Vergangenheit, einerlei, wie sehr eine derartige »Geschichte« gegensätzlichen Interpretationen unterliegen mag. Außerdem umfaßt die einheitliche Vergangenheit unter Voraussetzung der heute als selbstverständlich geltenden kartographischen Gesamtdarstellung des Erdballs die ganze Welt. Zeit und Raum werden in neue Verbindungen gebracht, um einen wirklich weltgeschichtlichen Rahmen des Handelns und der Erfahrung zu bilden.

Entbettung

Nun möchte ich dazu übergehen, die Entbettung sozialer Systeme zu betrachten. Unter Entbettung verstehe ich das »Herausheben« sozialer Beziehungen aus ortsgebundenen Interaktionszusammenhängen und ihre unbegrenzte Raum-Zeit-Spannen übergreifende Umstrukturierung.
Der Übergang von der traditionalen zur modernen Welt ist von Soziologen häufig im Sinne der Begriffe »Differenzierung« oder »funktionale Spezialisierung« erörtert worden. Der Schritt von kleinformatigen Systemen zu agrarischen Zivilisationen und von da aus zu modernen Gesellschaften kann nach dieser Anschauung als Prozeß einer fortschreitend mannigfaltigeren Ausgestaltung gesehen werden. Gegen diesen Standpunkt lassen sich verschiedene Einwände erheben: Tendenziell ist er mit einer evolutionstheoretischen Einstellung verknüpft, er läßt das »Grenzproblem«

der Analyse gesellschaftlicher Systeme außer acht, und oftmals ist er recht abhängig von funktionalistischen Vorstellungen.[16] Von größerer Wichtigkeit für die gegenwärtige Auseinandersetzung ist jedoch der Umstand, daß die Fragestellung der raumzeitlichen Abstandsvergrößerung von dieser Anschauung nicht befriedigend angegangen wird. Die Begriffe der Differenzierung oder der funktionalen Spezialisierung sind nicht dazu geeignet, das Phänomen der von sozialen Systemen geleisteten Verklammerung von Zeit und Raum anzupacken. Das durch den Begriff der Entbettung beschworene Bild ist eher imstande, die wechselnden Ausrichtungen von Zeit und Raum in den Griff zu bekommen, die für den sozialen Wandel im allgemeinen und das Wesen der Moderne im besonderen von elementarer Bedeutung sind.

Hier möchte ich zwei Arten von Entbettungsmechanismen auseinanderhalten, die bei der Entwicklung von modernen Gesellschaftsinstitutionen eine wesentliche Rolle spielen. Die erste der beiden bezeichne ich als Schaffung *symbolischer Zeichen*; die zweite nenne ich die Installierung von *Expertensystemen*.

Unter symbolischen Zeichen verstehe ich Medien des Austauschs, die sich »umherreichen« lassen, ohne daß die spezifischen Merkmale der Individuen oder Gruppen, die zu einem bestimmten Zeitpunkt mit ihnen umgehen, berücksichtigt werden müßten. Dabei können verschiedene Arten von symbolischen Zeichen unterschieden werden, darunter etwa Medien der politischen Legitimität. Ich werde mich an dieser Stelle auf das Zeichen *Geld* beschränken.

Das Wesen des Geldes ist in der Soziologie vielfach erörtert worden und bleibt für die Ökonomen offensichtlich von fortwährendem Interesse. Marx nennt das Geld in den

16 Zur Kritik des Funktionalismus vgl. Anthony Giddens, »Functionalism: après la lutte«, in: Giddens, *Studies in Social and Political Theory*, London: Hutchinson, 1977.

Frühschriften »die allgemeine Hure«, ein Tauschmittel, das den Inhalt der Güter oder Dienste negiert, indem es sie durch einen unpersönlichen Maßstab ersetzt. Das Geld erlaubt den Austausch von allem gegen alles, ohne Rücksicht darauf, ob den Gütern, um die es dabei geht, etwas Wesentliches gemeinsam ist. Die kritischen Bemerkungen, die Marx über das Geld äußert, lassen schon seine spätere Unterscheidung zwischen Gebrauchswert und Tauschwert ahnen. Das Geld ermöglicht aufgrund seiner Rolle als »reine Ware« die Verallgemeinerung des Tauschwerts.[17]

Die umfassendste und diffizilste Erklärung der Zusammenhänge zwischen Geld und Moderne stammt jedoch von Georg Simmel.[18] Auf diese Darstellung werde ich in Kürze zurückkommen, denn auf sie werde ich mich bei meinen eigenen Ausführungen über das Geld als Entbettungsmechanismus stützen. Einstweilen sollte angemerkt werden, daß zu den neueren Schriften, die sich mit dem gesellschaftlichen Charakter des Geldes befassen, auch Arbeiten von Talcott Parsons und Niklas Luhmann gehören. Parsons ist hier der maßgebliche Autor. Nach seiner Auffassung ist das Geld eines von mehreren der in modernen Gesellschaften »zirkulierenden Medien«, zu denen ansonsten auch die Macht und die Sprache gehören. Zwischen den Ansätzen von Parsons und Luhmann und meinen eigenen Darlegungen gibt es zwar manche Ähnlichkeit, doch den Hauptrahmen ihrer Analysen lasse ich nicht gelten. Weder die Macht noch die Sprache steht auf dem gleichen Niveau wie das Geld oder sonst ein Entbettungsmechanismus. Die Macht und der Gebrauch der Sprache sind keine spezifischen sozialen Formen, sondern innere Wesensmerkmale des gesellschaftlichen Handelns überhaupt.

17 Karl Marx, *Ökonomisch-philosophische Manuskripte* (1844), *Grundrisse der Kritik der politischen Ökonomie* (1857/58).

18 Georg Simmel, *Philosophie des Geldes* (1900), Bd. 6 der Gesamtausgabe, hg. von David P. Frisby und Klaus Christian Köhnke, Frankfurt am Main: Suhrkamp, 1989.

Was ist Geld? Zu einer einhelligen Antwort auf diese Frage haben sich die Ökonomen noch nie in der Lage gesehen. Den besten Ausgangspunkt liefern jedoch wahrscheinlich die Schriften von Keynes. Was Keynes vor allem hervorhebt, ist der besondere Charakter des Geldes, durch dessen strenge Analyse sich sein Werk von jenen Versionen des neoklassischen ökonomischen Denkens abhebt, für die das Geld nach einer Formulierung von Leon Walras »gar nicht existiert«.[19] Als erstes macht Keynes einen Unterschied zwischen Buchgeld und eigentlichem Geld.[20] Das Geld wird in seiner frühen Form mit dem gleichgesetzt, was man schuldig ist. Das derart bezeichnete »Warengeld« ist ein erster Schritt auf dem Weg der Umwandlung des Tauschhandels in eine Geldwirtschaft. Ein grundlegender Übergang ist eingeleitet, sobald die Quittierung von Schulden bei der Erledigung bestimmter Transaktionen an die Stelle von Waren als solchen treten kann. Diese »spontane Quittierung der Schulden« kann von jeder Bank ausgestellt werden und repräsentiert »Bankgeld«. Das Bankgeld ist, ehe es zu einer weiteren Verbreitung kommt, nichts anderes als die Bestätigung privater Schulden. Dieser Schritt hin zum eigentlichen Geld beinhaltet das Eingreifen des Staates, der durch sein Handeln für den Wert bürgt. Nur der Staat (und das heißt hier soviel wie der moderne Nationalstaat) ist in der Lage, private Verschuldungstransaktionen in ein standardisiertes Zahlungsmittel zu verwandeln oder, anders formuliert, im Hinblick auf eine unbegrenzte Anzahl von Transaktionen ein Gleichgewicht herzustellen zwischen Schulden und Kredit.

Das Geld wird in seiner entwickelten Form daher vor allem im Sinne von Kredit und Schuld definiert, bei denen es sich um eine Vielfalt weitverstreuter Austauschmaßnahmen handelt. Dies ist der Grund, weshalb Keynes einen engen

19 Leon Walras, *Eléments d'économie pure* (1874-1877).

20 J. M. Keynes, *A Treatise on Money*, London: Macmillan, 1930.

Zusammenhang herstellt zwischen Geld und Zeit.[21] Geld ist ein Verfahren des Aufschubs und ermöglicht die Verknüpfung von Kredit und Verpflichtung unter Umständen, wo ein unmittelbarer Produktaustausch unmöglich ist. Das Geld ist, wie wir sagen können, ein Mittel zur Zeitverklammerung und daher ein Mittel, Transaktionen aus ihren spezifischen Austauschumfeldern herauszuheben. Um es unter Anwendung der vorhin eingeführten Begriffe genauer zu formulieren: Geld ist ein Mittel zur raumzeitlichen Abstandvergrößerung. Das Geld schafft die Voraussetzungen für die Durchführung von Transaktionen zwischen Akteuren, die in Raum und Zeit weit voneinander entfernt sind. Die räumlichen Implikationen werden in treffender Weise von Simmel gekennzeichnet, der auf Folgendes hinweist:

> Wenn wir die Rolle des Geldes in diesem Differenzierungsprozeß untersuchen, so fällt zunächst auf, daß derselbe sich an die räumliche Entfernung zwischen dem Subjekt und seinem Besitz knüpft. [...] Erst wenn der Ertrag des Betriebes eine Form annimmt, in der er ohne weiteres an jeden Punkt übertragbar ist, gewährt er, durch die Entfernung zwischen Besitz und Besitzer, beiden jenes hohe Maß von Unabhängigkeit, sozusagen von Eigenbewegung [...]. Die Fernwirkung des Geldes gestattet dem Besitz und dem Besitzer so weit auseinanderzutreten, daß jedes seinen eigenen Gesetzen ganz anders folgen kann, als da der Besitz noch in unmittelbarer Wechselwirkung mit der Person stand, jedes ökonomische Engagement zugleich ein persönliches war.[22]

Die durch moderne Geldwirtschaften ermöglichte Entbettung nimmt weit größere Ausmaße an als in jenen vormodernen Zivilisationen, in denen es schon Geld gab. Selbst in den am weitesten entwickelten Geldsystemen der vormodernen Zeit wie zum Beispiel dem des römischen Reiches ging man nicht über das in Keynesscher Terminologie so bezeichnete Warengeld hinaus, das damals in Gestalt des

21 Siehe Alvaro Cencini, *Money, Income and Time*, London: Pinter, 1988.

22 Simmel, *Philosophie des Geldes*, S. 448f.

materialen Münzwesens existierte. Heutzutage ist das »eigentliche Geld« unabhängig von den Mitteln, durch die es repräsentiert wird, und nimmt die Form reiner Informationen an, die als Ziffern gespeichert auf einem Computerausdruck erscheinen. Wenn man Geld im Sinne von Parsons als zirkulierendes Medium ansieht, bedient man sich der falschen Metapher. Als Münze oder Bargeld zirkuliert das Geld tatsächlich, doch in einer modernen Wirtschaftsordnung nimmt der Großteil der Geldtransaktionen nicht diese Form an. Cencini weist darauf hin, daß die konventionellen Vorstellungen, wonach das Geld »zirkuliert« und als »Strom« aufgefaßt werden kann, wesentlich irreführend sind.[23] Würde das Geld – wie Wasser etwa – strömen, ließe sich seine Zirkulation unmittelbar zeitbezogen zum Ausdruck bringen. Daraus würde folgen, daß bei größerer Geschwindigkeit ein engerer Strom nötig wäre, um dasselbe Quantum pro Zeiteinheit strömen zu lassen. Im Falle des Geldes hieße dies, daß der für eine gegebene Transaktion erforderliche Betrag im Verhältnis zur Geschwindigkeit der Geldzirkulation wechselte. Es ist jedoch offenbar unsinnig zu behaupten, daß die Bezahlung von hundert Mark ebensogut mit fünfzig oder mit zehn Mark bewerkstelligt werden könnte. Das Geld verhält sich nicht wie ein Strom zur Zeit (genauer gesagt: wie ein Strom zur Raum-Zeit), sondern eben als Mittel zur Verklammerung der Raum-Zeit durch Verkoppelung von Gleichzeitigkeit und Aufschub, von Anwesenheit und Abwesenheit. Um mit R. S. Sayers zu reden: »Als Tauschmittel ist ein Vermögenswert nur in dem Augenblick aktiv, in dem er zur Erledigung einer Transaktion gerade den Besitzer wechselt.«[24]

Das Geld ist ein Beispiel für die mit der Moderne verbun-

23 Cencini, *Money, Income and Time.*

24 R. S. Sayers, »Monetary Thought and Monetary Policy in England«, *Economic Journal*, Dezember 1960, zit. in: Cencini, *Money, Income and Time*; S. 71.

denen Entbettungsmechanismen. Hier werde ich keinen Versuch machen, den gehaltvollen Beitrag einer entwickelten Geldwirtschaft auf den Charakter der modernen Institutionen im einzelnen zu schildern. Es liegt jedoch auf der Hand, daß »eigentliches Geld« nicht nur ein spezifischer Typus symbolischer Zeichen ist, sondern einen inneren Bestandteil des modernen Lebens in der Gesellschaft bildet. Es ist von grundlegender Bedeutung für die Entbettung des ökonomischen Tuns in der Moderne generell. Eine der besonders charakteristischen Formen der in der Moderne vollzogenen Entbettung ist die Ausweitung kapitalistischer Märkte (einschließlich der Geldmärkte), die schon verhältnismäßig früh internationalen Umfang annehmen. Das »eigentliche Geld« ist ein integraler Bestandteil der dazu erforderlichen Abstände überwindenden Transaktionen. Wie Simmel darlegt, ist es außerdem wesentlich für die Artung des Besitzes von Vermögen und dessen Übertragbarkeit im Rahmen des wirtschaftlichen Handelns der Moderne.

Alle Entbettungsmechanismen – die symbolischen Zeichen ebenso wie die Expertensysteme – beruhen auf *Vertrauen*. Das Vertrauen ist daher in fundamentaler Weise mit den Institutionen der Moderne verbunden. Das Vertrauen wird hier nicht in Individuen gesetzt, sondern in abstrakte Fähigkeiten. Jeder, der Geldzeichen benutzt, geht dabei von der Voraussetzung aus, daß andere, die der Betreffende niemals zu Gesicht bekommen wird, ihren Wert anerkennen. Doch es sind nicht nur, ja nicht einmal in erster Linie die Personen, mit denen bestimmte Transaktionen ausgeführt werden, denen hier Vertrauen entgegengebracht wird, sondern es ist das Geld als solches. Was es mit dem Vertrauen im allgemeinen auf sich hat, werde ich weiter unten betrachten. Beschränken wir unsere Aufmerksamkeit einstweilen auf das Beispiel Geld, so können wir festhalten, daß die Zusammenhänge zwischen Geld und Vertrauen in ihrer spezifischen Eigenart schon von Simmel erkannt und analysiert werden. Ebenso wie Keynes bringt er das Vertrauen in Geldtransaktionen in einen Zusammenhang mit dem öffentlichen Zutrauen zu der Regierung, die das Geld in Umlauf bringt.

Simmel macht einen Unterschied zwischen dem Vertrauen in das Geld und dem »abgeschwächten induktiven Wissen«, das bei vielen zukunftsgerichteten Transaktionen eine Rolle spielt. So würde der Bauer zum Beispiel nicht säen, wenn er nicht darauf vertraute, daß das Feld im kommenden Jahr ebenso wie in früheren Jahren wieder Korn trägt. Das Vertrauen ins Geld beinhaltet mehr als eine Berechnung der Zuverlässigkeit wahrscheinlicher Zukunftsereignisse. Das Vertrauen existiert, wie Simmel sagt, wenn wir »an jemanden oder etwas glauben«, sei es eine Person oder ein Prinzip: »Es ist eben das Gefühl, daß zwischen unserer Idee von einem Wesen und diesem Wesen selbst von vornherein ein Zusammenhang, eine Einheitlichkeit da sei, eine gewisse Konsistenz der Vorstellung von ihm, eine Sicherheit und Widerstandslosigkeit in der Hingabe des Ich an diese Vorstellung, die wohl auf angebbare Gründe hin entsteht, aber nicht aus ihnen besteht.«[25] Kurz, das Vertrauen ist eine Form von »Glauben«, bei dem das zu wahrscheinlichen Ergebnissen gefaßte Zutrauen nicht bloß eine kognitive Einsicht zum Ausdruck bringt, sondern eine Verpflichtung auf etwas. Tatsächlich verhält es sich so (und hierauf werde ich unten näher eingehen), daß das jeweilige Vertrauen, das im Rahmen moderner Institutionen in das Wesen der betreffenden Sache gesetzt wird, auf vagen Teileinsichten in die gegebene »Wissensgrundlage« beruht.

Betrachten wir nun, welche Bewandtnis es mit den Expertensystemen hat. Mit Expertensystemen meine ich Systeme technischer Leistungsfähigkeit oder professioneller Sachkenntnis, die weite Bereiche der materiellen und gesell-

25 Simmel, *Philosophie des Geldes*, S. 216.

schaftlichen Umfelder, in denen wir heute leben, prägen.[26] Freiberufliche Fachleute wie Rechtsanwälte, Architekten, Ärzte usw. werden von den meisten Nichtexperten nur hin und wieder oder unregelmäßig zu Rate gezogen. Doch die Systeme, in die das Wissen der Experten integriert ist, wirken sich auf vieles, was wir tun, in *kontinuierlicher* Weise aus. Schon allein dadurch, daß ich jetzt in meinem Haus sitze, bin ich in ein Expertensystem oder in eine Reihe von Expertensystemen verstrickt, auf die ich mich verlasse. Ich habe keine sonderliche Angst davor, in meiner Wohnung die Treppe zu benutzen, obwohl ich weiß, daß ein Zusammenstürzen des Gebäudes grundsätzlich möglich ist. Über die vom Architekten und vom Bauunternehmer bei Entwurf und Bauausführung benutzten Wissensbestände bin ich kaum informiert, aber dennoch »glaube ich an« das, was sie ausgeführt haben. Auf die Tüchtigkeit dieser Personen muß ich zwar vertrauen, doch mein »Glaube« gilt eigentlich nicht ihnen selbst, sondern der Triftigkeit des von ihnen angewandten Expertenwissens, und das ist etwas, was ich selbst im Regelfall nicht vollständig überprüfen kann.

Sobald ich das Haus verlasse und mich ins Auto setze, begebe ich mich in Umgebungsbedingungen, die tief von Expertenwissen durchdrungen sind, wozu unter anderem die Planung und der Bau von Automobilen, Autobahnen, Straßenkreuzungen, Verkehrsampeln und viele weitere Elemente gehören. Jeder weiß, daß Autofahren eine gefährliche Tätigkeit ist, die ein gewisses Unfallrisiko nach sich zieht. Mit der Entscheidung, hinauszugehen und das Auto zu nehmen, gehe ich dieses Risiko ein, verlasse mich jedoch darauf, daß das Risiko durch das genannte Expertenwissen soweit wie möglich auf ein Minimum reduziert worden ist. Über die Funktionsweise des Autos weiß ich

26 Eliot Freidson, *Professional Powers: A Study in the Institutionalization of Formal Knowledge*, Chicago: University of Chicago Press, 1986.

nur sehr wenig, und falls etwas damit schiefginge, könnte ich selbst nur kleinere Reparaturen daran ausführen. Von der technischen Seite des Straßenbaus, der Wartung der Straßendecke oder den zur Verkehrsüberwachung eingesetzten Computern habe ich kaum eine Ahnung. Und wenn ich das Auto am Flughafen auf den Parkplatz fahre und ein Flugzeug besteige, betrete ich das Gebiet weiterer Expertensysteme, in bezug auf die mein eigenes technisches Wissen bestenfalls rudimentär ist.

Expertensysteme fungieren deshalb als Entbettungsmechanismen, weil sie ebenso wie die symbolischen Zeichen dazu dienen, soziale Beziehungen von den unmittelbaren Gegebenheiten ihres Kontexts zu lösen. Beide Arten von Entbettungsmechanismen unterstellen und begünstigen zugleich die Trennung der Zeit vom Raum als Bedingung der von ihnen geförderten raumzeitlichen Abstandvergrößerung. Das Expertensystem verfährt bei der Entbettung in derselben Weise wie die symbolischen Zeichen, indem es »Garantien« dafür liefert, daß unsere Erwartungen auch über gewisse Raum-Zeit-Abstände hinweg erfüllt werden. Zustande gebracht wird diese »Dehnung« der Gesellschaftssysteme vermöge der unpersönlichen Natur der zur Bewertung technischen Wissens eingesetzten Tests sowie durch die zur Überprüfung der Form dieses Wissens eingesetzte öffentliche Kritik (auf der die Ansammlung technischen Wissens basiert).

Das Vertrauen des Laien in die Expertensysteme beruht, um es noch einmal zu sagen, weder auf vollständiger Aufklärung über diese Prozesse noch auf der Beherrschung des daraus hervorgehenden Wissens. Zum Teil ist das Vertrauen unweigerlich ein »Glaubensartikel«. Diese These sollte allerdings nicht allzusehr vereinfacht werden. Das Vertrauen, das die Aktoren ohne Expertenwissen in Expertensysteme setzen, enthält sehr häufig zweifellos auch Elemente des von Simmel genannten »abgeschwächten induktiven Wissens«. Der »Glaube« umfaßt ein pragmatisches Element, das auf der Erfahrung beruht, daß solche Systeme im allgemeinen so funktionieren, wie man es von ihnen erwartet. Außerdem gibt es neben den berufsständischen Verbänden zum Schutz der Kunden von Expertensystemen oft weitere Regulierungsinstanzen wie zum Beispiel Organe, die Lizenzen für den Bau von Maschinen erteilen, die Standards der Hersteller von Flugzeugen überwachen und dergleichen mehr. Nichts von alledem ändert jedoch etwas an der Erkenntnis, daß alle Entbettungsmechanismen die Einstellung des Vertrauens beinhalten. Nun möchte ich auf die Frage eingehen, wie der Begriff des Vertrauens am besten aufgefaßt werden sollte und in welchem Zusammenhang das Vertrauen generell zur raumzeitlichen Abstandvergrößerung steht.

Vertrauen

Der Ausdruck »Vertrauen« kommt in der Umgangssprache recht häufig vor.[27] Einige Bedeutungen des Ausdrucks sind zwar im großen und ganzen mit anderen Verwendungsweisen des Vertrauensbegriffs verwandt, beinhalten aber verhältnismäßig wenig. In solchen Bedeutungen besagt der Ausdruck kaum mehr als die Formulierung »ich hoffe es und habe keinen Grund, an der Sache zu zweifeln«. Schon in diesen Zusammenhängen findet sich die Einstellung der Zuversicht oder der Zuverlässigkeit, die dann in bedeutsameren Vertrauenskontexten eine Rolle

27 In den folgenden Ausführungen stütze ich mich auf diverse unveröffentlichte Arbeiten zum Begriff des Vertrauens, die mir von Deirdre Boden zur Verfügung gestellt wurden. Ihre Ideen sind für die im vorliegenden Abschnitt dargelegten Anschauungen, ja für das Buch als Ganzes von wesentlicher Bedeutung. (In den folgenden Sätzen werden einige Formulierungen des Originals gerafft wiedergegeben oder umschrieben, weil ihrer idiomatischen Spezifizität [»I trust you are well«, »Trust x to behave in that way«] im Deutschen nichts entspricht. Anm. d. Übers.)

spielen. Auch mit »Du kannst dich drauf verlassen, x wird sich genauso verhalten wie sonst« wird eine Nuance von »Vertrauen« in Anspruch genommen, die allerdings nicht weit über die Ebene des »abgeschwächten induktiven Wissens« hinausgeht. Damit wird anerkannt, man könne darauf bauen, daß x sich in der betreffenden Weise verhalten werde, sofern die entsprechenden Umstände gegeben sind. Doch diese Verwendungsweisen des Begriffs sind im Hinblick auf die Fragen, die jetzt zur Debatte stehen, nicht sonderlich interessant, denn sie nehmen auf die sozialen Beziehungen, die Vertrauen beinhalten, keinen Bezug. Sie stehen in keinem Verhältnis zu vertrauenserhaltenden Systemen, sondern bezeichnen das Verhalten anderer Personen. Von dem Betreffenden wird nicht verlangt, jenen »Glauben« an den Tag zu legen, den der Vertrauensbegriff in seinen tieferen Bedeutungen beansprucht.

Die Hauptdefinition von »Vertrauen« [*trust*] lautet im *Oxford English Dictionary*: »Zutrauen zu oder Sichverlassen auf eine Eigenschaft oder ein Merkmal einer Person oder Sache bzw. auf die Wahrheit einer Aussage«, und diese Begriffsbestimmung bietet einen nützlichen Ausgangspunkt.[28] »Zutrauen« und »Sichverlassen« sind offensichtlich irgendwie mit jenem »Glauben« verknüpft, von dem ich im Anschluß an Simmel bereits gesprochen habe. Luhmann läßt zwar gelten, daß Zutrauen und Vertrauen eng miteinander verbunden sind, aber er macht trotzdem einen Unterschied zwischen den beiden, der seinen Ausführungen über das Vertrauen dann als Grundlage dient.[29] Das

28 Im Original: »confidence in or reliance on some quality or attribute of a person or thing, or the truth of a statement.« Zum Vergleich: der große Duden bestimmt den Begriff »Vertrauen« wie folgt: »festes Überzeugtsein von der Verläßlichkeit, Zuverlässigkeit jmds., einer Sache.« Anm. d. Übers.

29 Vgl. Niklas Luhmann, *Vertrauen. Ein Mechanismus der Reduktion sozialer Komplexität*, Stuttgart: Ferdinand Enke, 3. Aufl. 1989. Ders., »Familiarity, Confidence, Trust: Problems and Alter-

Vertrauen, meint Luhmann, sollte speziell in Verbindung mit dem Risiko aufgefaßt werden, also in Verbindung mit einem Begriff, der überhaupt erst in der Moderne entstanden ist.[30] Dieser Begriff hat seinen Ursprung in der Einsicht, daß unvorhergesehene Ergebnisse keine verborgenen Bedeutungsgehalte der Natur oder sprachlich nicht artikulierbaren Absichten der Gottheit zum Ausdruck bringen, sondern Folgen unserer eigenen Tätigkeiten oder Entscheidungen sein können. Der Begriff »Risiko« verdrängt weitgehend das, was man sich früher unter *fortuna* (also »Glück« oder »Geschick«) vorgestellt hatte, und wird nun von kosmologischen Anschauungen getrennt. Vertrauen setzt im Gegensatz zu Zutrauen oder Zuversicht voraus, daß man sich über das Riskante bestimmter Umstände im klaren ist. Vertrauen bezieht sich ebenso wie Zutrauen oder Zuversicht auf Erwartungen, die enttäuscht oder gedämpft werden können. Wenn Luhmann von »*confidence*« (also »Zutrauen« oder »Zuversicht«) spricht, bezieht er sich auf eine mehr oder weniger als selbstverständlich vorausgesetzte Einstellung, die Stabilität der vertrauten Dinge werde schon erhalten bleiben:

Der Normalfall ist der des Zutrauens. Man baut zuversichtlich darauf, daß die eigenen Erwartungen nicht enttäuscht werden: daß die Politiker einen Krieg zu vermeiden versuchen, daß die Autos nicht den Dienst versagen oder plötzlich die Straße verlassen und den Fußgänger auf seinem Sonntagnachmittagsspaziergang verletzen. Ohne Erwartungen im Hinblick auf kontingente Ereignisse kann man gar nicht leben, und die Möglichkeit der Enttäuschung muß dabei mehr oder weniger unberücksichtigt bleiben. Man läßt diese Möglichkeit deshalb unberücksichtigt, weil sie nur selten eintritt, aber auch des-

natives«, in: Diego Gambetta (Hg.), *Trust: Making and Breaking Cooperative Relations*, Oxford: Blackwell, 1988.

30 Ins Englische ist das Wort »risk« offenbar im siebzehnten Jahrhundert eingedrungen und stammt wahrscheinlich aus der spanischen Seemannssprache, wo es soviel bedeutet wie »Gefahr laufen« oder »auf ein Riff auflaufen«. (Im Deutschen stammt der Ausdruck »Risiko« wohl von dem bedeutungsähnlichen italienischen Wort »rischio« her. Anm. d. Übers.)

halb, weil man nicht weiß, was man sonst tun soll. Die Alternative besteht darin, in einem Zustand permanenter Ungewißheit zu leben und Erwartungen zurückzunehmen, ohne daß man etwas hätte, was man an ihre Stelle setzen könnte.[31]

Wo das Vertrauen ins Spiel kommt, zieht der einzelne nach Luhmanns Anschauung bewußt Alternativen in Erwägung, wenn er seine Entscheidung über eine bestimmte Handlungsweise trifft. Wer kein neues, sondern ein gebrauchtes Auto kauft, riskiert es, sich eine Niete einzuhandeln. Um diese Eventualität zu vermeiden, setzt der Betreffende sein Vertrauen in den Verkäufer oder in den guten Ruf der Firma. Demnach befindet sich jemand, der keine Alternativen in Erwägung zieht, in einer Situation des Zutrauens oder der Zuversicht, während jemand, der sich über diese Alternativen im klaren ist und den derart erkannten Risiken entgegenzuwirken trachtet, ein Vertrauensverhältnis eingeht. In einer Situation des Zutrauens reagiert man auf Enttäuschung, indem man anderen die Schuld gibt; unter Vertrauensumständen muß man die Schuld teilweise selbst übernehmen und wird es vielleicht bedauern, einer bestimmten Person oder Sache vertraut zu haben. Die Unterscheidung zwischen Vertrauen und Zutrauen ist davon abhängig, ob die Möglichkeit der Enttäuschung vom eigenen vorgängigen Verhalten beeinflußt wird, beruht also auf einer entsprechenden Unterscheidung zwischen Risiko und Gefahr. Da der Begriff des Risikos relativ jung ist, muß sich die Möglichkeit, Risiko und Gefahr auseinanderzuhalten, nach Luhmann von gesellschaftlichen Merkmalen der Moderne herschreiben. Im wesentlichen geht sie auf die Einsicht in das Faktum zurück, daß die meisten kontingenten Umstände, die das menschliche Tun betreffen, von Menschen herrühren und nicht bloß von Gott oder der Natur vorgegeben sind.

Luhmanns Ansatz ist wichtig und lenkt unsere Aufmerksamkeit auf eine Reihe begrifflicher Unterscheidungen, die

31 Luhmann, »Familiarity, Confidence, Trust«, S. 97.

getroffen werden müssen, um den Begriff des Vertrauens zu verstehen. Dennoch meine ich, daß wir uns mit den Einzelheiten dieser Begriffsbestimmung nicht zufriedengeben können. Luhmann hat gewiß recht, wenn er einen Unterschied macht zwischen Vertrauen und Zutrauen sowie zwischen Risiko und Gefahr; und er hat auch dann recht, wenn er sagt, alle diese Begriffe stünden in engen Verbindungen miteinander. Dagegen ist es nicht hilfreich, den Begriff des Vertrauens mit den spezifischen Umständen zu verknüpfen, unter denen die Individuen bewußt über alternative Handlungsweisen nachsinnen. Das Vertrauen ist im Regelfall in weit höherem Maße ein kontinuierlicher Zustand, als mit dieser Verknüpfung unterstellt wird. Das Vertrauen ist, wie ich weiter unten vorschlagen werde, nicht wirklich vom Zutrauen zu trennen, sondern es ist eine bestimmte Art von Zutrauen. Ähnliche Feststellungen gelten für Risiko und Gefahr. Ich bin nicht einverstanden mit Luhmanns Behauptung, daß man, »wenn man sich der Handlung enthält, kein Risiko eingeht«[32], was mit anderen Wort soviel hieße wie: Wer nichts wagt, der verliert (potentiell) auch nichts. Untätigkeit ist oft riskant, und es gibt manche Risiken, denen wir alle uns stellen müssen, einerlei, ob uns das gefällt oder nicht. Dazu gehören die Risiken einer ökologischen Katastrophe oder des Atomkriegs. Außerdem besteht selbst bei Zugrundelegung von Luhmanns Begriffsbestimmung kein innerer Zusammenhang zwischen Zutrauen und Gefahr. Unter Risikobedingungen gibt es auch Gefahr, und wenn man definieren will, was Risiko überhaupt ist, kommt im Grunde auch der Begriff der Gefahr ins Spiel: Die Risiken die man eingeht, wenn man etwa den Atlantik in einem kleinen Boot überquert, sind beträchtlich viel größer als die der Reise auf einem großen Ozeandampfer, denn das jeweilige Gefahrenelement fällt unterschiedlich aus.

Nach meinem Vorschlag sollten »Vertrauen« und die damit

32 Ebd., S. 100.

einhergehenden Begriffe anders bestimmt werden. Um die Darlegung übersichtlicher zu machen, werde ich die einzelnen Bestandteile, die dabei eine Rolle spielen, als Liste von zehn Punkten vorstellen, die zwar eine Definition des Vertrauens umfassen, aber außerdem eine Reihe von damit zusammenhängenden Feststellungen ausformulieren.

1. Vertrauen steht in Zusammenhang mit zeitlicher und räumlicher Abwesenheit. Wenn man es mit jemandem zu tun hätte, dessen Handeln ständig sichtbar wäre und dessen Denkvorgänge offen zutage lägen, wäre Vertrauen ebensowenig nötig wie im Falle eines Systems, über dessen Funktionsweise man alles wüßte und die man durch und durch begriffen hätte. Man hat gesagt, Vertrauen sei »ein Mittel, um mit der Freiheit der anderen zurechtzukommen«[33], doch die Hauptbedingung der Vertrauenserfordernisse ist nicht das Fehlen von Macht, sondern das Fehlen vollständiger Informationen.
2. In erster Linie ist das Vertrauen nicht mit Risiko, sondern mit Kontingenz verknüpft. Vertrauen hat stets auch die Bedeutung von Zuverlässigkeit angesichts kontingenter Ergebnisse, einerlei, ob es dabei um die Handlungen von Einzelpersonen geht oder um das Funktionieren von Systemen. Im Falle des Vertrauens in menschliche Akteure beinhaltet die Voraussetzung der Zuverlässigkeit die Zuschreibung von »Redlichkeit« (Ehrenhaftigkeit) oder Zuneigung. Eben darum hat das Vertrauen in Personen psychologische Konsequenzen für denjenigen, der vertraut, denn damit setzt man sich möglichen Verlusten aus.
3. Vertrauen ist nicht das gleiche wie Glaube an die Zuverlässigkeit einer Person oder eines Systems, sondern Vertrauen ist das, was aus diesem Glauben hervorgeht. Das Vertrauen ist gerade das Bindeglied zwischen Glau-

33 Diego Gambetta, »Can We Trust Trust?«, in: Gambetta (Hg.), *Trust*. Siehe ferner den wichtigen Artikel von John Dunn, »Trust and Political Agency«, im selben Band.

ben und Zutrauen, und darum ist es etwas anderes als »abgeschwächtes induktives Wissen«. Dieses ist ein Zutrauen, das auf einer gewissen Herrschaft über die Umstände beruht, unter denen dieses Zutrauen berechtigt ist. Dagegen ist *alles* Vertrauen in gewissem Sinne blindes Vertrauen!

4. Wir können zwar von einem Vertrauen in symbolische Zeichen oder Expertensysteme sprechen, doch dieses Vertrauen beruht nicht auf dem Glauben an die »moralische Rechtschaffenheit« (oder die guten Absichten) anderer Personen, sondern auf dem Glauben an die Richtigkeit von Prinzipien, über die man nicht Bescheid weiß. Natürlich spielt das Vertrauen in Personen auch im Hinblick auf den Glauben an Systeme stets eine gewisse Rolle, doch dieses Vertrauen betrifft nicht das Funktionieren der Systeme als solches, sondern deren *richtiges* Funktionieren.
5. An dieser Stelle gelangen wir zu einer Definition des Vertrauens. Der Begriff des Vertrauens läßt sich bestimmen als Zutrauen zur Zuverlässigkeit einer Person oder eines Systems im Hinblick auf eine gegebene Menge von Ergebnissen oder Ereignissen, wobei dieses Zutrauen einen Glauben an die Redlichkeit oder Zuneigung einer anderen Person bzw. an die Richtigkeit abstrakter Prinzipien (technischen Wissens) zum Ausdruck bringt.
6. Unter Modernitätsbedingungen existiert Vertrauen: (a) im Zusammenhang der allgemeinen Einsicht, daß menschliches Tun – wozu auch die Auswirkungen der Technik auf die materielle Welt gerechnet werden sollen – nicht durch das Wesen der Dinge oder durch göttlichen Einfluß vorgegeben, sondern eine gesellschaftliche Leistung ist, und (b) im Zusammenhang des gewaltig gesteigerten Transformationsspielraums des menschlichen Handelns, der durch den dynamischen Charakter der modernen sozialen Institutionen geschaffen worden

ist. Der Begriff der *fortuna* wird durch den des Risikos verdrängt, aber das liegt nicht daran, daß die in vormoderner Zeit handelnden Akteure nicht imstande waren, Risiko und Gefahr auseinanderzuhalten. Vielmehr repräsentiert dieser Wandel eine Änderung der Auffassung von Bestimmtheit und Kontingenz, wonach nicht mehr religiöse Kosmologien die Oberhand haben, sondern die moralischen Imperative des Menschen, die natürlichen Ursachen und der Zufall. Die im Sinne seiner modernen Bedeutungen aufgefaßte Idee des Zufalls tritt zur gleichen Zeit in Erscheinung wie die des Risikos.

7. Gefahr und Risiko sind eng miteinander verwandt, aber nicht dasselbe. Der Unterschied hängt nicht davon ab, ob es der Fall ist oder nicht, daß der Betreffende beim Nachdenken über eine bestimmte Handlungsweise oder beim Sicheinlassen auf diese Handlungsweise bewußt Alternativen gegeneinander abwägt. Risiko setzt ja gerade Gefahr voraus (allerdings nicht unbedingt ein Bewußtsein der Gefahr). Wer etwas riskiert, spielt mit der Gefahr, wobei Gefahr soviel heißt wie: eine Bedrohung der erwünschten Ergebnisse. Jeder, der ein »kalkuliertes Risiko« eingeht, ist sich im klaren über die Bedrohung oder Bedrohungen, die eine spezifische Handlungsweise mit sich bringt. Aber es ist gewiß möglich, sich auf Handlungen einzulassen oder Situationen ausgesetzt zu sein, die von sich aus riskant sind, ohne daß die beteiligten Individuen wüßten, wie riskant sie sind. Diese Personen sind sich, anders ausgedrückt, nicht im klaren über die Gefahr, der sie gegenüberstehen.

8. Risiko und Vertrauen sind miteinander verflochten, wobei das Vertrauen normalerweise die Aufgabe hat, die Gefahren, denen bestimmte Arten von Tätigkeiten unterliegen, zu reduzieren oder auf ein Mindestmaß zu reduzieren. Es gibt Verhältnisse, unter denen Risikomu-

ster in einem als Vertrauensrahmen dienenden Umfeld institutionalisiert sind (Anlagen an der Börse, körperlich gefährliche Sportarten). Hier sind Geschicklichkeit und Zufall begrenzende Faktoren des Risikos, doch normalerweise wird das Risiko bewußt in Rechnung gestellt. In allen Vertrauenslagen fällt das akzeptable Risiko unter die Rubrik des »abgeschwächten induktiven Wissens«, und fast immer gibt es ein Gleichgewicht zwischen Vertrauen und der in diesem Sinne aufgefaßten Kalkulation des Risikos. Was als »akzeptables« Risiko – die Minimierung der Gefahr – gesehen wird, variiert zwar in den verschiedenen Kontexten, ist aber normalerweise von maßgeblicher Bedeutung für die Aufrechterhaltung des Vertrauens. So könnte es den Anschein haben, als sei das Reisen mit dem Flugzeug eine in ihrem Wesen gefährliche Tätigkeit, da die Flugzeuge offenbar den Gesetzen der Schwerkraft trotzen. Dem wirken die Betreiber von Fluglinien entgegen, indem sie den statistischen Nachweis erbringen, wie gering die Risiken des Reisens mit dem Flugzeug sind, wenn man die Anzahl der Todesfälle pro gereisten Kilometer als Maßstab nimmt.

9. Bei Risiken handelt es sich nicht bloß um individuelle Handlungen. Es gibt auch »Risikoumwelten«, die kollektiv große Mengen von Individuen betreffen: in manchen Fällen potentiell alle Bewohner der Erdoberfläche, wie etwa im Fall des Risikos einer ökologischen Katastrophe oder des Atomkriegs. »Sicherheit« läßt sich dann als eine Situation definieren, in der einer spezifischen Menge von Gefahren etwas entgegengesetzt oder diese Menge auf ein Minimum reduziert wird. Das Erlebnis der Sicherheit beruht normalerweise auf einem Gleichgewicht zwischen Vertrauen und akzeptablem Risiko. Dabei kann der Bereich, auf den sich der Begriff der Sicherheit in seiner fakten- wie in seiner erlebnisbezogenen Bedeutung bezieht, Einzelpersonen umfassen,

aber auch große Ansammlungen von Personen oder Kollektive (bis hin zur globalen Sicherheit).

10. Die obigen Feststellungen besagen nichts über die konstitutiven Merkmale des *Gegenteils* von Vertrauen, bei dem es sich, wie ich später geltend machen werde, nicht einfach um Mißtrauen handelt. Auch in bezug auf die Bedingungen, unter denen Vertrauen auf- oder abgebaut wird, haben diese Punkte nicht viel zu bieten. Auf diese Bedingungen werde ich in späteren Abschnitten einigermaßen detailliert eingehen.

Die Reflexivität der Moderne

In der Idee der Moderne ist auch ein Gegensatz zur Tradition enthalten. In konkreten gesellschaftlichen Lagen finden sich, wie bereits festgestellt, viele Verbindungen des Modernen mit dem Traditionalen. Manche Autoren haben sogar behauptet, diese beiden Elemente seien so eng miteinander verwoben, daß jeder allgemeine Vergleich dadurch wertlos werde. Das ist aber sicher nicht der Fall, wie wir erkennen können, wenn wir nachforschen, wie es sich mit der Beziehung zwischen Moderne und Reflexivität verhält.

Es gibt eine grundlegende Bedeutung von »Reflexivität«, in der diese ein Definitionsmerkmal jeglichen menschlichen Handelns bildet. Alle Menschen bleiben routinemäßig mit den Gründen ihres Tuns in Verbindung, und dieses Verbindunghalten ist seinerseits ein integraler Bestandteil der Ausführung ihrer Handlungen. Dies habe ich an anderer Stelle das »reflexive Registrieren des Handelns« genannt, wo ich mich dieser Formulierung bedient habe, um auf das Anhaltende der dabei ins Spiel kommenden Prozesse aufmerksam zu machen.[34] Menschliches Handeln beinhaltet keine Verkettungen von Gesamtinteraktionen

34 Giddens, *New Rules of Sociological Method.*

und -gründen, sondern ein konsistentes Registrieren des Verhaltens und seiner Kontexte, das, wie vor allem Erving Goffman gezeigt hat, niemals nachlassen darf. Dies ist zwar nicht der Sinn von Reflexivität, der ganz spezifisch mit der Moderne zusammenhängt, doch er bildet die notwendige Grundlage dafür.

Daß in traditionalen Kulturen die Vergangenheit geehrt und Symbole hochgeschätzt werden, liegt daran, daß sie die Erfahrung von Generationen enthalten und fortführen. Die Tradition ist ein Verfahren, das reflexive Registrieren des Handelns mit der raumzeitlichen Organisation der Gemeinschaft in Einklang zu bringen. Sie ist ein Mittel für den Umgang mit Zeit und Raum, das jede einzelne Tätigkeit oder Erfahrung in das Kontinuum aus Vergangenheit, Gegenwart und Zukunft einbringt, die ihrerseits durch immer wieder eingesetzte soziale Praktiken strukturiert werden. Die Tradition ist nicht völlig statisch, denn sie muß von jeder Generation neu erfunden werden, die das kulturelle Erbe von ihren Vorläufern übernimmt. Es ist nicht so, als leistete die Tradition Widerstand gegen den Wandel; vielmehr betrifft sie einen Kontext, in dem es nur wenige getrennte Zeit- und Raummarkierungen gibt, in bezug auf die der Wandel eine sinnvolle Form annehmen könnte.

In oralen Kulturen ist Tradition als solche unbekannt, obwohl diese Kulturen die traditionalsten von allen sind. Um die Tradition als etwas von anderen Organisationsweisen des Handelns und der Erfahrung Unterschiedenes zu begreifen, ist es erforderlich, in einer erst seit Erfindung der Schrift möglichen Weise einen Schnitt durch die Raum-Zeit vorzunehmen. Die Schrift erweitert die Ebene der raumzeitlichen Abstandvergrößerung und schafft eine Perspektive aus Vergangenheit, Gegenwart und Zukunft, in der die reflexive Aneignung des Wissens von der jeweils ausgezeichneten Tradition abgehoben werden kann. In vormodernen Zivilisationen ist die Reflexivität jedoch immer noch weitgehend auf die Umdeutung und Klärung der Tradition beschränkt, so daß auf der Waage der Zeit die Schale der »Vergangenheit« durch ihr sehr viel schwereres Gewicht tiefer nach unten sinkt als die Schale der »Zukunft«. Außerdem bleibt die Routinegestaltung des Alltagslebens mit der Tradition im alten Sinne verknüpft, denn die Kenntnis der Schrift bleibt das Monopol einer Minderheit.

Mit dem Anbruch der Moderne nimmt die Reflexivität einen anderen Charakter an. Sie kommt gleich an der Basis der Systemreproduktion ins Spiel, so daß sich Denken und Handeln in einem ständigen Hin und Her aneinander brechen. Die routinemäßige Ausgestaltung des Alltagslebens steht in gar keinem inneren Zusammenhang mit der Vergangenheit, außer insoweit, als das, »was man früher getan hat«, zufällig mit dem zusammenfällt, was sich im Lichte neuer Erkenntnisse in prinzipieller Weise begründen läßt. Eine Praktik aus Traditionsgründen zu sanktionieren, geht nicht mehr an. Die Tradition läßt sich zwar rechtfertigen, aber nur im Hinblick auf Erkenntnisse, die ihrerseits nicht durch Tradition beglaubigt sind. Das bedeutet, wenn man die Trägheit der Gewohnheit hinzunimmt, daß die Tradition selbst in den modernisiertesten der modernen Gesellschaften auch weiterhin eine Rolle spielt. Diese Rolle ist jedoch von sehr viel geringerer Bedeutung, als von Autoren angenommen wird, die ihre Aufmerksamkeit auf die Integration von Tradition und Moderne in der heutigen Welt konzentrieren. Denn eine gerechtfertigte Tradition ist eine kostümierte Tradition, die ihre Identität nur der Reflexivität der Moderne verdankt.

Die Reflexivität des Lebens in der modernen Gesellschaft besteht darin, daß soziale Praktiken ständig im Hinblick auf einlaufende Informationen über ebendiese Praktiken überprüft und verbessert werden, so daß ihr Charakter grundlegend geändert wird. Über das Wesen dieses Phänomens sollten wir uns Klarheit verschaffen. Das Wissen der Akteure über die Formen des sozialen Lebens ist für alle derartigen Formen teilkonstitutiv. Das im Sinne Wittgensteins verstandene »Wissen, wie man fortfährt«, ist ein inneres Wesensmerkmal der Konventionen, die vom menschlichen Tun in Anspruch genommen und reproduziert werden. In allen Kulturen werden soziale Praktiken routinemäßig im Lichte fortwährender Entdeckungen geändert, von denen Informationen an jene Praktiken ausgehen. Doch erst zur Zeit der Moderne wird die Revision der Konvention derart radikalisiert, daß sie (im Prinzip) alle Aspekte des menschlichen Lebens erfaßt, wozu auch der technische Eingriff in die materielle Welt gehört. Oft wird behauptet, die Moderne sei durch ihren Appetit für das Neue gekennzeichnet, doch das ist vielleicht nicht völlig zutreffend. Charakteristisch für die Moderne ist nicht, daß sie das Neue um seiner selbst willen erfaßt, sondern charakteristisch ist die Voraussetzung einer in Bausch und Bogen angewandten Reflexivität, die natürlich auch die Reflexion über das Wesen der Reflexion selbst einschließt.

Wahrscheinlich beginnen wir erst jetzt, im ausgehenden zwanzigsten Jahrhundert, zur Gänze zu erkennen, wie tief beunruhigend diese Einstellung eigentlich ist. Denn als die Ansprüche der Vernunft die Ansprüche der Tradition verdrängten, schienen sie ein größeres Gefühl der Sicherheit zu bieten als die vorher geltenden Dogmen. Diese Vorstellung wirkt aber nur so lange überzeugend, wie man übersieht, daß die Reflexivität der Moderne im Grunde die Vernunft untergräbt, jedenfalls dort, wo Vernunft im Sinne des Erwerbs unumstößlich sicheren Wissens aufgefaßt wird. Die reflexive Anwendung des Wissens ist ein konstitutives Merkmal der Moderne, doch die Gleichsetzung von Wissen und Gewißheit hat sich als Mißverständnis erwiesen. Wir sind in einer Welt unterwegs, für die reflexiv angewandtes Wissen durch und durch konstitutiv ist, doch wo wir zugleich niemals sicher sein können, ob irgendein gegebenes Element dieses Wissens nicht revidiert werden wird.

Selbst Philosophen, die wie Karl Popper die Ansprüche der Wissenschaft auf Gewißheit besonders standhaft verteidigen, sehen ein, daß alle Wissenschaft, um eine Formulierung von Popper selbst zu gebrauchen, »auf Treibsand gebaut ist«.[35] In der Wissenschaft ist gar nichts gewiß und kann gar nichts bewiesen werden, auch wenn uns das wissenschaftliche Bestreben mit den zuverlässigsten Informationen versorgt, nach denen wir trachten können. Im Innersten der Welt der harten Wissenschaft schwebt die Moderne frei.

Unter Modernitätsbedingungen ist kein Wissen mehr dasselbe wie das Wissen im »alten« Sinne, wonach »wissen« das gleiche bedeutet wie »gewiß sein«. Das gilt für die Sozialwissenschaften im gleichen Maße wie für die Naturwissenschaften. Bei den Gesellschaftswissenschaften kommen jedoch noch weitere Überlegungen ins Spiel. An dieser Stelle sollten wir an die oben registrierten Feststellungen hinsichtlich der reflexiven Komponenten der Soziologie denken.

In den Sozialwissenschaften müssen wir zur Ungewißheit allen empirisch begründeten Wissens noch das »subversive« Element hinzurechnen, das daher rührt, daß der sozialwissenschaftliche Diskurs in die von ihm analysierten Kontexte selbst wieder Eingang findet. Die Reflexion, deren formalisierte Fassung (also eine spezifische Spielart von Expertenwissen) die Sozialwissenschaften bilden, ist durchaus grundlegend für die Reflexivität der Moderne insgesamt.

Aufgrund der engen Beziehung zwischen der Aufklärung und der Befürwortung der Vernunftansprüche gilt üblicherweise die Naturwissenschaft als das hervorstechende Bestreben, durch das sich die moderne Einstellung von

35 Karl Popper, *Conjectures and Refutations*, London: Routledge, 1962, S. 34.

allem Vorherigen unterscheidet. Selbst diejenigen, die die interpretative Soziologie höher einschätzen als die naturalistische Soziologie, fassen die Sozialwissenschaft normalerweise als arme Verwandte der Naturwissenschaften auf, vor allem angesichts des Ausmaßes der technischen Entwicklungen, die sich aus naturwissenschaftlichen Entdekkungen ergeben haben. Doch die Gesellschaftswissenschaft ist im Grunde in höherem Maße in die Moderne verstrickt als die Naturwissenschaft, denn die ständig fortgesetzte Revision sozialer Praktiken im Lichte des Wissens über diese Praktiken gehört mit zum eigentlichen Gewebe der modernen Institutionen.[36]

Alle Sozialwissenschaften haben an diesem reflexiven Verhältnis teil, wobei die Soziologie allerdings eine besonders zentrale Stellung einnimmt. Nehmen wir den Diskurs der Ökonomie als Beispiel. Als Begriffe wie »Kapital«, »Investition«, »Märkte«, »Industrie« und viele andere in ihrer modernen Bedeutung geprägt wurden, gehörten sie zu der im achtzehnten und frühen neunzehnten Jahrhundert als eigenes Fach im Entstehen begriffenen Ökonomie. Diese Begriffe und manche mit ihnen verbundenen empirischen Schlußfolgerungen wurden formuliert, um Veränderungen zu analysieren, die mit dem Auftauchen moderner Institutionen einhergingen. Von den Tätigkeiten und Ereignissen, mit denen sie zusammenhingen, konnten sie jedoch nicht getrennt bleiben, und sie blieben es auch tatsächlich nicht. Sie sind integrale Bestandteile dessen, was das »moderne Wirtschaftsleben« wirklich ausmacht, und aus diesem gar nicht wegzudenken. Hätten nicht alle Angehörigen der Bevölkerung diese Begriffe und eine unbestimmte Vielfalt weiterer Begriffe beherrschen gelernt, wäre das moderne ökonomische Handeln nicht das, was es wirklich ist.

Der einzelne Laie ist nicht unbedingt imstande, formale Definitionen solcher Ausdrücke wie »Kapital« oder »Investition« anzugeben, doch jeder, der etwa ein Sparkonto

36 Giddens, *The Constitution of Society*, 7. Kapitel.

der Bank benutzt, stellt damit unter Beweis, daß er diese Begriffe implizit und in praktischer Hinsicht beherrscht. Begriffe wie diese und die mit ihnen verbundenen Theorien und empirischen Informationen sind nicht bloß praktische Hilfsmittel, durch die es den Akteuren irgendwie gestattet wird, ihr Verhalten klarer zu verstehen, als es ihnen sonst möglich wäre, sondern sie tragen aktiv zur Gestaltung dieses Verhaltens bei und prägen die Gründe, aus denen dieses Verhalten geübt wird. Die den Ökonomen zu Gebote stehende Literatur läßt sich nicht deutlich von der Literatur isolieren, die von Interessenten in der übrigen Bevölkerung gelesen wird oder in anderer Weise zu diesen Interessenten durchsickert, wobei es sich um führende Geschäftsleute, Regierungsbeamte und Angehörige der Öffentlichkeit handeln mag. Die ökonomische Umwelt wird im Lichte dieser Inputs ständig verändert, wodurch eine Situation geschaffen wird, in der sich der ökonomische Diskurs und die Tätigkeiten, auf die er Bezug nimmt, unablässig wechselseitig ins Spiel bringen.

Die Schlüsselstellung, die die Soziologie hinsichtlich der Reflexivität der Moderne einnimmt, rührt von der Rolle her, die ihr als dem am stärksten verallgemeinerten Typus von Reflexion über das moderne soziale Leben zukommt. Betrachten wir ein Beispiel, das von der »vordersten Linie« der naturalistischen Soziologie hergenommen ist. Die offiziellen Statistiken, die von den Regierungen beispielsweise über die Bevölkerung, Eheschließungen und Scheidungen, Kriminalität und Straffälligkeit usw. veröffentlicht werden, liefern allem Anschein nach ein Mittel, das soziale Leben mit Präzision zu erforschen. Für die Wegbereiter der naturalistischen Soziologie, wie etwa Durkheim, repräsentierten diese Statistiken harte Daten, mit deren Hilfe die betreffenden Aspekte moderner Gesellschaften genauer analysiert werden können als ohne solche Zahlenangaben. Offizielle Statistiken sind aber nicht bloß analytische Merkmale des gesellschaftlichen Tuns, sondern sie gehen auch als konstitutive Momente in den gesellschaftlichen Bereich ein, dem sie entnommen oder in dem sie durch Zählung erhoben wurden. Von Anfang an ist der Vergleich offizieller Statistiken ein konstitutiver Bestandteil der Staatsmacht gewesen und hat daneben auch vielen sonstigen Verfahren der gesellschaftlichen Organisation gedient. Die von modernen Regierungen geleistete koordinierte Verwaltungskontrolle ist untrennbar verbunden mit der routinemäßigen Erfassung »offizieller Daten«, die in allen heutigen Staaten üblich ist.

Die Erstellung offizieller Statistiken ist selbst ein reflexives Unterfangen, das von den Feststellungen der Sozialwissenschaften, die sich ihrer bedienen, seinerseits wieder geprägt wird. So ist zum Beispiel die praktische Arbeit der Coroners die Grundlage für die Zusammenstellung von Selbstmordstatistiken. Bei der Interpretation der Ursachen oder Motive des Todes lassen sich die Coroners jedoch von Begriffen und Theorien leiten, die das Wesen des Selbstmords zu erklären behaupten. So wäre es durchaus nicht ungewöhnlich, auf einen Coroner zu stoßen, der seinen Durkheim gelesen hat.

Die Reflexivität der offiziellen Statistiken ist auch nicht auf die Sphäre des Staates beschränkt. Jeder, der heute in einem westlichen Land zum Beispiel eine Ehe eingehen will, weiß, daß die Scheidungsraten hoch sind (und besitzt daneben vielleicht noch eine ganze Menge weiterer – sei es auch unvollkommener oder partieller – demographischer Kenntnisse über den Bereich der Ehe und Familie). Die Kenntnis der hohen Scheidungsrate könnte sogar den Entschluß zur Ehe beeinflussen sowie Entscheidungen über damit zusammenhängende Erwägungen, etwa Vorkehrungen hinsichtlich der Besitzaufteilung und dergleichen mehr. Ferner ist die Kenntnis der Scheidungsraten normalerweise sehr viel mehr als bloßes Wissen über eine nackte Tatsache. Der handelnde Nichtexperte stellt theoretische Überlegungen dazu an, die in ihrer Art und Weise von soziologischem Denken geprägt sind. So hat praktisch jeder, der eine Ehe ins Auge faßt, gewisse Vorstellungen von der Art der Veränderung der Familieninstitutionen, von Wandlungen im Bereich der gesellschaftlichen Stellung und Macht der Männer und Frauen, vom Wechsel der sexuellen Sitten usw. – und alle diese Vorstellungen finden Eingang in weitere Änderungsprozesse, die von diesen Vorstellungen reflexiv durchdrungen werden. Ehe und Familie wären nicht das, was sie heute sind, wenn sie nicht durch und durch »soziologisiert« und »psychologisiert« wären.

Der Diskurs der Soziologie und die Begriffe, Theorien und Ergebnisse der übrigen Sozialwissenschaften sind in einem ständigen Umlauf begriffen, der in ihren Gegenstandsbereich hinein- und aus diesem wieder hinausführt. Dabei leisten sie eine reflexive Umstrukturierung ihres Gegenstandsbereichs, dessen Angehörige ihrerseits gelernt haben, soziologisch zu denken. *Die Moderne selbst ist in ihrem inneren Wesen zutiefst soziologisch.* Vieles, was an der Stellung des professionellen Soziologen als des Lieferanten von Expertenwissen über das soziale Leben problematisch ist, rührt daher, daß er den kenntnisreichen Laien, die sich mit seinem Fach beschäftigen, höchstens einen Schritt voraus ist.

Daher ist die These, daß mehr Wissen über das soziale Leben auf umfassendere Kontrolle über unser Schicksal hinausläuft, sogar dann falsch, wenn dieses Wissen nach allen Regeln der Kunst empirisch abgesichert ist. Im Hinblick auf die physische Welt ist diese These wahr (oder zumindest vertretbar), aber nicht im Hinblick auf den Bereich der sozialen Ereignisse. Eine Erweiterung unserer Einsicht in die soziale Welt könnte wohl zu einer immer klareren Erkenntnis der Institutionen des Menschen und daher zu einer gesteigerten »technologischen« Kontrolle über sie führen, wenn es entweder der Fall wäre, daß das gesellschaftliche Leben völlig getrennt wäre von dem menschlichen Wissen über es, oder wenn es der Fall wäre, daß sich dieses Wissen ständig in die Gründe für gesellschaftliches Handeln einträufeln ließe und so zu einer schrittweisen Steigerung der »Rationalität« des Verhaltens mit Bezug auf spezifische Bedürfnisse führte.

Im Hinblick auf viele Verhältnisse und Kontexte des sozialen Tuns treffen beide Bedingungen zwar tatsächlich zu, doch jede von ihnen bleibt weit hinter der totalisierenden Wirkung zurück, die von den Erben des Aufklärungsdenkens als Ziel hingestellt wird. Daß es sich so verhält, liegt am Einfluß von vier Faktorenmengen:

Eine dieser Faktorenmengen ist die der differentiellen Machtverteilung. Diese Faktorenmenge ist zwar faktisch überaus wichtig, in logischer Hinsicht jedoch die am wenigsten interessante, zumindest ist sie analytisch am leichtesten in den Griff zu bekommen. Die Aneignung von Wissen geht nicht in homogener Weise vonstatten, sondern das Wissen steht oft in differentieller Weise denen zu Gebote, die Machtpositionen einnehmen und in der Lage sind, dieses Wissen in den Dienst von Partikularinteressen zu stellen.

Ein zweiter Einfluß betrifft die Rolle der Werte. Veränderungen der Wertordnungen sind nicht unabhängig von Neuerungen auf dem Gebiet der kognitiven Orientierung, die durch wechselnde Betrachtungsweisen der sozialen Welt herbeigeführt werden. Anders verhielte es sich, wenn neues Wissen auf der Grundlage einer transzendentalen Vernunftbasis der Werte eingesetzt werden könnte. Eine solche Vernunftbasis der Werte gibt es aber nicht, und Einstellungswechsel, die sich von neu hinzukommendem Wissen herschreiben, stehen in beweglichem Verhältnis zu Änderungen im Bereich der Wertorientierungen.

Der dritte Faktor ist die Wirkung unbeabsichtigter Konsequenzen. Keine Menge angesammelten Wissens könnte alle Umstände des Einsatzes dieses Wissens umfassend in den Griff bekommen, auch wenn derartiges Wissen völlig getrennt wäre von der Umwelt, auf die es angewandt wird. Wenn unser Wissen über die soziale Welt einfach immer besser würde, könnte es sein, daß der Spielraum unbeabsichtigter Konsequenzen immer begrenzter würde und die Häufigkeit unerwünschter Folgen abnähme. Das wird jedoch von der Reflexivität des modernen sozialen Lebens verhindert, die ihrerseits der vierte der hier ins Spiel kommenden Einflüsse ist. Obwohl dieser Faktor mit Bezug auf die Grenzen des Vernunftbegriffs der Aufklärung am seltensten zur Sprache gebracht wird, ist seine Bedeutung gewiß nicht geringer als die der anderen. Der springende Punkt ist nicht der, daß es keine stabile soziale Welt zu erkennen gäbe, sondern daß das Wissen von dieser Welt zu deren Instabilität oder Unbeständigkeit beiträgt.

Die Reflexivität der Moderne, die in unmittelbarem Zusammenhang steht mit der ständigen Erzeugung von systematischer Selbstkenntnis, führt zu keiner Stabilisierung der Beziehung zwischen dem Wissen der Experten und dem Wissen, das bei den Handlungen der Nichtexperten zur Anwendung kommt. Das Wissen, das von beobachtenden Experten in Anspruch genommen wird, kehrt (teilweise und auf vielen unterschiedlichen Wegen) zu seinem Gegenstandsbereich zurück, den es damit (grundsätzlich, doch normalerweise auch in der Praxis) umgestaltet. Zu diesem Prozeß gibt es in den Naturwissenschaften keine Parallele. Er ist durchaus nicht identisch mit dem, was sich auf dem Gebiet der Mikrophysik abspielt, wo der Eingriff des Beobachters eine Änderung des untersuchten Gegenstands nach sich zieht.

An diesem Punkt können wir eine Verbindung herstellen zwischen der Erörterung der Reflexivität und den Auseinandersetzungen um die Postmoderne. Häufig wird der Ausdruck »Postmoderne« so gebraucht, als wäre er gleichbedeutend mit »Postmodernismus«, »postindustrielle Gesellschaft« usw. Die Idee der postindustriellen Gesellschaft ist zwar zumindest in der von Daniel Bell[37] dargelegten Form zureichend erläutert, doch für die beiden anderen oben genannten Begriffe gilt das sicherlich nicht. Ich für mein Teil werde hier eine Unterscheidung zwischen ihnen treffen. Sofern »Postmodernismus« überhaupt etwas bedeutet, sollte der Ausdruck gewissen Stilarten oder Bewegungen innerhalb der Literatur, der Malerei, der Bildhauerei und der Architektur vorbehalten bleiben. Er betrifft Aspekte der *ästhetischen Reflexion* über das Wesen der Moderne. Obwohl der »Modernismus« mitunter nur recht vage gekennzeichnet wird, ist oder war er eine in diesen diversen Bereichen gegebene und als solche unterscheidbare Einstellung, von der man sagen könnte, sie sei durch andere Strömungen, und zwar solche postmodernistischer Spielart, verdrängt worden. (Über diese Problematik, die ich hier nicht analysieren werde, ließe sich eine eigene Arbeit schreiben.)

Der Begriff »Postmoderne« bezieht sich zumindest nach meiner Definition auf etwas anderes. Sofern wir uns auf eine Phase der Postmoderne zubewegen, heißt das, daß uns die Bahn der gesellschaftlichen Entwicklung von den Institutionen der Moderne weg- und zu einer neuen und unterscheidbaren Art von sozialer Ordnung hinführt. Falls der Postmodernismus in einer überzeugenden Form existiert, könnte es sein, daß er das Bewußtsein von einem solchen Übergang zum Ausdruck bringt,

37 Daniel Bell, *The Coming of Post-Industrial Society*, London: Heinemann, 1974.

ohne jedoch zu zeigen, daß dieser Übergang wirklich existiert.
Worauf nimmt der Begriff der Postmoderne normalerweise Bezug? Abgesehen von dem unspezifischen Gefühl, in einer Zeit zu leben, die sich deutlich von der Vergangenheit abhebt, hat der Ausdruck üblicherweise eine oder mehrere der folgenden Bedeutungen: daß wir entdeckt haben, daß gar nichts mit Sicherheit gewußt werden kann, weil sich die Unzuverlässigkeit aller früher gegebenen »Grundlagen« der Erkenntnistheorie erwiesen hat; daß es in der Geschichte keine Teleologie gibt und folglich keine Lesart des Fortschrittsgedankens einleuchtend verteidigt werden kann; daß in sozialer wie in politischer Hinsicht neue Dinge auf der Tagesordnung stehen, wobei ökologische Belange und vielleicht neue soziale Bewegungen generell eine immer stärker herausragende Stellung einnehmen. Heute scheint kaum noch jemand dasselbe unter Postmoderne zu verstehen, was früher nach allgemein verbreiteter Anschauung damit gemeint war, nämlich die Verdrängung des Kapitalismus durch den Sozialismus. Daß dieser Übergangsprozeß aus dem Vordergrund gerückt worden ist, gehört sogar mit zu den Hauptfaktoren, die die heute gängigen Diskussionen darüber ausgelöst haben, ob die Moderne, wenn man den Totalanspruch der Marxschen Geschichtsauffassung zugrundelegt, womöglich in Zersetzung begriffen ist.
Als einer ernsthaften intellektuellen Betrachtung unwürdig wollen wir zunächst die Idee verwerfen, es sei gar keine systematische Erkenntnis des menschlichen Handelns oder von Trends der gesellschaftlichen Entwicklung möglich. Würde jemand eine solche Anschauung vertreten (und falls diese nicht ohnehin schon als etwas Unabgeschlossenes auftritt), wäre er wohl kaum imstande dazu, ein Buch darüber zu schreiben. Die einzige Möglichkeit bestünde darin, die intellektuelle Tätigkeit überhaupt – und sogar die »spielerische Dekonstruktion« – abzulehnen

und statt ihrer etwa gesunde Leibesübungen anzuraten. Was immer das Ausbleiben des erkenntnistheoretischen Fundamentalismus nach sich zieht, das ist es nicht. Um einen eher einleuchtenden Ausgangspunkt zu gewinnen, könnten wir einen Blick auf den »Nihilismus« Nietzsches und Heideggers werfen. Trotz der Unterschiede zwischen diesen beiden Philosophen gibt es eine Anschauung, zu der sie beide tendieren. Beide bringen die Moderne mit der Vorstellung in Verbindung, die »Geschichte« könne mit einer fortschreitenden Aneignung rationaler Erkenntnisgrundlagen gleichgesetzt werden. Nach ihrer Anschauung kommt das in dem Begriff der Überwindung zum Ausdruck: die Bildung neuer Auffassungen dient dazu, die Teile des kumulativen Wissensvorrats ausfindig zu machen, die Wert haben bzw. keinen Wert haben.[38] Beide erachten es für notwendig, sich von den Fundierungsansprüchen der Aufklärung zu distanzieren, ohne jedoch imstande zu sein, diese Ansprüche von überlegenen oder besser begründeten Thesen ausgehend zu kritisieren. Daher geben sie die Vorstellung von der »kritischen Überwindung« preis, die für die Aufklärungskritik dogmatischer Ansichten maßgeblich gewesen war.

Wer darin einen grundlegenden Übergang von der Moderne zur Postmoderne erblickt, steht jedoch erheblichen Schwierigkeiten gegenüber. Einer der Haupteinwände liegt auf der Hand und ist allgemein bekannt: Wenn man sagt, die Postmoderne löse die Moderne ab, beruft man sich allem Anschein nach auf etwas, was (jetzt) für ausgeschlossen erklärt wird, nämlich die Möglichkeit, der Geschichte eine gewisse Kohärenz zu verleihen und unsere Stellung in ihr zu bestimmen. Falls außerdem Nietzsche der entscheidende Autor gewesen ist, der den Bruch zwischen Postmoderne und Moderne – also ein der heutigen Zeit unterstelltes Phänomen – erkannt hat, fragt es sich, wie er

38 Gianni Vattimo, *Das Ende der Moderne*, übers. von R. Capurro, Stuttgart: Reclam, 1989.

all das schon vor etwa einem Jahrhundert hat sehen können. Wieso war Nietzsche imstande, einen derartigen Durchbruch zu erzielen, ohne nach eigenem Eingeständnis mehr zu leisten, als die verborgenen Voraussetzungen der Aufklärung selbst aufzudecken?

Es fällt schwer, der Schlußfolgerung zu widerstehen, daß der Bruch mit dem Fundierungsgedanken eine markante Wasserscheide im philosophischen Denken ist und auf die Zeit zwischen der Mitte und dem Ende des neunzehnten Jahrhunderts zurückgeht. Doch es ist gewiß auch sinnvoll, darin nicht eine Überwindung der Moderne als solcher zu sehen, sondern eine zum Verständnis ihrer selbst gelangte Moderne.[39] Dies läßt sich mit Hilfe des Begriffs der »vorsehungsorientierten« Einstellung interpretieren. Das Aufklärungsdenken ist, wie die abendländische Kultur überhaupt, aus einem religiösen Kontext hervorgegangen, der die Teleologie und die Leistung der Gnade Gottes betonte. Die Vorstellung von der Vorsehung Gottes war schon seit langem eine der Leitideen des christlichen Denkens gewesen. Ohne diese früheren Gesinnungsarten wäre die Aufklärung ihrerseits kaum möglich gewesen. Dabei ist es keineswegs überraschend, daß die Befürwortung einer von ihren Fesseln befreiten Vernunft die Vorsehungsideen nicht verdrängt, sondern nur umgestaltet hat. An die Stelle einer Art von Gewißheit (nämlich des göttlichen Gesetzes) trat eine andere Art (nämlich die Gewißheit unserer Sinne oder der empirischen Beobachtung), wobei die Vorsehung Gottes von der Vorsehung des Fortschritts abgelöst wurde. Außerdem fiel die Entstehung der Vorsehungsidee der Vernunft

39 Die Frage, inwiefern die Postmoderne schlicht als Fortführung der Moderne gesehen werden sollte, wird in der Literatur vielfach erörtert. Eine frühe Version dieser Betrachtungsweise findet sich in Frank Kermodes Artikel »Modernisms«, abgedr. in seinem Buch *Continuities*, London: Routledge, 1968. Was spätere Erörterungen betrifft, vgl. die Beiträge zu dem von Hal Foster herausgegebenen Band *Postmodern Culture*, London: Pluto, 1983.

in die gleiche Zeit wie die allmähliche Vorherrschaft Europas über den Rest der Welt. Die Zunahme der europäischen Macht lieferte gleichsam die materielle Stütze für die Annahme, daß die neue Einstellung zur Welt auf einer festen Basis beruhte, die sowohl Sicherheit gewährte als auch Befreiung vom Dogma der Tradition bot.

Doch der Keim des Nihilismus steckte von Anfang an im Denken der Aufklärung. Sofern die Sphäre der Vernunft von allen Fesseln befreit ist, kann kein Wissen auf einer unbezweifelten Grundlage beruhen, denn auch die ganz standhaft festgehaltenen Vorstellungen können nur als »prinzipiell« oder »bis auf weiteres« gültig erachtet werden. Sonst würden sie wieder in den Bereich des Dogmas zurückfallen und von ebender Sphäre der Vernunft getrennt werden, die überhaupt erst bestimmt, was als Gültigkeit zählt. Die meisten Autoren hielten zwar die von unseren Sinnen gelieferten Belege für die zuverlässigsten Informationen, deren wir habhaft werden können, doch selbst die Denker der frühen Aufklärung waren sich durchaus im klaren darüber, daß derartige »Belege« stets prinzipiell fragwürdig sind. Die Daten der Sinne seien niemals imstande, eine ganz sichere Grundlage für Wissensansprüche abzugeben. Da wir uns heute in höherem Maße bewußt sind, daß die Sinneswahrnehmung von theoretischen Kategorien durchsetzt ist, hat sich das philosophische Denken in seinen Hauptströmungen recht scharf vom Empirismus abgewandt. Außerdem sind uns seit Nietzsche sowohl die Zirkularität der Vernunft als auch die problematischen Beziehungen zwischen Wissen und Macht sehr viel deutlicher zum Bewußtsein gekommen.

Diese Entwicklungen führen uns nicht »über die Moderne hinaus«, sondern sie liefern ein vollständigeres Verständnis der Reflexivität, die der Moderne selbst innewohnt. Die Moderne ist nicht nur aufgrund der Zirkularität der Vernunft beunruhigend; vielmehr wirkt sie beunruhigend, weil das Wesen dieser Zirkularität letztlich rätselhaft bleibt. Wie können wir eine Bindung an die Vernunft im Namen der Vernunft rechtfertigen? Paradoxerweise waren es gerade die logischen Positivisten, die besonders unvermittelt auf diese Problematik stießen, und zwar deshalb, weil sie sich in höchstem Maße bemühten, das rationale Denken von allen Überbleibseln der Tradition und des Dogmas zu befreien. Die Moderne erweist sich als in ihrem Kern enigmatisch, und es gibt offenbar keine Möglichkeit, dieses Enigma zu »überwinden«. Wo es früher anscheinend Antworten gab, bleiben uns heute nur noch Fragen, und ich werde im folgenden geltend machen, daß das nicht bloß von Philosophen bemerkt wird. Ein allgemeines Bewußtsein dieses Phänomens sickert bis auf die Sorgen durch, die jedermann bedrängen.

Die Postmoderne ist nicht nur mit dem Ende des Fundierungsgedankens in Verbindung gebracht worden, sondern auch mit dem »Ende der Geschichte«. Da ich hierauf schon an früherer Stelle Bezug genommen habe, besteht keine Notwendigkeit, diese Vorstellung im einzelnen zu erörtern. Die »Geschichte« hat keine innere Form und keine Gesamtteleologie. Es läßt sich eine Vielfalt von Geschichten schreiben, und es ist nicht möglich, diese durch Bezugnahme auf einen archimedischen Punkt zu verankern (etwa durch die Idee, die Geschichte habe eine Entwicklungsrichtung). Dabei darf die Geschichte nicht mit »Historizität« gleichgesetzt werden, denn diese ist speziell mit den Institutionen der Moderne verknüpft. Der von Marx vertretene historische Materialismus begeht den Irrtum, diese beiden zu identifizieren, wodurch er nicht nur der historischen Entwicklung eine falsche Einheit unterstellt, sondern es außerdem versäumt, die besonderen Eigenschaften der Moderne zu erkennen. Die Punkte, um die es hierbei geht, sind im Zuge der bekannten Auseinandersetzung zwischen Lévi-Strauss und Sartre ausreichend zur Sprache gebracht worden.[40] Der »Gebrauch der Geschichte, um Geschichte zu machen«, ist im wesentlichen ein Phänomen der Moderne und kein allgemeines Prinzip, das sich auf alle Zeitalter anwenden ließe – es handelt sich um eine Gestalt der Reflexivität der Moderne. Sogar die Geschichte als Nacheinander von Daten – das Nachzeichnen der Veränderungsfolgen zwischen bestimmten Daten – ist eine spezifische Weise der Verschlüsselung der Zeitlichkeit.

Wir müssen auf der Hut sein, wie wir den Begriff der Historizität deuten. Man könnte die Historizität als den Gebrauch der Vergangenheit zur Mitgestaltung der Gegenwart definieren, doch sie beruht nicht auf dem Respekt vor der Vergangenheit. Im Gegenteil, Historizität bedeutet die Verwendung des Wissens über die Vergangenheit als Mittel, mit ebendieser Vergangenheit zu brechen – oder allenfalls das zu bewahren, was sich in prinzipieller Weise rechtfertigen läßt.[41] Im Grunde bewirkt die Historizität, daß wir uns in erster Linie auf die Zukunft orientieren. Die Zukunft wird als etwas wesentlich Offenes angesehen, das jedoch kontrafaktisch von Handlungsweisen bedingt ist, bei denen man künftige Möglichkeiten im Sinn hat. Dies ist ein grundlegender Aspekt der Raum-Zeit-»Spanne«, die von den Modernitätsbedingungen sowohl möglich als auch notwendig gemacht wird. Die »Futurologie« – also die Erfassung der möglichen/wahrscheinlichen/verfügbaren Zukunftsgestalten – wird wichtiger als das Registrieren der Vergangenheit. Jeder der oben genannten Entbettungsmechanismen setzt eine Zukunftsorientierung dieser Art voraus.

Der Bruch mit vorsehungsorientierten Geschichtsauffassungen, die Zersetzung des Fundierungsgedankens und die damit einhergehende Entstehung des kontrafaktisch zu-

40 Siehe Claude Lévi-Strauss, *Das wilde Denken*, übers. von Hans Naumann, Frankfurt am Main: Suhrkamp, 1968.

41 Hans Blumenberg, *Wirklichkeiten, in denen wir leben*, Stuttgart: Reclam, 1981.

kunftsorientierten Denkens bei gleichzeitiger »Entleerung« der Fortschrittsidee durch unablässigen Wandel sind insgesamt so verschieden von den Kernperspektiven der Aufklärung, daß die Anschauung, es hätten weitreichende Übergänge stattgefunden, durchaus berechtigt wirkt. Doch die Bezeichnung dieser Übergänge als Postmoderne ist ein Fehler, der einem zutreffenden Verständnis ihres Wesens und ihrer Implikationen hinderlich ist. Die Trennungen, die eingetreten sind, sollten vielmehr als Resultate der Selbstverständigung des modernen Denkens gesehen werden, seit die Überbleibsel der Tradition und der vorsehungsorientierten Einstellungen aus dem Weg geräumt worden sind. Wir sind nicht über die Moderne hinausgegangen, sondern durchleben gerade eine Phase ihrer Radikalisierung.

Der allmähliche Niedergang der europäischen oder abendländischen Globalhegemonie, dessen Kehrseite die zunehmende Ausbreitung der modernen Institutionen über die ganze Welt ist, stellt offensichtlich einen der Haupteinflüsse dar, die hier im Spiel sind. Der ins Auge gefaßte »Untergang des Abendlands« hat natürlich schon seit der zweiten Hälfte des neunzehnten Jahrhunderts manche Autoren beschäftigt. Wurde der Ausdruck in einem solchen Kontext gebraucht, bezog er sich normalerweise auf eine zyklische Auffassung des geschichtlichen Wandels, bei der die moderne Zivilisation bloß als eine regional ortsgebundene Zivilisation neben anderen gesehen wurde, die ihr in anderen Gegenden der Welt vorangegangen waren. Nach dieser Auffassung haben die Zivilisationen ihre Zeiten der Jugend, der Reife und des Alters, und wenn sie von anderen Zivilisationen verdrängt werden, ändert sich die regionale Verteilung der globalen Machtverhältnisse. Die Moderne ist aber *nicht* bloß eine Zivilisation neben anderen, wenn man die von mir oben vorgeschlagene Diskontinuitätsinterpretation zugrunde legt. Daß der Einfluß des Abendlands auf die übrige Welt schwächer wird, ist keine

Folge der nachlassenden Wirkung der zunächst im Abendland entstandenen Institutionen, sondern – ganz im Gegenteil – ein Ergebnis ihrer globalen Verbreitung. Die ökonomische, politische und militärische Macht, die dem Abendland zur Vorherrschaft verhalf und auf dem Zusammenwirken der vier in Kürze zu diskutierenden institutionellen Dimensionen der Moderne beruhte, reicht nicht mehr aus, um die westlichen Länder deutlich von anderen Ländern in anderen Gegenden abzuheben. Diesen Prozeß können wir als einen Vorgang der *Globalisierung* deuten – und das ist ein Terminus, der im Lexikon der Sozialwissenschaften eine Schlüsselstellung erhalten muß.
Wie steht es mit den übrigen Reihen von Veränderungen, die im einen oder anderen Sinne oft mit der Postmoderne in Verbindung gebracht werden? Gemeint sind der Aufstieg neuer sozialer Bewegungen und die Schaffung neuartiger politischer Aktualitätsvorstellungen. Diese Veränderungen sind, wie ich später zu zeigen versuche, tatsächlich wichtig. Wir müssen jedoch behutsam vorgehen, wenn wir uns zurechtzufinden bemühen auf dem Weg durch die verschiedenen Theorien oder Interpretationen, die auf der Grundlage dieser Veränderungen vertreten worden sind. Ich für mein Teil werde die Postmoderne als eine Reihe immanenter Übergänge analysieren, die von den weiter unten zu unterscheidenden diversen Institutionengruppierungen fortführen oder sogar über sie »hinausführen«. Wir leben heute noch nicht in einem sozialen Bereich der Postmoderne, doch wir können mehr erkennen als nur ein paar schwache Ahnungen von sich abzeichnenden Lebensweisen und Formen gesellschaftlicher Organisation, die von den durch moderne Institutionen begünstigten Formen abweichen.
Mit Hilfe dieser Analyse läßt sich ohne weiteres erkennen, warum die Radikalisierung der Moderne so beunruhigend und so bedeutsam ist. Ihre hervorstechendsten Merkmale sind die *Zersetzung des Evolutionsgedankens*, das *Ver-*

schwinden der historischen Teleologie und die Einsicht in eine *durchgreifend wirksame konstitutive Reflexivität* und diese Merkmale sorgen zusammen mit dem *Hinschwinden der privilegierten Stellung des Abendlands* dafür, daß wir uns auf einen neuen und Besorgnis erregenden Erfahrungsbereich zubewegen. Das »Wir«, von dem hier die Rede ist, bezieht sich zwar immer noch in erster Linie auf die Bewohner des Abendlands – oder genauer gesprochen: auf die Bewohner der industrialisierten Gebiete der Welt –, doch es handelt sich hier um Vorgänge, deren Implikationen überall gespürt werden.

Zusammenfassung

Nun sind wir in der Lage, die bisherige Erörterung zu resümieren. Wir haben drei ausschlaggebende Ursachen der Dynamik der Moderne auseinandergehalten, deren jede mit den übrigen zusammenhängt:

Die Trennung von Raum und Zeit. Hierbei handelt es sich um die Bedingung der raumzeitlichen Abstandvergrößerung unbegrenzter Reichweite, durch die Mittel geliefert werden, eine präzise Einteilung in Raum- und Zeitzonen vorzunehmen.

Die Entstehung von Entbettungsmechanismen. Durch diese Mechanismen wird das gesellschaftliche Tun aus örtlich begrenzten Zusammenhängen »herausgehoben«, wobei soziale Beziehungen über große Raum-Zeit-Abstände hinweg umorganisiert werden.

Die reflexive Aneignung des Wissens. Die Erzeugung systematischen Wissens über das soziale Leben wird zu einem integralen Bestandteil der Reproduktion des Systems, wodurch das Leben der Gesellschaft fortgerissen wird von den Gewißheiten der Tradition.

Zusammengenommen helfen diese drei Merkmale der modernen Institutionen erklären, warum das Leben in der modernen Welt eher einer Fahrt an Bord eines rasenden Dschagannath-Wagens gleicht als einer Reise mit einem behutsam gesteuerten und sachkundig gelenkten Auto.[42] Die reflexive Aneignung von Wissen, die ihrem inneren Wesen nach Energie verleiht, aber notwendig auch instabil ist, findet derartige Verbreitung, daß sie gewaltige Spannen der Raum-Zeit umfaßt. Die Entbettungsmechanismen stellen die Mittel für diese Verbreitung bereit, indem sie die sozialen Beziehungen aus ihrer »Situiertheit« an spezifischen Orten herausheben.

Die Entbettungsmechanismen lassen sich wie folgt darstellen:

Symbolische Zeichen und *Expertensysteme* beinhalten *Vertrauen* im Gegensatz zu einem Zutrauen, das auf abgeschwächtem induktivem Wissen basiert.

Vertrauen ist in Risikoumwelten wirksam, in denen wechselnde Sicherheitsniveaus (Schutz gegen Gefahren) erzielt werden können.

Das Verhältnis zwischen Vertrauen und Entbettung bleibt hier abstrakt. Später müssen wir erforschen, in welcher Weise Vertrauen, Risiko, Sicherheit und Gefahr unter Modernitätsbedingungen zum Ausdruck kommen. Ferner müssen wir Umstände betrachten, unter denen das Vertrauen erlischt, und untersuchen, wie Situationen ohne Vertrauen am besten zu begreifen sind.

Reflexiv auf soziales Tun angewandtes Wissen (worunter im Regelfall »Wissensansprüche« zu verstehen sind) wird durch vier Faktorenmengen filtriert:

Differentiell verteilte Macht. Einige Individuen oder Gruppen sind eher als andere zur Aneignung von Spezialwissen in der Lage.

Die Rolle der Werte. Werte und empirisches Wissen sind in einem Netz gegenseitiger Beeinflussung miteinander verbunden.

42 Das Bild des Dschagannath-Wagens werde ich im 4. und 5. Kapitel ausführlicher entwickeln.

Die Wirkung unbeabsichtigter Konsequenzen. Das Wissen über das soziale Leben übersteigt die Absichten derjenigen, die dieses Wissen zu Umgestaltungszwecken anwenden.
Der Umlauf sozialen Wissens in der doppelten Hermeneutik. Es liegt im inneren Wesen des reflexiv auf die Bedingungen der Systemreproduktion angewandten Wissens, daß es die Umstände, auf die es sich ursprünglich bezogen hat, verändert.
Weiter unten werden wir nachzeichnen, welche Implikationen sich aus diesen Reflexivitätsmerkmalen für die in der heutigen sozialen Welt anzutreffenden Vertrauens- und Risikoumwelten ergeben.

II

Die institutionellen Dimensionen der Moderne

Die Tendenz der meisten soziologischen Betrachtungsweisen oder Theorien, in modernen Gesellschaften nach einem einzigen vorherrschenden institutionellen Zusammenhang zu suchen, ist oben bereits erwähnt worden: Sind die Institutionen der Moderne kapitalistisch oder sind sie industriell? Diese seit langem geführte Auseinandersetzung ist auch heute keineswegs ohne Bedeutung. Dennoch beruht sie zum Teil auf verfehlten Prämissen, denn in jedem Fall kommt ein gewisser Reduktionismus ins Spiel – entweder wird der Industrialismus als eine Unterart des Kapitalismus gesehen oder umgekehrt. Im Gegensatz zu einem derartigen Reduktionismus sollten wir den Kapitalismus und den Industrialismus als zwei getrennte »Organisationsbündelungen« betrachten bzw. als zwei Dimensionen, die im Rahmen der Institutionen der Moderne eine Rolle spielen. Diese beiden Dimensionen werde ich hier wie folgt definieren:

Der *Kapitalismus* ist ein System der Warenproduktion, in dessen Mittelpunkt die Beziehung zwischen dem privaten Kapitalbesitz und der besitzlosen Lohnarbeit steht, wobei dieses Verhältnis die Hauptachse eines Klassensystems bildet. Das kapitalistische Unternehmertum beruht auf der Produktion für wettbewerbsorientierte Märkte, auf denen Preise für Investoren ebenso wie für Produzenten und Konsumenten als Signale dienen.

Das Hauptmerkmal des *Industrialismus* ist der Einsatz unbelebter Quellen materieller Energie zur Güterfertigung zusammen mit der zentralen Rolle der Maschinen im Produktionsprozeß. Dabei läßt sich eine »Maschine« als Artefakt definieren, das festgelegte Aufgaben erfüllt, indem es sich jener Energiequellen als Werkzeug bedient. Der Industrialismus setzt die geregelte soziale Organisation der Produktion voraus, um menschliches Tun, Maschinen sowie den Input und Output von Rohstoffen und Gütern zu koordinieren. Der Industrialismus sollte nicht in zu enger Bedeutung aufgefaßt werden, was durch den Ursprung in der »Industriellen Revolution« verlockend nahegelegt wird. Durch diesen Ausdruck werden Bilder heraufbeschworen, die an Energiegewinnung aus Kohle und Dampfkraft denken lassen sowie an gewaltige, schwere Maschinen, die in schmuddeligen Werkstätten und Fabrikhallen vor sich hinrattern. Der Begriff des Industrialismus bezieht sich aber nicht nur auf solche Situationen, sondern in nicht geringerem Maße auf hochtechnisierte Umfelder, in denen die Elektrizität die einzige Energiequelle darstellt und in denen elektronische Mikroschaltsysteme die einzigen mechanisierten Vorrichtungen sind. Der Industrialismus beeinflußt außerdem nicht nur den Arbeitsplatz, sondern auch den Transport, die Kommunikation und das häusliche Leben.

Die *kapitalistischen Gesellschaften* können wir als einen gesonderten Untertypus der modernen Gesellschaften im allgemeinen gelten lassen. Eine kapitalistische Gesellschaft ist ein System mit einer Reihe spezifischer institutioneller Merkmale. Erstens beinhaltet ihre ökonomische Ordnung die oben bereits festgehaltenen Kennzeichen. Das stark wettbewerbsorientierte und auf Expansion angelegte Wesen kapitalistischer Unternehmungen bedeutet, daß sich technologische Innovationen tendenziell konstant und überall auswirken. Zweitens ist die Ökonomie recht abgesondert oder »isoliert« von anderen sozialen Schauplätzen, namentlich von politischen Institutionen. Da die Innovationsraten im wirtschaftlichen Bereich hoch sind, üben die ökonomischen Verhältnisse einen beträchtlichen Einfluß aus auf die übrigen Institutionen. Drittens beruht die (in unterschiedlichen Formen ausgeprägte) Isolierung des politischen und des ökonomischen Bereichs auf der hervorstechenden Rolle, die das Privateigentum an Produktionsmitteln spielt. (Privateigentum bezieht sich hier nicht unbedingt auf individuelles Unternehmertum, sondern auf das weitverbreitete private Eigentum an Anlagewerten.) Das Eigentum an Kapital steht in unmittelbarem Zusammenhang mit dem Phänomen der »Eigentumslosigkeit« – der Kommodifizierung der Lohnarbeit – im Klassensystem. Viertens ist die Autonomie des Staates bedingt, wenn auch nicht in strengem Sinne determiniert durch sein Angewiesensein auf die Akkumulation von Kapital, über die seine Kontrolle bei weitem nicht vollständig ist.

Aber wieso ist die kapitalistische Gesellschaft überhaupt eine Gesellschaft? Diese Frage bleibt unbeantwortet, wenn wir die kapitalistische Gesellschaftsordnung bloß im Hinblick auf ihre wichtigsten institutionellen Ausrichtungen kennzeichnen. Denn angesichts der expansionistischen Eigenschaften des kapitalistischen Wirtschaftslebens ist dieses nur in wenigen Hinsichten durch die Grenzen spezifischer sozialer Systeme beschränkt. Der Spielraum des Kapitalismus ist seit dessen frühesten Anfängen international. Die kapitalistische Gesellschaft ist nur deshalb eine »Gesellschaft«, weil sie ein Nationalstaat ist. Ein gewichtiger Teil der Kennzeichen des Nationalstaats muß getrennt von der Erörterung des Wesens des Kapitalismus oder des Industrialismus erklärt und analysiert werden. Das Verwaltungssystem des kapitalistischen Staats und der modernen Staaten überhaupt muß im Sinne der von einem solchen Staatswesen ausgeübten koordinierten Kontrolle über begrenzte territoriale Schauplätze gedeutet werden. Wie bereits erwähnt, gab es keine vormodernen Staaten, die imstande gewesen wären, das im Nationalstaat herausgebildete Niveau der Verwaltungskoordination auch nur annähernd zu erreichen.

Eine derartige Konzentration der Verwaltung beruht ihrerseits auf der Entwicklung von *Überwachungsfähigkei-*

ten, die weit über die charakteristischen Möglichkeiten traditionaler Zivilisationen hinausgehen, und die Apparate der Überwachung bilden eine dritte institutionelle Dimension, die – ebenso wie Kapitalismus und Industrialismus – mit der Entstehung der Moderne verknüpft ist. »Überwachung« bezieht sich auf die Aufsicht über die Tätigkeiten der Untertanen in der politischen Sphäre. Die Bedeutung der Überwachung als einer Grundlage der Verwaltungsmacht ist allerdings durchaus nicht auf diese Sphäre beschränkt. Aufsicht kann (wie in vielen der von Foucault erörterten Beispiele aus dem Bereich der Gefängnisse, der Schulen oder der nicht abgeschlossenen Arbeitsplätze) unmittelbar ausgeübt werden[1], doch charakteristischer ist die mittelbare und auf Informationskontrolle beruhende Überwachung.

Daneben läßt sich noch eine vierte institutionelle Dimension unterscheiden, nämlich die *Kontrolle über die Mittel zur Gewaltanwendung*. Die militärische Macht ist stets ein wichtiges Merkmal der vormodernen Zivilisationen gewesen. Doch in diesen Zivilisationen war das politische Zentrum nie in der Lage, langfristig für militärische Unterstützung zu sorgen, und im Regelfall mißlang es ihnen, auf eigenem Gebiet ein Kontrollmonopol über die Mittel zur Gewaltanwendung auszuüben. Die militärische Stärke der herrschenden Autoritäten beruhte auf Bündnissen mit örtlichen Fürsten oder Kriegsherren, die stets geneigt waren, sich von den herrschenden Gruppen loszusagen oder diese geradewegs herauszufordern. Das erfolgreich wahrgenommene Monopol über die Mittel zur Gewaltanwendung innerhalb territorial genau feststehender Grenzen ist ein kennzeichnendes Merkmal des modernen Staats. Das gleiche gilt auch für das Bestehen spezifischer Verbindungen mit dem Industrialismus, die sowohl die Organisation des Militärwesens als auch das diesem zu Gebote stehende

1 Michel Foucault, *Überwachen und Strafen*, übers. von Walter Seitter, Frankfurt am Main: Suhrkamp, 1977.

Waffenarsenal prägen. Die »Industrialisierung des Kriegs« führt einen durchgreifenden Wandel in der Art der Kriegführung herbei und leitet zunächst eine Periode des »totalen Kriegs« und später das Atomzeitalter ein.

Clausewitz war der klassische Interpret des im neunzehnten Jahrhundert bestehenden Verhältnisses zwischen Krieg und Nationalstaat, doch im Grunde waren seine Anschauungen schon im wesentlichen veraltet, als er sie ausarbeitete. Der Krieg ist nach Clausewitz nichts anderes als Diplomatie mit anderen Mitteln: der Krieg werde gebraucht, sobald normale Verhandlungen oder sonstige Verfahren zur Überredung oder Nötigung im Verhältnis zwischen den Staaten versagen.[2] Dem Einsatz des Krieges als Werkzeug der Politik wird durch den totalen Krieg die Spitze genommen, da die auf beiden Seiten zugefügten Verluste tendenziell alle auf diesem Wege womöglich zu erreichenden Gewinne bei weitem überwiegen. Durch die Möglichkeit eines Atomkriegs wird das offensichtlich.

Die vier grundlegenden institutionellen Dimensionen der Moderne und ihre wechselseitigen Beziehungen können dem 1. Schaubild entsprechend dargestellt werden.

Beginnen wir auf der linken Seite des Kreises: Der Kapitalismus bringt es mit sich, daß das Wirtschaftliche vor dem Hintergrund wettbewerbsorientierter Arbeits- und Produktmärkte vom Politischen isoliert wird. Die Überwachung wiederum ist grundlegend für alle Organisationstypen, die mit der Entstehung der Moderne zusammenhängen, insbesondere für den Nationalstaat, der historisch – durch die gemeinsame Entwicklung – mit dem Kapitalismus verflochten ist. Ebenso bestehen enge Wesenszusammenhänge zwischen den Überwachungsmaßnahmen der Nationalstaaten und der in der Moderne gewandelten Beschaffenheit der militärischen Macht. Daß es dem modernen Staat gelingt, ein Monopol über die Mittel zur Gewaltanwendung wahrzunehmen, beruht auf der weltli-

2 Carl Philipp Gottfried von Clausewitz, *Vom Kriege*, 1832-34.

Schaubild 1: Institutionelle Dimensionen der Moderne

chen Durchsetzung neuer Strafgesetze sowie auf der Aufsicht und Kontrolle über »abweichendes« Verhalten. Das Militär wird zu einer relativ entfernten Stütze der inneren Herrschaft der zivilen Autoritäten, während die Streitkräfte zum größten Teil »nach außen zeigen«, also in die Richtung anderer Staaten.

Wenn wir dem Kreis weiter nachgehen, stoßen wir auf direkte Beziehungen zwischen militärischer Macht und Industrialismus, zu deren wichtigsten Äußerungen die Industrialisierung des Krieges gehört. Ebenso lassen sich deutliche Zusammenhänge herstellen zwischen Industrialismus und Kapitalismus, und zwar Zusammenhänge, die ungeachtet des oben angedeuteten Prioritätsstreits hinsichtlich ihrer Interpretationsleistung recht bekannt und gut belegt sind. Der Industrialismus wird unter Modernitätsbedingungen zur Hauptachse der Interaktion zwischen den Menschen und der Natur. In den meisten vormodernen Kulturen und sogar in den großen Zivilisationen sahen sich die Menschen größtenteils als demselben Kontinuum zugehörig wie die Natur. Ihr Leben war mit den Stimmungen und Launen der Natur verknüpft: mit der Verfügbarkeit natürlicher Quellen der Ernährung, mit dem Gedeihen oder Nichtgedeihen des angebauten Getreides und der Weidetiere sowie mit den Auswirkungen von Naturkatastrophen. Die durch das Bündnis von Wissenschaft und Technik geprägte moderne Industrie führt zu einer Umgestaltung der natürlichen Welt, die in dieser Weise für frühere Generationen nicht vorstellbar gewesen ist. In den industrialisierten Gebieten der Erdkugel – und in zunehmendem Maße auch an anderen Orten – leben die Menschen in einer *gestalteten Umwelt*, in einer Umwelt des Handelns, die zwar freilich eine physische, aber nicht mehr bloß eine natürliche ist. Nicht nur die bebaute Umwelt der städtischen Bereiche, sondern auch die meisten übrigen Landschaften werden der Koordination und Kontrolle durch den Menschen unterworfen.

Die geraden Linien des Schaubilds deuten auf weitere Zusammenhänge hin, die sich ebenfalls analysieren lassen. So ist die Überwachung zum Beispiel eng an der Entwicklung des Industrialismus beteiligt, da sie den Einfluß der innerbetrieblichen Verwaltung von Werksanlagen, Fabriken und Werkstätten konsolidiert hat. Anstatt derartigen Überlegungen weiter nachzugehen, werde ich nun jedoch einen knappen, ja, angesichts der gewaltigen Thematik, um die es hier geht, äußerst knappen Blick auf die Frage werfen, wie die verschiedenen Institutionsbündelungen im Zuge der Entwicklung der modernen Institutionen miteinander verknüpft gewesen sind.

Das kapitalistische Unternehmertum hat, wie wir in Übereinstimmung mit Marx sagen können, eine Hauptrolle gespielt bei der Abkoppelung des modernen sozialen Lebens von den Institutionen der traditionalen Welt. Der Kapitalismus ist aufgrund der hergestellten Verbindungen zwischen dem wettbewerbsorientierten wirtschaftlichen Unternehmertum und allgemeinen Prozessen der Kommodifizierung seinem inneren Wesen nach höchst dynamisch. Aus Gründen, die Marx bereits diagnostiziert hat, ist die kapitalistische Wirtschaft sowohl intern als auch extern (also innerhalb und außerhalb des nationalstaatlichen Verfügungsbereichs) ihrem eigentlichen Wesen nach instabil und rastlos. Im Kapitalismus ist alle wirtschaftliche Reproduktion »erweiterte« Reproduktion, weil die Wirtschaftsordnung im Gegensatz zur Sachlage in den meisten traditionalen Systemen nicht in einem mehr oder weniger statischen Gleichgewicht verharren kann. Die Entstehung des Kapitalismus ist, wie Marx behauptet, der Entwicklung des Industrialismus vorhergegangen und hat sogar einen großen Teil der Anstöße zu dessen Entstehung geliefert. Die industrielle Produktionsweise und die damit einhergehende unablässige Revolutionierung der Technik sorgen dafür, daß die Fertigungsprozesse leistungsfähiger und kostengünstiger werden. Dabei ist die Kommodifizierung der Arbeitskraft ein besonders wichtiger Verknüpfungspunkt zwischen Kapitalismus und Industrialismus gewesen, denn die »abstrakte Arbeit« läßt sich unmittelbar in die technische Produktionsplanung einprogrammieren.

Die Entwicklung der abstrakten Arbeitskraft bildet auch einen wichtigen Verknüpfungspunkt zwischen Kapitalismus, Industrialismus und der sich wandelnden Art der Kontrolle über die Mittel zur Gewaltanwendung. Wieder sind die Schriften von Marx nützlich, um das zu analysieren, obwohl seine Ausführungen nicht explizit in die erforderliche Richtung gehen.[3] In vormodernen Gesellschaften waren Klassensysteme nur selten ganz aufs Ökonomische abgestellt: ausbeuterische Klassenverhältnisse wurden zum Teil durch Gewalt oder die Androhung von Gewaltanwendung aufrechterhalten. Die herrschende Klasse war durch direkten Zugang zu den Mitteln der Gewaltanwendung zu derartigen Zwangsmaßnahmen in der Lage, denn oft war die herrschende Klasse zugleich eine Klasse der Krieger. Mit der Entstehung des Kapitalismus

3 Giddens, *A Contemporary Critique of Historical Materialism*, 7. Kapitel.

hat sich das Wesen der Klassenherrschaft maßgeblich geändert. Im Brennpunkt des neu entstehenden Klassensystems steht der kapitalistische Arbeitsvertrag, der nicht mehr die Knechtschaft der »ganzen Person« (also Sklaverei) beinhaltet bzw. einen Teil der Arbeitswoche (Fronarbeit) oder des Ertrags (Zehnter oder Steuer in Naturalienform), sondern die Anstellung abstrakter Arbeit. Der kapitalistische Arbeitsvertrag beruht nicht auf der direkten Verfügung über die Mittel zur Gewaltanwendung, und die Lohnarbeit ist nominell frei. Daher sind die Klassenbeziehungen nicht mehr offen und durch Gewalt sanktioniert, sondern unmittelbar in den Rahmen der kapitalistischen Produktion einbezogen worden. Dieser Prozeß hat sich in historischer Verbindung mit der staatlichen Monopolisierung der Kontrolle über die Mittel zur Gewaltanwendung abgespielt. Die Gewalt ist sozusagen aus dem Arbeitsvertrag »ausgeschieden« und in den Händen der staatlichen Autoritäten konzentriert.

Wenn der Kapitalismus eines der bedeutenden institutionellen Elemente im Zuge der zusätzlichen Beschleunigung und Weiterverbreitung der modernen Institutionen gewesen ist, so ist der Nationalstaat das andere. Nationalstaaten und das System der Nationalstaaten lassen sich nicht mit Hilfe des Aufstiegs des kapitalistischen Unternehmertums erklären, wie sehr die Interessen der Staaten und des kapitalistischen Wohlstands mitunter auch zusammengegangen sein mögen. Zustande gekommen ist das System der Nationalstaaten durch eine Unzahl zufälliger Ereignisse und ist so aus der ungebundenen Ordnung nachfeudaler Königreiche und Fürstentümer hervorgegangen, durch die sich Europa von zentralistisch organisierten agrarischen Großreichen unterschied. Die Ausbreitung der modernen Institutionen über die ganze Welt war ursprünglich ein abendländisches Phänomen und wurde durch alle vier der oben genannten institutionellen Dimensionen beeinflußt. Den Nationalstaaten gelang es sehr viel besser als den traditionalen Staaten, die Macht der Verwaltung wirksam zu konzentrieren, und daher waren sogar recht kleine Staaten imstande, gesellschaftliche und wirtschaftliche Ressourcen einzusetzen, die die Reserven vormoderner Systeme überstiegen. Die kapitalistische Produktionsweise erlaubte vor allem im Zusammenspiel mit dem Industrialismus einen gewaltigen Sprung vorwärts, was wirtschaftlichen Reichtum und auch was militärische Macht betraf. Die Verbindung aller dieser Faktoren ließ die abendländische Expansion unwiderstehlich erscheinen.

Diesen Institutionsbündelungen liegen die drei weiter oben unterschiedenen Ursachen der Dynamik der Moderne zugrunde: die raumzeitliche Abstandvergrößerung, die Entbettung und die Reflexivität. Diese sind als solche keine Institutionentypen, sondern Bedingungen, die den Ablauf der in den vorigen Absätzen genannten historischen Übergänge erleichtert haben. Ohne diese Voraussetzungen wäre es nicht möglich gewesen, daß die Abtrennung der Moderne von traditionalen Ordnungen so durchgreifend, so rasch und in einem derart weltumspannenden Bereich vonstatten gegangen ist. Sie spielen in die institutionellen Dimensionen der Moderne hinein und werden ihrerseits von diesen beeinflußt.

Die Globalisierung der Moderne

Die Moderne ist in ihrem inneren Wesen auf Globalisierung angelegt. Das zeigt sich an einigen der besonders grundlegenden Eigenschaften der modernen Institutionen, zu denen insbesondere deren Entbettung und Reflexivität gehören. Aber was ist Globalisierung eigentlich? Und wie ließe sich dieses Phänomen am besten auf den Begriff bringen? Mit diesen Fragen werde ich mich hier etwas länger beschäftigen, denn es gibt in der soziologischen Literatur kaum ausführliche Erörterungen dieses Begriffs, die der heute ausschlaggebenden Bedeutung von Globalisierungsprozessen entsprechen. Zunächst können wir uns einige früher schon genannte Punkte ins Gedächtnis rufen. Die Soziologen stützen sich bisher in ungerechtfertigter Weise auf eine im Sinne eines begrenzten Systems gedeutete Vorstellung von »Gesellschaft«. Statt dessen sollte man an einem Ausgangspunkt beginnen, an dem man sich auf die Art und Weise konzentriert, in der das soziale Leben über Raum und Zeit hinweg geordnet ist. Dies ist die Fragestellung der raumzeitlichen Abstandvergrößerung. Der begriffliche Rahmen der raumzeitlichen Abstandvergrößerung lenkt unsere Aufmerksamkeit auf die komplexen Beziehungen zwischen *lokalen Beteiligungsweisen* (Situationen gleichzeitiger Anwesenheit) und der *Interaktion über Entfernungen hinweg* (den Verbindungen zwischen Anwesenheit und Abwesenheit). In der Moderne ist das Niveau der raumzeitlichen Abtandvergrößerung sehr viel höher als in irgendeinem früheren Zeitalter, und die Beziehungen zwischen örtlichen und entfernten sozialen Formen und Ereignissen werden dementsprechend »gedehnt«. Der Begriff der Globalisierung bezieht sich im wesentlichen auf diesen Dehnungsvorgang, und zwar insoweit, als die Verbindungsweisen zwischen verschiedenen gesellschaftlichen Kontexten oder Regionen über die Eroberfläche als Ganze hinweg vernetzt werden.

Definieren läßt sich der Begriff der Globalisierung demnach im Sinne einer Intensivierung weltweiter sozialer Beziehungen, durch die entfernte Orte in solcher Weise miteinander verbunden werden, daß Ereignisse am einen Ort durch Vorgänge geprägt werden, die sich an einem viele Kilometer entfernten Ort abspielen, und umgekehrt. Dies ist ein dialektischer Prozeß, denn solche lokalen Ereignisse können in eine Richtung gehen, die der Richtung der sie prägenden weit entfernten Beziehungen entgegengesetzt verläuft. Die *örtliche Umgestaltung* gehört nicht weniger zur Globalisierung als die laterale Verbreitung sozialer Verbindungen über Raum und Zeit hinweg. Wer sich heute etwa in irgendeiner Gegend der Welt mit der Erforschung der Städte beschäftigt, stellt fest, daß das, was sich an einem Ort in einer bestimmten Nachbarschaft abspielt, wahrscheinlich von Faktoren – wie weltumspannenden Finanzmitteln und Warenmärkten – beeinflußt wird, die in beliebiger Entfernung von dieser Nachbarschaft selbst eingesetzt werden. Das Ergebnis ist nicht unbedingt, ja nicht einmal üblicherweise eine in einheitlicher Richtung wirksame und allgemein gleichartige Menge von Veränderungen, sondern besteht in wechselseitig entgegengesetzten Tendenzen. So steht der zunehmende Wohlstand eines Stadtviertels von Singapur durch ein kompliziertes Netz globaler Wirtschaftsverbindungen womöglich in kausalem Zusammenhang mit der Verarmung einer Nachbarschaft in Pittsburgh, deren lokale Produkte auf den Weltmärkten nicht mehr konkurrieren können.

Ein weiteres Beispiel aus der äußerst großen Anzahl, die sich anführen ließe, ist der Aufstieg lokaler Nationalismen in Europa und anderswo. Die Entwicklung globalisierter sozialer Beziehungen führt wahrscheinlich zur Abschwächung einiger Aspekte der mit Nationalstaaten (oder einigen Staaten) verknüpften nationalistischen Gefühle, kann aber auch eine kausale Rolle spielen bei der Verstärkung nationalistischer Empfindungen, die in höherem Maße ortsgebunden sind. Unter Verhältnissen immer schnellerer Globalisierung ist der Nationalstaat »zu klein geworden für die großen Probleme des Lebens und zu groß für die kleinen Probleme des Lebens«.[4] Zur gleichen Zeit, da es zu einer lateralen Ausdehnung sozialer Beziehungen kommt, geschieht es, wie wir sehen, im Zuge desselben Vorgangs, daß der Druck zugunsten lokaler Autonomie und regionaler kultureller Identität stärker wird.

4 Daniel Bell, »The World and the United States in 2013«, *Daedalus* 116 (1987).

Zwei theoretische Perspektiven

Wenn man von den Arbeiten Marshall McLuhans und denen weniger anderer Einzelautoren absieht, kommen Erörterungen des Themas Globalisierung tendenziell in zwei Bereichen der Forschungsliteratur vor, die sich weitgehend getrennt entwickeln. Der eine Bereich umfaßt die Literatur über internationale Beziehungen, der andere die Schriften zur »Theorie des Weltsystems«, die vor allem mit Immanuel Wallerstein in Verbindung gebracht wird und einer marxistischen Position recht nahe steht.

Die Vertreter einer Theorie der internationalen Beziehungen beschäftigen sich charakteristischerweise vor allem mit der Entwicklung des Systems der Nationalstaaten, analysieren die Ursprünge dieses Systems in Europa und seine spätere Ausbreitung über die ganze Welt. Dabei werden Nationalstaaten als Aktoren behandelt, die sich in der internationalen Arena miteinander auseinandersetzen sowie mit anderen Organisationen, die von nationenübergreifender Art sind (wie zum Beispiel zwischenstaatliche Organisationen oder Aktoren, die gar nicht staatlich organisiert sind). In diesem Bereich der Forschungsliteratur sind zwar verschiedene theoretische Positionen vertreten, doch die meisten Autoren malen bei ihrer Analyse der wachsenden Globalisierung ein recht ähnliches Bild.[5] Die souveränen Staaten, meint man, treten zunächst weitgehend als getrennte Gebilde in Erscheinung, die innerhalb der eigenen Grenzen über mehr oder weniger vollständige Verwaltungskontrolle verfügen. Während das europäische Staatensystem zur Reife gelangt und später zu einem globalen System von Nationalstaaten wird, geschieht es in immer höherem Maße, daß sich auch Muster wechselseitiger Abhängigkeit herausbilden. Diese kommen nicht nur in den Verbindungen zum Ausdruck, die die Staaten in der inter-

5 Siehe zum Beispiel James N. Rosenthau, *The Study of Global Interdependence*, London: Pinter, 1980.

nationalen Arena untereinander herstellen, sondern auch in der Entstehung zwischenstaatlicher Organisationen. Diese Prozesse markieren eine umfassende Entwicklung in Richtung einer »einzigen Welt«, obwohl sie immer wieder von Kriegsereignissen unterbrochen werden. Die Nationalstaaten verlieren nach dieser Auffassung im Hinblick auf die Kontrolle über ihre eigenen Angelegenheiten immer weiter an Souveränität, obgleich es heute nur noch wenige gibt, die das zu Anfang dieses Jahrhunderts von vielen als realistische Aussicht betrachtete Auftauchen eines »Weltstaats« in naher Zukunft vorhersehen.

Diese Anschauung ist zwar nicht völlig verfehlt, doch einige wichtige Vorbehalte müssen hier angemeldet werden. Ein Punkt ist der, daß auch diese Anschauung nur *eine* der Gesamtdimensionen der Globalisierung in meinem Sinne dieses Begriffs erfaßt, nämlich die internationale Koordinierung der Staaten. Die Staaten als Aktoren aufzufassen, hat zwar seine nützlichen Seiten und ist in manchen Zusammenhängen durchaus sinnvoll, doch die meisten Vertreter einer Theorie der internationalen Beziehungen erklären nicht, *wieso* dieser Sprachgebrauch sinnvoll ist. Denn Sinn hat er nur im Falle der Nationalstaaten, im Falle vormoderner Staaten dagegen nicht. Der Grund hängt mit einem weiter oben erörterten Thema zusammen: In den Nationalstaaten gibt es eine weit größere Konzentration der Verwaltungsmacht als in ihren Vorläuferstaaten, bei denen es verhältnismäßig sinnlos wäre, von »Regierungen« zu sprechen, die im Namen ihrer jeweiligen Nationen mit anderen »Regierungen« verhandeln. Wenn man Staaten als Aktoren behandelt, die miteinander und mit anderen Organisationen in der internationalen Arena Verbindungen haben, wird es außerdem schwierig, sich mit sozialen Beziehungen zu befassen, die nicht zwischen den Staaten oder außerhalb der Staaten bestehen, sondern schlicht quer verlaufen zu den Trennlinien zwischen den Staaten.

Ein weiterer Nachteil eines derartigen Ansatzes betrifft die

Darstellung der zunehmenden Vereinigung des Systems der Nationalstaaten. Selbst im europäischen Staatensystem wurde die souveräne Macht der modernen Staaten nicht vor ihrer Beteiligung an dem System der Nationalstaaten entfaltet, sondern hat sich im Zusammenspiel mit diesem Vorgang herausgebildet. Die Souveränität des modernen Staats war sogar von Anfang an *abhängig von den Beziehungen zwischen den Staaten*, durch die jeder Staat (im Prinzip, wenn auch keineswegs immer in der Praxis) die Autonomie anderer Staaten innerhalb ihrer eigenen Grenzen anerkannte. Wie mächtig ein Staat auch sein mochte, in der Praxis übte er doch nie soviel souveräne Kontrolle aus, wie ihm laut Rechtsprinzip zustand. Die Geschichte der letzten beiden Jahrhunderte ist also keine Geschichte des fortschreitenden Souveränitätsverlusts auf seiten des Nationalstaats. Auch hier müssen wir den dialektischen Charakter der Globalisierung anerkennen sowie den Einfluß von Prozessen ungleicher Entwicklung. Autonomieverluste auf seiten einiger Staaten oder Staatengruppen sind infolge von Bündnissen, Kriegen oder verschiedenen Arten politischer und ökonomischer Veränderungen oft mit einer *Zunahme* der Autonomie anderer Staaten einhergegangen. So mag zum Beispiel die souveräne Kontrolle mancher Nationen des »klassischen« Abendlands aufgrund einer Beschleunigung der während der letzten dreißig Jahre erfolgten globalen Arbeitsteilung zurückgegangen sein, doch die Souveränität einiger fernöstlicher Länder hat – zumindest in manchen Hinsichten – zur gleichen Zeit zugenommen.

Da die Theorie des Weltsystems einen von der Theorie der internationalen Beziehungen überaus verschiedenen Standpunkt bezieht, nimmt es nicht wunder, wenn man feststellt, daß die Schriften aus diesen beiden Bereichen auf Armeslänge voneinander entfernt bleiben. Wallersteins Erklärung des Weltsystems liefert sowohl in theoretischer Hinsicht als auch mit Bezug auf die empirische Analyse vielfältige Beiträge.[6] Dabei ist es ganz und gar nicht unwichtig, daß er der bei Soziologen üblichen Inanspruchnahme durch »Gesellschaften« aus dem Weg geht und eine sehr viel umfassendere Auffassung globalisierter Beziehungen bevorzugt. Außerdem nimmt er im Hinblick auf die ihn interessierenden Phänomene eine deutliche Differenzierung vor zwischen der Moderne und früheren Zeiten. Was er als »Weltwirtschaften« bezeichnet – nämlich geographisch umfassende Netze von wirtschaftlichen Verbindungen – hat es auch schon vor Anbruch der Moderne gegeben, doch diese Weltwirtschaften unterschieden sich beträchtlich von dem Weltsystem, das sich im Laufe der letzten drei oder vier Jahrhunderte entwickelt hat. Im Zentrum früherer Weltwirtschaften standen normalerweise imperiale Großstaaten, und nie umfaßten diese Wirtschaftssysteme mehr als bestimmte Regionen, in denen die Macht der Großstaaten konzentriert war. Nach Wallersteins Analyse bringt das Auftauchen des Kapitalismus eine ganz neue Art von Ordnung ins Spiel, deren Reichweite zum erstenmal wirklich global ist und mehr auf ökonomischer als auf politischer Macht beruht. Das ist die »kapitalistische Weltwirtschaft«. Die Ursprünge der kapitalistischen Weltwirtschaft liegen im sechzehnten und siebzehnten Jahrhundert. Integriert wird sie nicht von einem politischen Zentrum, sondern durch Handelsverbindungen und Fertigungszusammenhänge. Dabei gibt es sogar eine Vielfalt politischer Zentren, nämlich die Nationalstaaten. Das Weltsystem der Moderne zerfällt in drei Bestandteile – den Kern, die Halbperipherie und die eigentliche Peripherie –, deren Standort allerdings im Laufe der Zeit wechselt.

Daß der Kapitalismus die ganze Welt umspannt, wurde nach Wallerstein schon zu einem recht frühen Zeitpunkt der Moderne herbeigeführt: »Der Kapitalismus war von

6 Immanuel Wallerstein, *The Modern World System*, New York: Academic, 1974.

Anfang an eine Angelegenheit der Weltwirtschaft, und nicht der Nationalstaaten. [...] Das Kapital hat es nie zugelassen, daß seine Bestrebungen durch nationale Grenzen bestimmt würden.«[7] Gerade weil der Kapitalismus keine politische, sondern eine ökonomische Ordnung bildet, hat er als derart grundlegender Globalisierungseinfluß gewirkt. Es ist ihm auch gelungen, in weit entfernte Gebiete der Welt einzudringen, die von den jeweiligen Herkunftsstaaten nicht ganz unter ihren politischen Einfluß gebracht werden konnten. Die Kolonialverwaltung ferner Länder mag zwar in einigen Situationen dazu beigetragen haben, die wirtschaftliche Expansion zu konsolidieren, doch in globaler Hinsicht war sie nie die Hauptbasis der Ausbreitung kapitalistischer Unternehmungen. Im späten zwanzigsten Jahrhundert, in dem der Kolonialismus in seiner ursprünglichen Form nahezu verschwunden ist, bringt die kapitalistische Weltwirtschaft es auch weiterhin mit sich, daß gewaltige Ungleichgewichte bestehen zwischen Kern, Halbperipherie und eigentlicher Peripherie.

Es gelingt Wallerstein, sich von einigen Beschränkungen eines Großteils des orthodoxen soziologischen Denkens zu lösen, insbesondere von der stark ausgeprägten Neigung, die »endogenen Modelle« des sozialen Wandels in den Brennpunkt zu rücken. Doch seine Arbeiten haben ihrerseits eigene Nachteile. Auch Wallerstein sieht nur einen einzigen vorherrschenden institutionellen Zusammenhang (nämlich den Kapitalismus) als verantwortlich an für die Umgestaltungen der Moderne. Die Theorie des Weltsystems konzentriert sich dementsprechend ganz und gar auf wirtschaftliche Einflüsse, und es fällt ihr schwer, gerade die Phänomene befriedigend zu erklären, die von den Vertretern einer Theorie der internationalen Beziehungen in

7 Immanuel Wallerstein, »The Rise and Future Demise of the World Capitalist System: Concepts for Comparative Analysis«, in: Wallerstein, *The Capitalist World Economy*, Cambridge: Cambridge University Press, 1979, S. 19.

den Mittelpunkt gestellt werden, also den Aufstieg des Nationalstaats und des Systems der Nationalstaaten. Außerdem erlauben die auf wirtschaftlichen Kriterien beruhenden Unterscheidungen zwischen Kern, Halbperipherie und eigentlicher Peripherie (deren Wert an sich vielleicht schon fragwürdig ist) keine Klärung politischer oder militärischer Machtkonzentrationen, die ja nicht in exakter Weise wirtschaftlichen Differenzierungen entsprechen.

Dimensionen der Globalisierung

Ich dagegen werde die kapitalistische Weltwirtschaft als eine von vier Dimensionen der Globalisierung betrachten und mich dabei an die bereits angeführte Vierfachklassifikation der Institutionen der Moderne halten (siehe Schaubild 2).[8] Das System der Nationalstaaten bildet die zweite Dimension. Diese beiden Dimensionen sind zwar, wie schon aus den bisherigen Erörterungen hervorgeht, in verschiedener Weise miteinander verbunden, doch keine kann restlos mit Hilfe der jeweils anderen erklärt werden.

Wenn wir die Jetztzeit betrachten, fragt es sich, in welchem Sinne man behaupten kann, die Organisation der Weltwirtschaft werde von Mechanismen der kapitalistischen Ökonomie beherrscht. Zur Beantwortung dieser Frage ist eine ganze Reihe von Überlegungen von Belang. Die Hauptzentren der weltwirtschaftlichen Macht sind kapitalistische Staaten, also Staaten, in denen die kapitalistischen Wirtschaftsunternehmen (mitsamt den von ihnen implizit vorausgesetzten Klassenverhältnissen) die wichtigste Produktionsform darstellen. In innenpolitischer wie internationaler Hinsicht beinhalten die wirtschaftspolitischen Maßnahmen dieser Staaten viele Formen der Regelung der

8 Dieses Schaubild (und die dazugehörige Erörterung) soll die Ausführungen auf S. 277 meines Buches *The Nation-State and Violence* ersetzen.

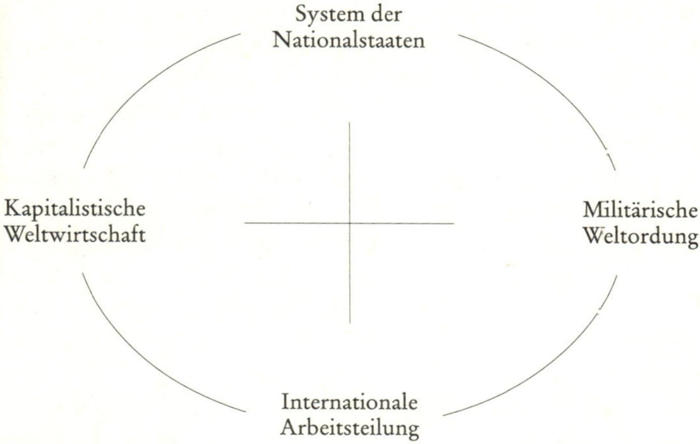

Schaubild 2: Dimensionen der Globalisierung

wirtschaftlichen Aktivität, doch ihre institutionelle Organisation sorgt, wie bereits festgestellt wurde, für eine gewisse »Isolierung« des wirtschaftlichen Bereichs vom politischen Bereich. Dadurch wird der Spielraum groß für die globalen Tätigkeiten der Unternehmen, die zwar stets in einem bestimmten Staat eine Heimatbasis haben, sich aber außerdem an vielen anderen Orten regional engagieren können.

Geschäftsfirmen, besonders die transnationalen Gesellschaften, können unerhörte wirtschaftliche Macht zum Einsatz bringen und besitzen die Fähigkeit, politische Maßnahmen an der Heimatbasis und an anderen Orten zu beeinflussen. Heute verfügen die größten transnationalen Unternehmen über Finanzmittel, die die der meisten Nationen in den Schatten stellen. Doch es gibt einige ausschlaggebende Hinsichten, in denen ihre Macht nicht mit der der Staaten konkurrieren kann. Wichtige Faktoren sind hier vor allem die Territorialität und die Kontrolle über die Mittel zur Gewaltanwendung. Wenn man von Teilen der Polarregionen absieht, gibt es auf der Oberfläche der Erde kein Gebiet, das nicht von diesem oder jenem Staat als zu seiner legitimen Kontrollsphäre gehörig in Anspruch genommen würde. Alle modernen Staaten nehmen im eigenen Territorium mit mehr oder weniger Erfolg ein Kontrollmonopol über die Mittel zur Gewaltanwendung wahr. Einerlei, wie groß die ökonomische Macht der Industrieunternehmen sein mag, militärische Organisationen sind sie nicht (im Gegensatz zu einigen Unternehmen, die zur Zeit des Kolonialismus auch militärisch tätig wurden), und als politisch/rechtliche Gebilde, die ein bestimmtes Territorialgebiet beherrschen, können sie auch nicht auftreten.

Während Nationalstaaten die wichtigsten »Aktoren« innerhalb der politischen Globalordnung darstellen, sind Unternehmen die vorherrschenden Handlungsinstanzen im Rahmen der Weltwirtschaft. Was die Handelsbeziehungen betrifft, welche die Unternehmen (Hersteller, Finanzierungsgesellschaften und Banken) miteinander sowie mit Staaten und Konsumenten pflegen, sind sie letztlich auf die Produktion angewiesen, um Gewinn zu erzielen. Daher zieht die Verbreitung ihres Einflusses eine globale Ausdehnung der Warenmärkte einschließlich der Geldmärkte nach sich. Doch selbst in ihren ersten Anfängen war die kapitalistische Welt niemals bloß ein Markt für den Handel mit Gütern und Diensten. Sie beinhaltete – und beinhaltet auch heute noch – die Kommodifizierung der Arbeitskraft unter Klassenverhältnissen, die die Arbeiter von der Kontrolle über ihre Produktionsmittel fernhalten. Dieser Prozeß steckt natürlich voller Implikationen im Hinblick auf globale Ungleichheiten.

In den »entwickelten« Bereichen der Welt sind alle Nationalstaaten – einerlei, ob kapitalistisch oder staatssozialistisch – in erster Linie auf die industrielle Produktion angewiesen, um den Wohlstand zu erzeugen, auf dem ihre Steuereinnahmen basieren. Die sozialistischen Länder bilden so etwas wie eine Enklave innerhalb der kapitalistischen Weltwirtschaft als Ganzer, denn in ihnen ist die Industrie unmittelbarer der politischen Befehlsgewalt unterstellt. Diese Staaten dürften zwar kaum als postkapitalistisch gelten, doch der Einfluß kapitalistischer Märkte auf die Verteilung der Güter und der Arbeitskraft ist erheblich gedämpft. Da sowohl die westlichen als auch die osteuropäischen Gesellschaften Wachstum anstreben, werden ökonomische Interessen in der internationalen Arena unweigerlich in den Vordergrund der von den Staaten verfolgten Politik gedrängt. Dennoch ist es wohl allen, die nicht vom Einfluß des historischen Materialismus befangen sind, klar, daß die Unterfangen, an denen sich die Nationalstaaten materiell beteiligen, nicht ausschließlich von realistischen oder als realistisch erachteten ökonomischen Erwägungen bestimmt sind. Der Einfluß, den ein bestimmter Staat im Rahmen der politischen Globalordnung ausübt, ist weitgehend von der Ebene seines Wohlstands bedingt (sowie von der Verbindung zwischen diesem Niveau und seiner militärischen Stärke). In Wirklichkeit verhält es sich jedoch so, daß die Staaten, wie Hans J. Morgenthau betont, ihre Macht von der Wahrnehmung ihrer souveränen Möglichkeiten herleiten.[9] Sie verfahren nicht wie ökonomische Maschinen, sondern wie »Aktoren«, die eifersüchtig über ihre territorialen Rechte wachen, die sich die Förderung ihrer nationalen Kultur angelegen sein lassen und die sich mit anderen Staaten oder Staatenbündnissen an strategischen geopolitischen Maßnahmen beteiligen.

Das System der Nationalstaaten hat schon seit langem teil an der für die Moderne insgesamt kennzeichnenden Reflexivität. Schon die bloße Existenz von Souveränität sollte aus bereits angedeuteten Gründen als etwas reflexiv Registriertes begriffen werden. Souveränität steht in Verbindung mit der zur Zeit der Entstehung des Systems der

9 H. J. Morgenthau, *Politics Among Nations*, New York: Knopf, 1960.

Nationalstaaten erfolgten Verdrängung von »Grenzgebieten« durch »Grenzlinien«: die Autonomie, die der Staat im Inneren seines Territoriums beansprucht, wird durch die Anerkennung der Grenzen seitens anderer Staaten sanktioniert. Dies ist, wie schon festgestellt, einer der Hauptfaktoren, durch die sich das nationalstaatliche System von vormodernen Staatensystemen unterscheidet, in denen es nur wenige reflexiv geordnete Beziehungen dieser Art gab und in denen der Begriff »internationale Beziehungen« gar keinen Sinn hatte.

Ein Aspekt des dialektischen Wesens der Globalisierung ist das »Hin und Her« zwischen den der Reflexivität des Staatensystems innewohnenden Zentralisierungstendenzen einerseits und der Souveränität der Einzelstaaten andererseits. Durch gemeinschaftlich abgestimmtes Handeln mehrerer Länder wird die individuelle Souveränität der beteiligten Staaten zwar in mancher Hinsicht verringert, doch da ihre Macht dabei in anderer Hinsicht gekoppelt wird, steigert dieses Handeln ihren Einfluß innerhalb des Staatensystems. Das gleiche gilt auch für die ersten Kongresse, die im Zusammenspiel mit Kriegsresultaten zur Bestimmung und Neubestimmung von Staatsgrenzen führten, sowie für wirklich globale Handlungsinstanzen von der Art der Vereinten Nationen. Der globale Einfluß der UNO (der durch mangelnde Territorialität und das Fehlen einer bedeutsamen Verfügungsgewalt über Mittel zur Gewaltanwendung immer noch erheblich begrenzt ist) wird nicht nur mit Hilfe einer Verringerung der Souveränität der Nationalstaaten erkauft – hier liegen die Dinge komplizierter. Ein einleuchtendes Beispiel ist das Beispiel der »neuen Nationen«, also der autonomen Nationalstaaten, die in einstigen Kolonialgebieten errichtet wurden. Zwar war der bewaffnete Kampf gegen die Kolonialländer ganz allgemein ein Hauptfaktor gewesen, der die Kolonialherren zum Rückzug bewegt hatte. Doch dann spielten die Diskussionen im Rahmen der UNO eine Schlüsselrolle bei der Etablierung ehemaliger Kolonialgebiete als Staaten mit international anerkannten Grenzen. Wie schwach einige der neuen Nationen in ökonomischer und militärischer Hinsicht auch sein mögen, ihr Auftreten *als* Nationalstaaten (bzw. in vielen Fällen als »Staatsnationen«) markiert einen Reingewinn in puncto Souveränität, wenn man ihre früheren Umstände zum Vergleich heranzieht.

Die dritte Dimension der Globalisierung ist die militärische Weltordnung. Zur Angabe ihrer Wesensmerkmale müssen wir die Zusammenhänge analysieren zwischen der Industrialisierung des Kriegs, dem von einigen Teilen der Welt in andere Gebiete fließenden Strom von Waffen und Techniken der Militärorganisation und den Bündnissen, die die Staaten gemeinsam aufbauen. Militärbündnisse brauchen das vom Staat im eigenen Territorium wahrgenommene Monopol über die Mittel zur Gewaltanwendung nicht unbedingt zu beeinträchtigen, doch unter manchen Umständen kann das gewiß der Fall sein.

Wenn wir den Überschneidungen zwischen militärischer Macht und der Souveränität der Staaten nachgehen, stoßen wir auf das gleiche Hin und Her zwischen entgegengesetzten Tendenzen, das oben bereits festgestellt wurde. In der heutigen Zeit haben die beiden militärisch am weitesten entwickelten Staaten – also die Vereinigten Staaten von Amerika und die Sowjetunion – ein bipolares System militärischer Bündnisse aufgebaut, das wahrhaft globale Ausmaße besitzt. Die an diesen Bündnissen beteiligten Länder akzeptieren notwendig Beschränkungen ihrer Möglichkeiten, nach außen hin unabhängige Militärstrategien zu entwickeln. Es kann auch sein, daß sie das vollständige Monopol der militärischen Kontrolle im Bereich des eigenen Territoriums einbüßen, soweit nämlich dort stationierte amerikanische bzw. sowjetische Streitkräfte ihre Befehle von außerhalb empfangen. Doch aufgrund der gewaltigen Zerstörungskraft der modernen Waffen besitzen fast alle Staaten eine militärische Stärke, die auch die der größten vormodernen Zivilisationen bei weitem übertrifft. Viele wirtschaftlich schwache Länder der Dritten Welt sind in militärischer Hinsicht mächtig. Was die Rüstung betrifft, gibt es in einem wichtigen Sinne gar keine »Dritte Welt«, sondern nur eine »Erste Welt«, denn die meisten Länder halten sich ein Arsenal technologisch fortgeschrittener Waffen und haben ihr Militär gründlich modernisiert. Selbst der Besitz von Kernwaffen ist nicht auf die wirtschaftlich fortgeschrittenen Länder begrenzt.

Die Globalisierung der militärischen Macht beschränkt sich offensichtlich nicht nur auf Rüstung und Bündnisse zwischen den Streitkräften verschiedener Staaten, sondern sie betrifft auch den Krieg als solchen. Zwei Weltkriege bezeugen die Art und Weise, in der lokale Konflikte Anlässe zu globaler Beteiligung wurden. In beiden Kriegen wurden Teilnehmer aus beinahe allen Gegenden in die Kämpfe verwickelt. (Dabei war der Zweite Weltkrieg allerdings ein in noch höherem Maße weltweites Phänomen.) In einer Zeit der Kernwaffen ist die Industrialisierung des Krieges bis zu einem Punkt vorangeschritten, an dem das Veralten der eigentlichen Lehre von Clausewitz für jedermann offensichtlich geworden ist.[10] Der Besitz von Kernwaffen hat – abgesehen von ihrem möglichen Symbolwert im Rahmen der Weltpolitik – einzig und allein den Sinn, andere durch Abschreckung vom Gebrauch ihrer eigenen Atomwaffen abzuhalten.

Diese Situation mag zwar (wie wir alle hoffen müssen) zur Aussetzung des Kriegs zwischen den Atommächten führen, doch es hält sie kaum davon ab, sich außerhalb des eigenen Territorialbereichs auf militärische Abenteuer einzulassen. Vor allem die beiden Supermächte beteiligen sich in peripheren Gebieten militärischer Stärke an sogenannten »inszenierten Kriegen«. Damit sind militärische Aus-

10 Clausewitz war jedoch ein subtiler Kopf, und es gibt Interpretationen seiner Ideen, die darauf pochen, daß diese Ideen auch heute noch relevant sind.

einandersetzungen mit den Regierungen fremder Staaten bzw. mit Guerillabewegungen oder beiden gemeint, bei denen eine der Supermächte eine maßgebliche organisatorische Rolle spielt, ohne daß ihre Truppen dabei unbedingt zum Einsatz kommen müssen.

Die vierte Dimension der Globalisierung betrifft die industrielle Entwicklung. Der einleuchtendste Aspekt dieses Vorgangs ist die Ausweitung der globalen Arbeitsteilung, die auch die Differenzierungen zwischen mehr und weniger industrialisierten Gebieten der Welt einschließt. Die grundlegende Rolle von Verfahren der Arbeitsteilung gehört zum inneren Wesen der modernen Industrie, und zwar nicht nur auf der Ebene der einzelnen Berufsaufgaben, sondern auch auf der Ebene der regionalen Spezialisierung im Hinblick auf den Typus der Industrie, das Können der Arbeitskräfte und die Förderung von Rohstoffen. Seit dem Zweiten Weltkrieg hat es im Bereich der Arbeitsteilung zweifellos eine bedeutende Ausweitung der globalen wechselseitigen Abhängigkeit gegeben. Das hat zur Auslösung von Veränderungen der weltweiten Produktionsverteilung beigetragen, was auch die Entindustrialisierung einiger Gegenden der entwickelten Länder einschließt sowie das Auftreten von Ländern der Dritten Welt, die mit der »Erstindustrialisierung« beginnen. Dieser Vorgang hat sicher auch dazu gedient, den wirtschaftlichen Dirigismus im Inneren vieler Staaten zu verringern, namentlich in den Staaten mit hohem Industrialisierungsniveau. Heute fällt es den kapitalistischen Ländern schwerer als früher, ihre Wirtschaft zu lenken, denn die globale wirtschaftliche Interdependenz nimmt immer schneller zu. Das ist mit ziemlicher Gewißheit einer der Hauptgründe für die heutzutage abnehmende Wirkung keynesianischer Maßnahmen der Wirtschaftspolitik bei ihrer Anwendung auf volkswirtschaftlicher Ebene.

Eines der Hauptmerkmale der global wirkenden Implikationen des Industrialismus ist die weltweite Verbreitung der Maschinentechnik. Die Wirkung des Industrialismus ist offensichtlich nicht auf die Sphäre der Produktion beschränkt, sondern berührt viele Aspekte des alltäglichen Lebens und beeinflußt überdies den allgemeinen Charakter der wechselseitigen Handlungsbeziehungen zwischen dem Menschen und seiner materiellen Umwelt.

Selbst in hauptsächlich landwirtschaftlich gebliebenen Staaten wird die moderne Technik oft in solcher Weise angewandt, daß es zu wesentlichen Änderungen der früher bestehenden Beziehungen zwischen der Organisation der menschlichen Gesellschaft und der Umwelt kommt. Das gilt zum Beispiel für den Einsatz von Düngemitteln oder sonstigen künstlichen Anbauverfahren, für die Einführung moderner landwirtschaftlicher Maschinen usw. Die Ausbreitung des Industrialismus hat auch in einem negativeren und bedrohlicheren Sinne als dem eben genannten zur Schaffung einer »einzigen Welt« geführt: zur Schaffung einer Welt, in der es wirkliche oder potentielle ökologische Veränderungen schädlicher Art gibt, die jeden Bewohner dieses Planeten betreffen. Doch der Industrialismus hat sogar unser Gefühl, in einer »einzigen Welt« zu leben, maßgeblich beeinflußt. Denn eine der wichtigsten Auswirkungen des Industrialismus ist die Umgestaltung der technischen Kommunikationsverfahren.

Diese Feststellung leitet über zu einem weiteren und ganz grundlegenden Aspekt der Globalisierung, der hinter jeder der bisher genannten institutionellen Dimensionen steht und als kulturelle Globalisierung bezeichnet werden könnte. Mechanisierte Kommunikationstechniken haben schon seit der Einführung mechanischer Druckverfahren in Europa alle Aspekte der Globalisierung dramatisch beeinflußt. Sie bilden ein wesentliches Element der Reflexivität der Moderne und der Diskontinuitäten, die zu einer scharfen Trennung des Modernen vom Traditionalen geführt haben.

Der globalisierende Einfluß der Medien wurde bereits zu

einer Zeit festgestellt, als die Zeitungen erst anfingen, massenhafte Verbreitung zu finden. So nennt ein Beobachter schon 1892 folgende Auswirkung der modernen Zeitungen: »Der letzte Dorfbewohner hat heute einen weitern geographischen Gesichtskreis, zahlreichere und verwikkeltere geistige Interessen als vor einem Jahrhundert der erste Minister eines kleinen und selbst mittlern Staates; wenn er bloß seine Zeitung, und wäre es das harmloseste Kreisblättchen, liest, nimmt er [...] an tausend Ereignissen teil, die sich auf allen Punkten der Erde zutragen, und er kümmert sich gleichzeitig um den Verlauf einer Umwälzung in Chile, eines Buschkrieges in Deutsch-Ostafrika, eines Gemetzels in Nord-China, einer Hungersnot in Rußland.«[11]

Der springende Punkt ist hier nicht der, daß die Menschen zufällig über viele Ereignisse aus der ganzen Welt Bescheid wissen, von denen sie in früherer Zeit nichts gehört hätten. Vielmehr geht es darum, daß die globale Ausweitung der Institutionen der Moderne unmöglich wäre ohne das von den »Nachrichten« repräsentierte gemeinsame Wissen. Auf der Ebene des allgemeinen kulturellen Bewußtseins ist das vielleicht weniger offensichtlich als in spezifischeren Zusammenhängen. So setzen zum Beispiel die globalen Geldmärkte von heute voraus, daß räumlich weit voneinander entfernte Einzelpersonen unmittelbaren und gleichzeitigen Zugang zu gemeinsamen Informationen erhalten.

11 Max Nordau, *Entartung*, Berlin: Carl Duncker, hier zit. nach der 2. Aufl. von 1893, S. 71 f.

III

Unter Modernitätsbedingungen leben immer mehr Menschen in Verhältnissen, in denen entbettete Institutionen, durch die lokale Praktiken mit globalisierten sozialen Beziehungen verbunden werden, die Organisation bedeutender Aspekte des tagtäglichen Lebens leisten. In den folgenden Abschnitten dieser Untersuchung möchte ich eingehender betrachten, welcher Zusammenhang zwischen diesen Phänomenen und gegebenem Vertrauen besteht, und außerdem Fragen aufwerfen über Sicherheit, Risiko und Gefahr in der modernen Welt. Weiter oben habe ich das Vertrauen in abstrakter Weise mit der raumzeitlichen Abstandsvergrößerung in Verbindung gebracht, doch nun müssen wir uns damit befassen, welches unter Modernitätsbedingungen der eigentliche Gehalt von Vertrauensbeziehungen ist. Sollte nicht gleich einleuchten, inwiefern die Globalisierung für diese Erörterung unmittelbar von Belang ist, so wird das hoffentlich später klar werden.

Um fortzufahren, müssen wir einige begriffliche Unterscheidungen treffen, die über die bereits formulierten hinausgehen.

Vertrauen und Moderne

Zunächst möchte ich den Begriff der Entbettung durch einen Begriff der *Rückbettung* ergänzen. Darunter verstehe ich die Rückaneignung oder Umformung entbetteter sozialer Beziehungen, durch die sie (sei es auch noch so partiell oder vorübergehend) an lokale raumzeitliche Gegebenheiten geknüpft werden sollen. Ferner möchte ich einen Unterschied machen, der in meiner Terminologie durch die Begriffe *gesichtsabhängige Bindungen* und *gesichtsunabhängige Bindungen* artikuliert wird. Der erste dieser beiden Ausdrücke bezieht sich auf Vertrauensbeziehungen, deren Aufrechterhaltung oder Äußerung in sozialen Zusammenhängen erfolgt, die durch Situationen gemeinsamer Anwesenheit hergestellt werden. Der zweite dieser beiden Ausdrücke betrifft die Entwicklung des Glaubens an symbolische Zeichen oder Expertensysteme, die ich zusammengenommen als *abstrakte Systeme* bezeichnen werde. Meine übergeordneten Thesen werden lauten: daß alle Entbettungsmechanismen in Wechselbeziehungen stehen zu rückgebetteten Handlungskontexten, die entweder auf die Stützung oder auf die Schädigung dieser Mechanismen hinwirken können; und daß gesichtsunabhängige Bindungen ebenfalls in nützlicher oder schädlicher Weise mit gesichtsabhängigen verknüpft sind.

Auf einen Ausgangspunkt für diese Erörterung stoßen wir vielleicht angesichts der bekannten soziologischen Feststellung, daß viele Menschen im modernen sozialen Leben vielfach mit anderen interagieren, die für sie Fremde sind. Die Bedeutung des Ausdrucks »Fremder« ändert sich, wie Simmel andeutet, mit dem Anbruch der Moderne.[1] In vormodernen Kulturen, in denen die lokale Gemeinschaft stets die Grundlage der umfassenderen Gesellschaftsorganisation bleibt, bezieht sich das Wort »Fremder« auf eine »ganze Person«, auf jemanden, der von draußen kommt und potentiell verdächtig ist. Es gibt viele Hinsichten, in denen jemandem, der sich von anderswoher in eine kleine Gemeinschaft begibt, das Vertrauen der Ansässigen vorenthalten bleiben kann, auch wenn er vielleicht schon viele

1 Vgl. Simmels Ausführungen über den Fremden in seiner *Soziologie*, hg. von Otthein Rammstedt, Bd. 11 der Gesamtausgabe, Frankfurt am Main: Suhrkamp, 1992, S. 754 ff. Siehe ferner Alfred Schütz, »The Stranger: An Essay in Social Psychology«, *American Journal of Sociology* 49 (1944).

Jahre lang in dieser Gemeinschaft gelebt hat. In modernen Gesellschaften dagegen verhält es sich im Regelfall nicht so, daß wir in ebendieser Weise mit Fremden als »ganzen Personen« interagieren. Vor allem in städtischer Umgebung interagieren wir mehr oder weniger ständig mit anderen, die wir nicht kennen oder noch nie getroffen haben – doch diese Interaktion nimmt die Form relativ flüchtiger Kontakte an.

Die Vielfalt der Begegnungen, aus denen das tagtägliche Leben in der anonymen Umgebung moderner sozialer Tätigkeiten besteht, wird zunächst einmal durch die »höfliche Nichtbeachtung« gestützt, von der bei Goffman die Rede ist.[2] Dieses Phänomen verlangt komplexe und geschickte Steuerungsmaßnahmen auf seiten derjenigen, die solches Verhalten an den Tag legen, obwohl es nur ganz geringfügige Hinweise und Signale vorauszusetzen scheint. Zwei Menschen nähern sich auf dem Bürgersteig einer Großstadt und gehen aneinander vorbei. Was könnte trivialer und weniger interessant sein? Ein derartiger Vorgang spielt sich womöglich sogar in einer einzigen Stadt täglich millionenfach ab. Dennoch geht hier etwas vor sich, was anscheinend unbedeutende Aspekte der Steuerung des Körpers mit einigen der besonders weit verbreiteten Merkmale der Moderne verbindet. Die gezeigte »Nichtbeachtung« ist nicht dasselbe wie Gleichgültigkeit, sondern eine sorgfältig registrierte Darstellung verbindlicher Abstandhaltung, wie man vielleicht sagen könnte. Während die beiden Personen aufeinander zugehen, wirft jede einen raschen Blick auf das Gesicht der anderen und schaut weg, während sie aneinander vorbeigehen. Bei Goffman heißt

2 Erving Goffman, *Behavior in Public Places*, New York: Free Press, 1963. Alan Silver geht diese Problematik unmittelbarer unter dem Gesichtspunkt des Vertrauens an und spricht von »routinemäßigem Wohlwollen« gegenüber Fremden. Vgl. Silver, »›Trust‹ in Social and Political Theory«, in: Gerald D. Suttles und Mayer N. Zald (Hg.), *The Challenge of Social Control*, Norwood, N. J.: Ablex, 1985.

das ein wechselseitiges »Abblenden der Lichter«. Durch den Blick wird der andere als Handelnder und möglicher Bekannter anerkannt. Dadurch, daß man den Blick des anderen nur kurz erwidert und dann beim Aneinandervorbeigehen wieder nach vorn schaut, wird diese Anerkennungshaltung mit der unausgesprochenen Versicherung verknüpft, man habe keine feindlichen Absichten.

Die Aufrechterhaltung der höflichen Nichtbeachtung ist offenbar eine ganz allgemeine Vorbedingung des Vertrauens, das bei normalen Begegnungen mit Fremden an öffentlichen Orten vorausgesetzt wird. Wie wichtig das ist, läßt sich leicht erkennen, wenn man Umstände betrachtet, unter denen dieses Vertrauen fehlt oder gebrochen wird. Laut Goffman ist es früher in den Südstaaten der USA vorgekommen, daß Weiße in öffentlichen Situationen einen »starren Haßblick« auf Schwarze richteten, und dieses Beispiel reflektiert die ablehnende Haltung der Weißen, die den Schwarzen das Recht vorenthalten wollten, an manchen orthodoxen Formen der tagtäglichen Interaktion mit Weißen teilzunehmen. Ein in mancher Hinsicht entgegengesetztes Beispiel handelt von jemandem, der durch ein unsicheres Stadtviertel geht und sich dabei rasch bewegt, die ganze Zeit über starr geradeaus oder verstohlen um sich schaut und im einen wie im anderen Fall jeden direkten Blick in die Augen anderer Passanten meidet. Der Mangel elementaren Vertrauens in die möglichen Absichten der anderen führt den einzelnen dazu, einer Erwiderung des Blicks der anderen aus dem Weg zu gehen, da diese Erwiderung Anlaß sein könnte für eine potentiell feindselige Auseinandersetzung.

Die höfliche Nichtbeachtung ist die grundlegendste Art der gesichtsabhängigen Bindungen, die unter Modernitätsbedingungen bei Begegnungen mit Fremden eine Rolle spielen. Dazu gehört nicht nur der Einsatz des Gesichts selbst, sondern auch der subtile Umgang mit der Haltung und Stellung des Körpers, um so auf der Straße, in öffentlichen Gebäuden, Zügen oder Bussen bzw. bei feierlichen Zusammenkünften, Festlichkeiten oder sonstigen Versammlungen die Botschaft auszusenden: »Du kannst mir vertrauen, ich habe keine feindseligen Absichten.« Die höfliche Nichtbeachtung ist Vertrauen als »Hintergrundgeräusch«, und zwar nicht als zufällige Ansammlung von Klängen, sondern in der Form behutsam verhaltener und gezügelter sozialer Rhythmen. Sie ist charakteristisch für die »nichtfokussierte Interaktion«, von der Goffman spricht.

Bei »fokussierten Interaktionen« oder Begegnungen werden Mechanismen ganz anderer Art wirksam. Begegnungen mit Fremden ebenso wie mit Bekannten oder Vertrauten beinhalten außerdem allgemeine Praktiken, die mit der Bewahrung von Vertrauen zusammenhängen. Der Übergang von der höflichen Nichtbeachtung zur Anbahnung einer Begegnung steckt, wie Goffman darlegt, für jede der betreffenden Einzelpersonen voller nachteiliger Möglichkeiten. Sanktioniert wird das von jeder Einleitung einer Begegnung vorausgesetzte elementare Vertrauen tendenziell durch die Wahrnehmung »nachgewiesener Vertrauenswürdigkeit« und/oder durch die Beibehaltung informeller Rituale, die auch ihrerseits oft von komplexer Art sind. Bei Begegnungen mit Fremden oder Bekannten (also Personen, die der Betreffende zwar schon getroffen hat, aber noch nicht gut kennt) wird ein Ausgleich hergestellt zwischen Vertrauen, Takt und Macht. Takt und Höflichkeitsrituale sind Vorrichtungen zum gegenseitigen Schutz, die von Fremden oder Bekannten als eine Art von stillschweigend gebrauchten sozialen Kontaktmitteln kenntnisreich (und meistens auf der Ebene des praktischen Wissens) eingesetzt werden. Machtunterschiede können insbesondere dort, wo sie deutlich ausgeprägt sind, ebenso wie die aus nachgewiesener Vertrauenswürdigkeit zwischen Freunden und Vertrauten bestehende Vertrautheit zur Verletzung von Normen des Takts und Höflichkeitsritualen führen oder zur Verzerrung solcher Normen und Rituale.

Vertrauen in abstrakte Systeme

Über das Thema der wechselseitigen Verflechtung von Vertrauen, Takt und Macht bei Begegnungen mit nicht vertrauten Personen ließe sich noch sehr viel mehr sagen, doch an dieser Stelle möchte ich mich auf die *Vertrauenswürdigkeit* beschränken, vor allem im Verhältnis zu symbolischen Zeichen und Expertensystemen. Es gibt zweierlei Arten von Vertrauenswürdigkeit: Die eine ist die, welche zwischen Einzelpersonen besteht, die einander gut kennen und auf der Basis langfristiger Bekanntschaft jene Glaubwürdigkeitsbeweise erbracht haben, durch die die eine Person in den Augen der anderen zuverlässig wirkt. Von anderer Art ist die Vertrauenswürdigkeit bei Entbettungsmechanismen, obwohl Zuverlässigkeit auch hier maßgeblich ist und Glaubwürdigkeitsbeweise gewiß eine Rolle spielen. In manchen Situationen setzt das Vertrauen in abstrakte Systeme gar keine Begegnungen mit den Individuen oder Gruppen voraus, die in irgendeiner Weise dafür »verantwortlich« sind. Doch in der großen Mehrzahl der Fälle kommen solche Einzelpersonen oder Gruppen doch ins Spiel, und Begegnungen zwischen ihnen und Aktoren, die keine Experten sind, werde ich als *Zugangspunkte* zu abstrakten Systemen bezeichnen. Die Zugangspunkte abstrakter Systeme bilden den Bereich, in dem gesichtsabhängige und gesichtsunabhängige Bindungen miteinander in Berührung kommen.

Es wird einen grundlegenden Teil meiner Darlegungen ausmachen, daß *das Wesen der modernen Institutionen zutiefst mit den Mechanismen des Vertrauens in abstrakte Systeme verknüpft ist*, vor allem mit Mechanismen des Vertrauens in Expertensysteme. Unter Modernitätsbedingungen ist die Zukunft immer offen, und zwar nicht nur im Hinblick auf die normale Zufälligkeit der Dinge, sondern im Hinblick auf die Reflexivität des Wissens, mit Bezug auf das soziale Praktiken organisiert werden. Dieser kontrafaktische, zukunftsorientierte Charakter der Moderne wird weitgehend durch Vertrauen strukturiert, das man in abstrakte Systeme setzt und das seinem eigenen Wesen entsprechend durch die Vertrauenswürdigkeit nachgewiesener Expertenkenntnisse gesiebt worden ist. Es ist von äußerster Wichtigkeit, daß man sich darüber im klaren ist, was das beinhaltet. Wenn Aktoren, die keine Fachleute sind, gewisse Expertensysteme für zuverlässig erachten, geht es im Gegensatz zu den in der vormodernen Welt normalen Verhältnissen nicht nur darum, im Hinblick auf einen unabhängig gegebenen Bereich von Ereignissen ein Gefühl der Sicherheit zu erzeugen, sondern es geht um die Berechnung von Nutzen und Risiken in Situationen, in denen das Expertenwissen nicht bloß diesen Kalkül bereitstellt, sondern infolge der ständigen reflexiven Umsetzung ebendieses Wissens den Bereich der Ereignisse tatsächlich *erschafft* (oder reproduziert).

Das bedeutet in einer Situation, in der viele Aspekte der Moderne globalisiert worden sind, unter anderem auch, daß keiner in der Lage ist, sich aus den abstrakten Systemen, die in modernen Institutionen eine Rolle spielen, abzusetzen. Besonders einleuchtend ist das im Hinblick auf solche Phänomene wie das Risiko eines Atomkriegs oder einer ökologischen Katastrophe. Noch eindringlicher gilt es jedoch für weite Bereiche des tagtäglichen Lebens, wie es von den meisten Angehörigen der Bevölkerung geführt wird. Unter vormodernen Umständen konnte der einzelne es sich im Prinzip und auch in der Praxis erlauben, die offiziellen Erklärungen von Priestern, Weisen und Zauberern außer acht zu lassen und seinem Alltagsgeschäft in gewohnter Manier nachzugehen. In der modernen Welt dagegen verhält es sich mit Bezug auf Expertenwissen nicht so.

Aus diesem Grund ist es in modernen Gesellschaften so, daß in Gestalt von Begegnungen an Zugangspunkten zustande kommende Kontakte mit Experten bzw. deren Vertretern oder Abgesandten besonderes Gewicht haben. Daß es sich so verhält, wird sowohl von den Nichtfachleuten als auch von den Betreibern oder Lieferanten abstrakter Systeme ganz allgemein anerkannt. Hier kommen im typischen Fall verschiedene Überlegungen ins Spiel. Natürlich ist es möglich, Begegnungen mit den Vertretern abstrakter Systeme zu regulieren, und diese Begegnungen können dann leicht Merkmale der Vertrauenswürdigkeit annehmen, die man mit Freundschaft und Vertrautheit in Verbindung bringt. So kann es sich zum Beispiel im Umgang mit einem Arzt, Zahnarzt oder Reiseveranstalter verhalten, wenn man schon seit Jahren regelmäßig mit dem Betreffenden zu tun hatte. Viele Begegnungen mit den Vertretern abstrakter Systeme sind jedoch kurzfristiger oder flüchtiger als die eben genannten. Es sind wahrscheinlich gerade die nicht regulierten Begegnungen, bei denen die Evidenzkriterien der Zuverlässigkeit besonders sorgfältig vorgeführt und abgesichert werden müssen, obwohl die Darstellung solcher Kriterien auch im gesamten Bereich der Begegnungen zwischen Laien und Fachleuten ihren Platz hat.

An Zugangspunkten beinhalten die gesichtsabhängigen Bindungen, durch die Aktoren ohne Expertenwissen in Vertrauensbeziehungen eingebunden werden, normalerweise Darbietungen unübersehbarer Vertrauenswürdigkeit und Integrität in Koppelung mit einer »Alles-läuft-normal«-Haltung oder einer gewissen Unerschütterlichkeit. Obwohl jeder weiß, daß sich der eigentliche Sitz des Vertrauens im Inneren des abstrakten Systems und nicht in den Einzelpersonen befindet, die das System in spezifischen Zusammenhängen »vertreten«, wird an Zugangspunkten daran erinnert, daß es (potentiell fehlbare) Menschen aus Fleisch und Blut sind, die das System in Betrieb halten.

Tendenziell beruhen gesichtsabhängige Bindungen in hohem Maße auf dem, was man das *Auftreten* der Vertreter oder Betreiber des Systems nennen könnte. Die mit feierlichem Ernst vorgetragenen Überlegungen des Richters, die gemessene Professionalität des Arztes oder die stereotype Fröhlichkeit des Begleitpersonals im Flugzeug fallen unter diese Rubrik. Von allen Beteiligten wird erkannt, daß Beruhigung vonnöten ist, und zwar Beruhigung von zweierlei Art, nämlich hinsichtlich der Zuverlässigkeit der spezifischen beteiligten Einzelpersonen sowie hinsichtlich der (notwendig verborgen bleibenden) Kenntnisse oder Fertigkeiten, zu denen der Nichtexperte eigentlich keinen Zugang hat. Die Alles-läuft-normal-Haltung ist wahrscheinlich dort besonders wichtig, wo die ins Spiel kommenden Gefahren auf der Hand liegen und nicht bloß rein kontrafaktischen Risiken zugrunde liegen. Um auf das Beispiel der Flugreise zurückzukommen: die bewußte Lässigkeit des Begleitpersonals spielt bei der Beruhigung der Passagiere wahrscheinlich eine nicht minder wichtige Rolle als noch so viele Erklärungen, die den statistischen Nachweis erbringen, wie sicher das Reisen mit dem Flugzeug ist.

Es ist fast immer der Fall, daß an Zugangspunkten eine strenge Trennung zwischen Darbietungen »auf der Bühne« und der Arbeit »hinter den Kulissen« gemacht wird, um zwei weitere Begriffe Goffmans zu verwenden. Will man einsehen, warum es sich so verhält, braucht man keine funktionalistische »Erklärung«. Daß die Schwelle zwischen Bühne und Kulissen unter Kontrolle gehalten wird, gehört zum Wesen professionaler Tätigkeit. Warum verbergen die Experten einen großen Teil ihrer Handlungen vor den anderen Personen? Ein Grund leuchtet unmittelbar ein: der Einsatz von Expertenkenntnissen verlangt oft besondere Umgebungsbedingungen sowie angestrengte geistige Konzentration, die unter den Augen der Öffentlichkeit schwer zu erreichen wäre. Zwischen dem Sachverstand des Experten und dem Experten selbst gibt es einen

Unterschied, den diejenigen, die an Zugangspunkten tätig sind, normalerweise möglichst als gering hinstellen wollen. Experten können sich irren, weil sie die Dinge falsch deuten oder über eine gewisse Sachkenntnis, in deren Besitz man sie wähnt, gar nicht verfügen.

Die klare Unterscheidung zwischen Bühne und Kulissen verleiht dem Auftreten als einem Mittel zur Verminderung der Auswirkungen unvollkommener Berufsbeherrschung und menschlicher Fehlbarkeit erhöhte Bedeutung. Wenn die Patienten genau Bescheid wissen, welche Fehler in den Krankenabteilungen und auf dem Operationstisch gemacht werden, vertrauen sie dem Krankenhauspersonal wahrscheinlich nicht mehr so rückhaltlos. Ein weiterer Grund betrifft die Gebiete der Zufallswirkungen, die im Funktionsbereich abstrakter Systeme nie ausgeschaltet werden können. Keine Fertigkeit ist so sorgfältig eingeübt und keine Form von Expertenwissen so umfassend, daß Elemente von Zufall oder Glück gar nicht ins Spiel kämen. Experten gehen normalerweise davon aus, daß sich die Nichtfachleute eher beruhigt fühlen, wenn sie nicht imstande sind zu beobachten, wie häufig diese Elemente die Tätigkeit der Experten beeinflussen.

Vertrauensmechanismen beziehen sich nicht nur auf die Verbindungen zwischen Nichtfachleuten und Experten, sondern sie betreffen auch die Tätigkeiten derjenigen, die sich »im Inneren« abstrakter Systeme befinden. Vorschriften zur Berufsmoral, die in manchen Fällen überdies durch rechtliche Sanktionen gestützt werden, stellen ein Mittel dar, mit dessen Hilfe die Vertrauenswürdigkeit der Kollegen oder Verbandsmitglieder im Inneren abgesichert wird. Doch selbst für diejenigen, die von der Sache her offenbar ganz besonders an den von ihnen aufrechterhaltenen abstrakten Systemen hängen, haben gesichtsabhängige Bindungen als Verfahren zur Erzeugung fortwährender Vertrauenswürdigkeit im allgemeinen große Bedeutung. Damit ist zugleich eine Art von Beispiel gegeben für die

Rückbettung sozialer Beziehungen. Hier stellt die Rückbettung ein Mittel dar, um das Vertrauen in der Glaubwürdigkeit und Integrität der Kollegen zu verankern. Deirdre Boden formuliert das so:

> Dem Geschäftsmann mit seiner Frage, wann man denn wieder in New York sei, den Teilnehmern am Arbeitsessen der Show-Business-Größen auf dem Sunset Boulevard oder den Wissenschaftlern, die Kontinente überqueren, um in fensterlosen, klimatisierten Räumen mit Informationen vollgestopfte 15-Minuten-Vorträge zu halten, geht es nicht um Reisen bzw. Essen oder Gelehrtentum. Sie müssen vielmehr, wie einst die Soldaten, das Weiße im Auge ihrer Kollegen wie ihrer Gegner sehen, um die Vertrauensbasis zu bestätigen und – was noch wichtiger ist – auf den neuesten Stand zu bringen.[3]

In solchen Kontexten sorgt die Rückbettung nicht nur für das Zustandekommen von Begegnungen und den Vollzug von Ritualen zur Stützung der Vertrauenswürdigkeit der Kollegen, sondern sie verbindet auch, wie das Zitat andeutet, das Zutrauen zu abstrakten Systemen mit deren durch Reflexivität beweglicher Natur.

Die genannten Punkte lassen sich resümiert in folgender Form darstellen:

Beziehungen des *Vertrauens* sind grundlegend für die mit der Moderne in Verbindung gebrachte erweiterte raumzeitliche Abstandvergrößerung.

Vertrauen in Systeme nimmt die Form *gesichtsunabhängiger Bindungen* an, durch die der Glaube an die Leistungsfähigkeit von Kenntnissen, über die der Laie kaum Bescheid weiß, gestützt wird.

Das *Vertrauen in Personen* beinhaltet *gesichtsabhängige Bindungen*, durch die Anzeichen für die Integrität anderer Personen (im Rahmen gegebener Handlungsarenen) gesucht werden.

3 Deirdre Boden, »Papers on Trust«, unveröffentlichtes Manuskript. Profitiert habe ich auch von der ebenfalls unveröffentlichten Arbeit »The Compulsion of Proximity« von Deirdre Boden und Harvey Molotch (Department of Sociology, University of California, Santa Barbara).

Der Begriff der *Rückbettung* bezieht sich auf Prozesse, durch die gesichtsunabhängige Bindungen aufrechterhalten oder mit Hilfe von gesichtsabhängigen Tätigkeiten transformiert werden.
Höfliche Nichtbeachtung ist ein grundlegender Aspekt von Vertrauensbeziehungen im Bereich der gewaltigen anonymen Umfelder der Moderne. Sie ist das beruhigende »Geräusch« im Hintergrund der Herbeiführung und Auflösung von Begegnungen, die ihre eigenen spezifischen Vertrauensmechanismen, nämlich gesichtsabhängige Bindungen voraussetzen.
Zugangspunkte sind Stellen, an denen eine Verbindung zustande kommt zwischen Einzelpersonen oder Kollektiven ohne Fachkenntnisse und den Vertretern abstrakter Systeme. Dies sind Orte, an denen abstrakte Systeme verwundbar sind, aber zugleich Kreuzungspunkte, an denen Vertrauen gewahrt oder aufgebaut werden kann.

Vertrauen und Sachkenntnis

Die bisher in diesem Abschnitt dargelegten Feststellungen betreffen alle eher die Steuerung des Vertrauens im Verhältnis zu abstrakten Systemen und nicht so sehr die Beantwortung der Frage, warum die Mehrzahl der Menschen eigentlich meistens Vertrauen hat zu Praktiken und sozialen Mechanismen, im Hinblick auf die ihr eigenes Fachwissen gering oder gar nicht vorhanden ist. Diese Frage läßt sich in verschiedener Weise beantworten. Wir wissen genug über das Widerstreben, mit dem sich die Bevölkerungen in der Frühphase der modernen Gesellschaftsentwicklung an neue soziale Praktiken – wie zum Beispiel die Einführung professionalisierter Formen der medizinischen Versorgung – angepaßt haben, um einzusehen, wie wichtig die Sozialisierung mit Bezug auf derartiges Vertrauen ist. Der Einfluß, den der »verborgene

Lehrplan« im Rahmen formaler Erziehungsprozesse ausübt, ist hier wahrscheinlich ausschlaggebend. Was dem Kind im naturwissenschaftlichen Unterricht vermittelt wird, ist nicht bloß der Inhalt fachwissenschaftlicher Erkenntnisse, sondern – und das ist im Hinblick auf allgemeine soziale Einstellungen wichtiger – eine Aura der Achtung vor allen Arten von Fachwissen. In den meisten modernen Bildungssystemen beginnt der naturwissenschaftliche Unterricht stets mit Anfangsgründen und Prinzipien, also Wissen, das als mehr oder weniger unbezweifelbar gilt. Wahrscheinlich geschieht es nur dann, wenn sich jemand einer längerfristigen wissenschaftlichen Ausbildung unterzieht, daß er an strittige Fragen herangeführt wird oder sich ganz klar wird über die potentielle Fehlbarkeit aller wissenschaftlichen Erkenntnisansprüche.

Die Wissenschaft erweckt daher seit langem den anhaltenden Eindruck zuverlässiger Erkenntnis, und das überträgt sich auf eine gewisse Einstellung der Achtung vor den meisten Formen von Fachspezialistentum. Zugleich ist die Einstellung der Laien zur Wissenschaft und zum Fachwissen jedoch allgemein und typischerweise ambivalent. Das ist eine Ambivalenz, die den Kern aller Vertrauensbeziehungen betrifft, einerlei, ob es sich um das Vertrauen in abstrakte Systeme oder zu Einzelpersonen handelt. Denn Vertrauen wird nur dort verlangt, wo es Unkenntnis gibt, sei es mit Bezug auf die Wissensansprüche technischer Experten oder mit Bezug auf die Gedanken und Absichten vertrauter Personen, auf die sich der Betreffende verläßt. Unkenntnis liefert jedoch immer Gründe für Skepsis oder zumindest Vorsicht. Es ist typisch für populäre Darstellungen der Wissenschaft und des technischen Fachwissens, daß der Respekt mit Einstellungen der Feindseligkeit oder der Angst verklammert wird, wie etwa in den Klischeevorstellungen vom »Eierkopf« – dem humorlosen Fachmann ohne Verständnis für normale Menschen – oder vom wahnsinnigen Wissenschaftler. Mit besonderem Mißtrauen werden wahrscheinlich Fachberufe betrachtet, deren Anspruch auf Spezialwissen im wesentlichen Eingeweihten vorbehalten ist, da diese – wie zum Beispiel die Juristen oder Soziologen – über eine Insider-Terminologie verfügen, die allem Anschein nach erfunden wurde, um den Laien zu verblüffen.

Die Achtung vor dem Fachwissen geht normalerweise mit einer pragmatischen Einstellung zu abstrakten Systemen einher, die ihrerseits auf Skepsis oder Vorbehalten beruht. Viele Menschen kommen sozusagen zu einer »Einigung mit der Moderne«, indem sie ein gewisses Vertrauen in symbolische Zeichen und Expertensysteme setzen. Das Wesen dieser Einigung wird durch jeweilige Beimischungen von Respekt und Skepsis, Trost und Angst bestimmt. Dem Einfluß moderner Institutionen können wir zwar nicht ganz entrinnen, doch im weiten Rahmen der Einstellungen pragmatischen Sichabfindens können viele mögliche Gesinnungen existieren (oder in wahrer Ambivalenz koexistieren). Der einzelne kann zum Beispiel, anstatt Wasser mit zugesetztem Fluor zu trinken, beschließen, in eine andere Gegend zu ziehen, oder er kann Flaschenwasser anstelle von Leitungswasser trinken. Es wäre jedoch eine Extremhaltung, wollte man sich weigern, überhaupt von Leitungswasser Gebrauch zu machen.

Vertrauen ist etwas anderes als »abgeschwächtes induktives Wissen«, doch der Glaube, den es einschließt, setzt nicht immer einen bewußten Akt der Festlegung voraus. Unter Modernitätsbedingungen werden Einstellungen des Vertrauens zu abstrakten Systemen normalerweise routinemäßig in den kontinuierlichen Ablauf der Alltagstätigkeiten eingebaut und durch die inneren Gegebenheiten des täglichen Lebens in hohem Maße erzwungen. Vertrauen ist daher im Grunde kein »Sprung ins Engagement«, sondern eher ein stillschweigendes Sichabfinden mit Umständen, unter denen andere Alternativen weitgehend ausgeschlossen sind. Dennoch wäre es ganz verfehlt, diese Lage bloß

als eine Art von passiver und widerstrebend hingenommener Abhängigkeit anzusehen (auf diesen Punkt werde ich unten ausführlicher eingehen).
Es kann leicht geschehen, daß Einstellungen des Vertrauens bzw. des mangelnden Vertrauens zu bestimmten abstrakten Systemen durch Erfahrungen an Zugangspunkten stark beeinflußt werden. Das gleiche kann natürlich auch durch neue Erkenntnisse bewirkt werden, die auf dem Weg über die Kommunikationsmedien und andere Informationsquellen nicht nur den Experten des Fachgebiets, sondern auch den Nichtfachleuten zur Verfügung gestellt werden. Dadurch, daß Zugangspunkte Orte darstellen, an denen es zu Spannungen zwischen der Skepsis von Laien und dem Sachverstand der Fachleute kommen kann, werden sie zu anerkannten Ursachen der Verwundbarkeit abstrakter Systeme. In manchen Fällen kann jemand, der an einem bestimmten Zugangspunkt zu einem Gebiet mit nicht sonderlich anspruchsvollen technischen Fertigkeiten böse Erfahrungen gemacht hat, beschließen, als Kunde und Laie aus diesem Verhältnis auszuscheiden. Wer etwa feststellt, daß es den beauftragten »Experten« immer wieder mißlingt, die Zentralheizung richtig zu reparieren, wird vielleicht den Entschluß fassen, sich die nötigen Grundprinzipien anzueignen und die Heizung selbst in Ordnung zu bringen. In anderen Fällen können üble Erfahrungen an Zugangspunkten entweder zu einer Art von resigniertem Zynismus führen oder zu einem völligen Ausscheiden aus dem System, sofern das möglich ist.[4] Jemand, der auf An-

4 Die Regierung ist in der Moderne abhängig von einer komplexen Reihe von Vertrauensbeziehungen zwischen den politischen Führern und dem Volk. Dabei könnte man die Abstimmungssysteme nicht nur als Mittel zur Gewährleistung einer Interessenvertretung ansehen, sondern auch als Verfahren zur Institutionalisierung von Zugangspunkten, an denen Politiker und die Masse der Bevölkerung miteinander in Verbindung gebracht werden. Wahlprogramme und sonstige Propagandamittel sind Methoden zum Nachweis eigener Vertrauenswürdigkeit, und normalerweise wird eine Menge

raten eines Börsenmaklers in bestimmte Aktien investiert und Geld verloren hat, wird sich womöglich dafür entscheiden, das Geld statt dessen auf ein Kundenkreditkonto einzuzahlen. Vielleicht wird er sogar dahingelangen, sein Vermögen künftig nur in Goldbarren anzulegen. Doch auch hier würde es äußerst schwerfallen, sich ganz aus der Beteiligung am Geldsystem zurückzuziehen, und möglich wäre es überhaupt nur, wenn der Betreffende den Versuch machte, sein Leben in unabhängiger Armut zu fristen.

Ehe wir die Umstände, unter denen Vertrauen hergestellt oder verloren wird, eingehender betrachten, müssen wir die bisherige Erörterung durch eine Analyse ergänzen, bei der es nicht um das Vertrauen in Systeme, sondern um das Vertrauen zu Personen geht. Damit gelangen wir zu Fragestellungen, die die Psychologie des Vertrauens betreffen.

Vertrauen und ontologische Sicherheit

Es gibt einige Aspekte des Vertrauens und der Prozesse der Persönlichkeitsentwicklung, die allem Anschein nach auf alle Kulturen zutreffen, auf die vormodernen wie auf die modernen. Diese Aspekte werde ich nicht umfassend zu behandeln versuchen, sondern mich auf die Zusammen-

für die Rückbettung getan, indem Säuglinge angestrahlt und Hände geschüttelt werden. Das Vertrauen in politischen Sachverstand ist ein eigenes Thema. Doch da es sich hierbei um einen Bereich der Vertrauensbeziehungen handelt, der schon recht häufig analysiert worden ist, werde ich mich hier nicht im einzelnen damit befassen. Man darf jedoch nicht übersehen, daß ein Ausscheiden aus Systemen mit einer Regierung angesichts der globalen Verbreitung der Nationalstaaten heutzutage so gut wie ausgeschlossen ist. Es mag zwar möglich sein, ein Land mit besonders schikanösen oder widerwärtigen Regierungsmaßnahmen zu verlassen, doch das gelingt nur, indem man das Territorium eines anderen Staats betritt und sich dessen Gerichtsbarkeit unterwirft.

hänge zwischen Vertrauen und *ontologischer Sicherheit* beschränken. Die ontologische Sicherheit ist eine – allerdings eine überaus wichtige – Form von Sicherheit, wenn man diesen Begriff in dem weiten Sinne versteht, in dem ich ihn in einer früheren Veröffentlichung gebraucht habe.[5] Der Ausdruck »ontologische Sicherheit« bezieht sich auf das Zutrauen der meisten Menschen zur Kontinuität ihrer Selbstidentität und zur Konstanz der sie umgebenden sozialen und materialen Handlungsumwelt. Grundlegend für die Empfindungen der ontologischen Sicherheit ist ein Gefühl der Zuverlässigkeit von Personen und Dingen, wie es auch für den Vertrauensbegriff maßgeblich ist; daher sind die beiden in psychologischer Hinsicht miteinander verwandt.

Die ontologische Sicherheit hat mit dem »Sein« zu tun oder, um es in phänomenologischer Terminologie zu sagen, mit dem »In-der-Welt-Sein«. Sie ist jedoch kein kognitives, sondern ein emotionales Phänomen, das seine Wurzeln im Unbewußten hat. Die Philosophen haben uns gezeigt, daß es auf der kognitiven Ebene nur wenige, wenn überhaupt irgendwelche Aspekte unserer persönlichen Existenz gibt, mit Bezug auf die wir Gewißheit haben können. Das gehört vielleicht mit zur Reflexivität der Moderne, doch es ist in seiner Geltung sicher nicht auf eine bestimmte historische Periode beschränkt. Es gibt Fragen, die mit rationalen Argumenten nicht in unbezweifelbarer Weise beantwortet werden können: »Existiere ich wirklich?«, »Bin ich heute noch dieselbe Person wie gestern?«, »Existieren die anderen Personen wirklich?«, »Existiert das, was ich vor mir sehe, auch dann noch, wenn ich mich umdrehe?«.

Die Philosophen stellen zwar Fragen über das Wesen des Seins, doch was ihre normalen Handlungen betrifft, sind sie, wie wir annehmen dürfen, nicht ontologisch unsicher, und in dieser Einstellung stimmen sie mit der großen

5 Anthony Giddens, *Central Problems in Social Theory*, London: Macmillan, 1979.

Mehrzahl der Bevölkerung überein. Das gilt aber nicht für eine Minderheit von Personen, die unsere Unfähigkeit zur Gewißheit in derartigen Dingen nicht nur als beunruhigendes intellektuelles Problem auffassen, sondern als tiefe Sorge, die in viele ihrer Tätigkeiten eindringt. Wer existenziell unsicher ist, ob er ein Selbst oder mehrere Selbste hat, ob andere Personen wirklich existieren oder ob es die wahrgenommenen Dinge überhaupt gibt, ist womöglich völlig außerstande, dieselbe soziale Welt zu bewohnen wie die übrigen Menschen. Bestimmte, von anderen für geisteskrank erachtete Personengruppen, zu denen insbesondere die Schizophrenen gehören, denken und handeln tatsächlich in dieser Weise.[6]

Was immer derart schizophrenes Verhalten außerdem noch zeigen mag, ein geistiger Mangel wird dadurch jedoch kaum zum Ausdruck gebracht. Das gilt auch sonst für viele lähmende oder weniger gravierende Arten von Angstzuständen. Nehmen wir an, jemand quält sich ständig in einer ihn zutiefst bedrängenden Weise mit der Frage herum, ob die anderen Böses gegen ihn im Schilde führen. Oder stellen wir uns vor, jemand macht sich ständig Sorgen über die Möglichkeit eines Atomkriegs und kann sich den Gedanken an dieses Risiko einfach nicht aus dem Kopf schlagen. Nun mag es zwar sein, daß derartige Ängste, wenn sie tief sitzen und chronisch sind, von »normalen« Personen als irrational angesehen werden, doch im Grunde gehen diese Empfindungen eher aus emotionaler Überempfindlichkeit hervor als aus Unvernunft. Denn das Risiko eines Atomkriegs ist als immanente Möglichkeit der heutigen Welt tatsächlich stets gegeben; und da niemand je direkten Zugang hat zu den Gedanken anderer Personen, kann tatsächlich keiner absolut sicher sein (und zwar im logischen, nicht im emotionalen Sinne von absoluter Sicherheit), ob die anderen, mit denen der Betreffende interagiert, nicht ständig Böses gegen ihn im Schilde führen.

6 R. D. Laing, *The Divided Self*, London: Tavistock, 1960.

Angesichts des gewaltigen Ausmaßes der potentiellen existentiellen Sorgen dieser Art fragt es sich, warum sich nicht alle immerfort im Zustand äußerster ontologischer Unsicherheit befinden. Die Ursprünge der Sicherheit, die im Hinblick auf diese möglichen Selbstbefragungen von der Mehrzahl der Menschen meistens empfunden wird, finden sich in bestimmten charakteristischen Erlebnissen der frühen Kindheit. »Normale« Personen erhalten, wie ich geltend machen möchte, schon früh im Leben einen grundlegenden »Schuß« Vertrauen, so daß diese existentiellen Anfälligkeiten abgetötet oder gedämpft werden. Oder sie werden, um die Metapher ein wenig abzuwandeln, emotional geimpft, so daß sie gegen die ontologischen Ängste gefeit sind, denen alle Menschen potentiell ausgesetzt sind. Der Träger des Wirkstoffs dieser Impfung ist die wichtigste Versorgungsgestalt während der Kindheit, und das ist bei der übergroßen Mehrheit der Menschen die Mutter.

Eine Hauptquelle unserer Einsichten in die Bedeutung, die dem Vertrauen während der frühen Kindheitsentwicklung zukommt, sind die Schriften von Erik Erikson. Das von Erikson so bezeichnete »Urvertrauen« gehört, wie er nachweist, zum innersten Wesen einer dauerhaften Ichidentität. Bei seiner Erörterung des Kindheitsvertrauens lenkt Erikson die Aufmerksamkeit auf ebenjenes notwendige Glaubenselement, auf das ich schon angespielt habe.

Während manche Psychologen von der Entwicklung des »Zutrauens« während der Kindheit gesprochen haben, bevorzugt Erikson, wie er schreibt, das Wort »Vertrauen«, weil darin »mehr Naivität« liege. Außerdem beinhaltet das Vertrauen, wie er hinzufügt, nicht nur, daß man gelernt hat, sich auf die Identität und Kontinuität der äußeren Versorger zu verlassen, sondern auch, daß man sich selbst vertrauen darf. Das Vertrauen in andere entsteht im Zusammenspiel mit der Bildung eines inneren Gefühls der Vertrauenswürdigkeit, das später eine Grundlage abgibt für eine stabile Ichidentität.

Daher impliziert das Vertrauen schon von frühauf eine gewisse *Wechselseitigkeit* der Erfahrung. Das Kleinkind lernt, sich auf die Beständigkeit und Aufmerksamkeit seiner Versorger zu verlassen. Doch zur selben Zeit lernt es auch, daß es mit seinen eigenen Regungen in einer von den Versorgern für befriedigend erachteten Art und Weise fertig werden muß und daß diese Versorger erwarten, das Kind werde in seinem eigenen Verhalten Zuverlässigkeit oder Vertrauenswürdigkeit an den Tag legen. Die Schizophrenie des Kindes ist, wie Erikson darlegt, ein anschaulicher Beleg für das, was geschehen kann, wenn das Urvertrauen zwischen dem Kind und seinen Versorgern ausbleibt. Das Kind entwickelt nur einen schwachen Sinn für die »Realität« der Dinge oder der anderen Menschen, weil die regelmäßige Versorgung mit Zuneigung und Betreuung fehlt. Aus dem Rahmen fallendes Verhalten und Rückzug in sich selbst stellen Versuche dar, mit einer nicht feststehenden oder aktiv feindseligen Umwelt zurechtzukommen, wobei der Mangel an Gefühlen innerer Vertrauenswürdigkeit die Unzuverlässigkeit der Außenwelt spiegelt.

Der Glaube an die Zuneigung des Versorgers bildet das Wesen jenes Sprungs in die Bindung, den das Urvertrauen ebenso wie alle späteren Vertrauensformen voraussetzt. Erikson schreibt:

Indem sich [die Eltern] in einer Art und Weise um die Kinder kümmern, die das sensible Eingehen auf die jeweiligen Kindesbedürfnisse mit unerschütterlicher Vertrauenswürdigkeit in dem als zuverlässig empfundenen kulturellen Lebensstilrahmen verknüpft, erwecken sie bei ihren Kindern das Gefühl des Vertrauens. Damit wird im Kind die Grundlage geschaffen für ein Identitätsgefühl, das später ein Empfinden des Behagens, des Mit-sich-eins-Seins, mit dem Gefühl verbindet, man entwickle sich den Erwartungen der anderen entsprechend. [...] Die Eltern dürfen sich nicht darauf beschränken, durch Verbot und Erlaubnis Anleitungen zu geben, sondern sie müssen auch in der Lage sein, dem Kind die tiefe, nahezu körperlich spürbare Überzeugung zu vermitteln, daß ihr Tun einen Sinn hat. Letzten

Endes werden die Kinder nicht durch Versagungen neurotisch, sondern durch Mangel oder Verlust des gesellschaftlichen Sinns dieser Versagungen.
Doch selbst unter den günstigsten Bedingungen ist es offenbar so, daß ein Gefühl der inneren Spaltung und der allgemeinen Sehnsucht nach dem verlorenen Paradies durch dieses (dann als prototypisch geltende) Stadium ins psychische Leben eingebracht wird. Gegen dieses mächtige Bündnis zwischen den Gefühlen der Entbehrung, der Spaltung und des Preisgegebenseins muß sich das Urvertrauen während des ganzen Lebens behaupten.[7]

Diese Erkenntnisse, die keineswegs nur von Erikson vertreten werden, verleihen einer allgemeinen Akzentuierung der die Objektbeziehung betonenden Richtung des psychoanalytischen Denkens Gestalt.[8] Einige durchaus vergleichbare Gedanken wurden vorher schon von D. W. Winnicott entwickelt. Es ist, wie Winnicott sagt, nicht die Befriedigung organischer Triebe, die das Kind dazu veranlaßt, »sein Dasein zu beginnen, die Realität des Lebens zu empfinden und festzustellen, daß das Leben lebenswert

7 Erik H. Erikson, *Childhood and Society*, Harmondsworth: Penguin, 1965, S. 239-241.

8 Den hier dargelegten Argumenten sind die Vorstellungen der Objektbeziehungsrichtung eher angemessen als die der Lacanschen Psychoanalyse, die in manchen Bereichen der Gesellschaftstheorie heute stärkeren Einfluß ausübt. Lacans Arbeiten sind deshalb von Bedeutung, weil sie die Zerbrechlichkeit und Fragmentierung des Ichs zu erfassen helfen. Dabei konzentrieren sie sich jedoch (ebenso wie das poststrukturalistische Denken generell) in erster Linie auf eine Art von Prozessen, bei der in Wirklichkeit noch Gegentendenzen in Richtung Integration und Ganzheit abrundend hinzukommen. Die Theorie der Objektbeziehungen ist lehrreich, weil sie bei ihren Analysen auf die Art und Weise eingeht, in der das Individuum zu einem Gefühl der Kohärenz gelangt, und untersucht, inwiefern das zusammenhängt mit der Sicherheit hinsichtlich der »Realität« der Außenwelt. Meines Erachtens läßt sich ein solcher Ansatz in Einklang bringen mit einer Wittgensteinschen Auffassung von der »Gegebenheit« der Welt der Gegenstände und Ereignisse, die man nur durch eigenes Erleben »erfahren« kann und die sich von ihrem inneren Wesen her einer sprachlichen Artikulierung widersetzt.

i t«. Eine solche Einstellung leitet sich vielmehr von dem Verhältnis zwischen dem Säugling und seinem Versorger her und beruht auf dem zwischen ihnen vorhandenen »potentiellen Raum«, wie Winnicott sagt. Der potentielle Raum ist die zwischen Kind und Versorger geschaffene Trennung – eine Autonomie des Handelns und ein in Entstehung begriffenes Gefühl der Identität und der »Realität der Dinge« –, die sich ihrerseits vom Vertrauen des Säuglings in die Zuverlässigkeit der Elterngestalt herschreibt. Der Ausdruck »potentieller Raum« ist nicht ganz glücklich gewählt, denn er bezieht sich, wie Winnicott deutlich macht, auf die Fähigkeit des Kindes, nicht nur die räumliche, sondern auch die zeitliche Abwesenheit des Versorgers zu ertragen.[9]

Abwesenheit ist also ausschlaggebend dafür, daß sich das Vertrauen beim Kind mit den im Entstehen begriffenen sozialen Fähigkeiten kreuzt. Hier, im Innersten der psychologischen Entwicklung des Vertrauens, stoßen wir erneut auf die Fragestellung der raumzeitlichen Abstandvergrößerung. Denn ein grundlegendes Merkmal der Herausbildung des Vertrauens im Kindesalter ist das Vertrauen in die Rückkehr des Versorgers. Maßgeblich für das Empfinden der Kontinuität der eigenen Identität ist das Gefühl der trotz aller Unabhängigkeit des Erlebens gegebenen Zuverlässigkeit der anderen, und dieses Gefühl basiert auf der Erkenntnis, daß die Abwesenheit der Mutter keinen Liebesentzug darstellt. Das Vertrauen bewirkt also eine raumzeitliche Verklammerung und blockiert somit Existenzängste, die, wenn man ihre Konkretisierung zuließe, im emotionalen wie im Verhaltensbereich zur

9 D. W. Winnicott, *Playing and Reality*, Harmondsworth: Penguin, 1974, S. 116-121. An dieser Stelle möchte ich Teresa Brennan danken, die mich auf Winnicotts Arbeiten zur Theorie der Objektbeziehung aufmerksam gemacht und mir auch sonst im Hinblick auf mehrere Abschnitte des vorliegenden Buches manchen Rat gegeben hat.

Quelle einer das ganze Leben lang anhaltenden Qual werden könnten.

Erving Goffman formuliert das (im Zusammenhang einer Erörterung von Risiken) mit der von ihm gewohnten Schärfe und meint:

> Dichter und Mönche pflegen zu behaupten: Wenn man die ansehnliche Zeit, die man als Toter zu verbringen bestimmt sei, mit der relativ kurzen Zeit vergleiche, während der man in dieser Welt herumstolzieren und sich an ihr ärgern dürfe, könnte man es durchaus für begründet erachten, das ganze Leben als ein überaus verhängnisvolles und kurzfristiges Spiel anzusehen, das einen in jeder Sekunde mit Besorgnis über die schon verbrauchte Zeit erfüllen sollte. Und um die Wahrheit zu sagen, unsere recht knappe Zeit verrinnt tatsächlich, aber offenbar kommt es nur hin und wieder vor, daß wir den Atem für ein paar Sekunden oder Minuten anhalten.[10]

Vertrauen, ontologische Sicherheit und das Gefühl der Kontinuität von Dingen und Personen bleiben auch in der Persönlichkeit des Erwachsenen eng miteinander verknüpft. Aus dieser Analyse folgt, daß das Vertrauen in die Zuverlässigkeit nichtmenschlicher Gegenstände auf einem primitiveren Glauben an die Zuverlässigkeit und Versorgungsbereitschaft menschlicher Individuen beruht. Vertrauen in andere ist ein psychisches Bedürfnis anhaltender und periodisch wiederkehrender Art. Die beruhigende Wirkung, die von der Zuverlässigkeit oder Integrität anderer ausgeht, sorgt für so etwas wie eine emotionale Neuprägung, die mit den Erfahrungen einhergeht, die man an vertrauten sozialen und materiellen Umwelten macht. Ontologische Sicherheit und Routine sind durch die Gewohnheitsbildung mit ihrem alles durchdringenden Einfluß eng miteinander verbunden. Die ersten Versorger des Kindes legen normalerweise äußerst großen Wert auf die ordnungsgemäße Ausführung von Routinehandlungen, woraus für das Kind böse Enttäuschungen wie auch angenehmste Belohnungen folgen. Die Vorhersagbarkeit der

10 Erving Goffman, *Where the Action Is*, London: Allen Lane, 1969.

(anscheinend) geringfügigen Routinehandlungen des täglichen Lebens ist mit dem Gefühl psychischer Sicherheit zuinnerst verwoben. Sobald derartige Routinevorgänge – aus irgendeinem Grund – Schaden erleiden, strömen Angstgefühle herbei, und es kann geschehen, daß sogar überaus fest verankerte Eigenschaften der Persönlichkeit des Betreffenden losgetrennt oder umgemodelt werden.

Das Festhalten an einer Routine ist stets ambivalent, und darin kommen jene Verlustgefühle zum Ausdruck, die, wie Erikson feststellt, unweigerlich mit zum Urvertrauen gehören. Die Routine ist zwar etwas psychologisch Entspannendes, bildet aber in einem wichtigen Sinne keinen Gegenstand, auf den sich etwaige Gefühle der Entspannung beziehen könnten. Die Kontinuität der Routinehandlungen des täglichen Lebens wird nur durch die ständige Wachsamkeit aller Beteiligten gewahrt – ein Ergebnis, das allerdings fast immer auf der Ebene des praktischen Wissens erzielt wird. Gerade um den Nachweis dieser ständigen Erneuerung des »Vertrags«, den die einzelnen miteinander abschließen, geht es Harold Garfinkel bei seinen »Vertrauensexperimenten«.[11] Diese Experimente veranschaulichen prägnant die emotionalen Störungen, die sich selbst dann einstellen können, wenn offenbar belanglose Merkmale von normalen sprachlichen Äußerungen außer acht gelassen werden. Das Ergebnis ist, daß das Vertrauen in den anderen als zuverlässigen und fähigen Akteur nachläßt, während sich ein Strom existentieller Ängste ausbreitet, der die Form von Gefühlen der Kränkung, der Bestürzung und des Verratenseins annimmt, die ihrerseits mit Argwohn und Feindseligkeit einhergehen.

11 Harold Garfinkel, »A Conception of and Experiments with ›Trust‹ as a Condition of Stable Concerted Actions«, in: O. J. Harvey (Hg.), *Motivation and Social Action*, New York: Ronald Press, 1963.

Diese Arbeiten sowie die Untersuchungen anderer über die Einzelheiten des sprachlichen Verkehrs und der Interaktion im Alltag deuten eindringlich darauf hin, daß sich das, was man bei der Herstellung des Urvertrauens lernt nicht auf die Korrelation von Routine, Integrität und Vertrauen beschränkt. Was man dabei ebenfalls beherrschen lernt, ist eine äußerst diffizile Methodologie des praktischen Wissens, die eine fortwährende Schutzvorrichtung bietet gegen die Ängste, die selbst von der beiläufigsten Begegnung mit anderen potentiell ausgelöst werden können (wobei diese Schutzvorrichtung allerdings an vielen Stellen zerbrechen und auseinanderfallen kann). Bereits festgehalten haben wir, in welch allgemeiner Weise die höfliche Nichtbeachtung dazu dienen kann, das Vertrauen als Merkmal der gemeinsamen Anwesenheit außerhalb fokussierter Begegnungen »auszuüben«. Bei gesichtsabhängigen Auseinandersetzungen wird das Urvertrauen dadurch aufrechterhalten, daß der Blick, die Körperhaltung, die Gesten und die Konventionen des üblichen Unterhaltungsstils unablässig registriert werden.

Die in diesem Abschnitt dargelegte Analyse bietet die Gelegenheit, an dieser Stelle die Antwort auf eine Frage zu skizzieren, die weiter oben offengelassen wurde, nämlich die Frage nach dem Gegensatz zum Vertrauen. Selbstverständlich gibt es Umstände, unter denen es angebracht wäre, das Fehlen von Vertrauen als Mißtrauen gegenüber abstrakten Systemen oder Personen zu charakterisieren. Am ehesten trifft der Ausdruck »Mißtrauen« dann zu, wenn wir von dem Verhältnis sprechen, das zwischen einem Akteur und einem spezifischen System, Individuum oder Personentypus besteht. Mit Bezug auf abstrakte Systeme bedeutet Mißtrauen soviel wie: Skepsis oder eine aktiv negative Einstellung bezüglich der in dem betreffenden System enthaltenen Expertenkenntnisse. Im Falle von Personen bedeutet es Zweifel oder mangelnden Glauben an die Integritätsansprüche, die von ihren Handlungen verkörpert oder an den Tag gelegt werden. »Mißtrauen« ist jedoch ein zu schwacher Ausdruck, um das Gegenteil des *Urvertrauens* zum Ausdruck zu bringen, also das Gegenteil des zentralen Elements einer allgemeinen Menge von Beziehungen zur sozialen und physischen Umwelt. Die Herstellung von Vertrauen ist hier die Grundbedingung der Anerkennung einer klaren Identität von Gegenständen und Personen. Bleibt das Urvertrauen unausgebildet oder die diesem innewohnende Ambivalenz uneingeschränkt, stellen sich anhaltende Existenzängste ein. Der Gegensatz zum Vertrauen ist also im eigentlichsten Sinne ein Bewußtseinszustand, der sich am ehesten durch den Begriff der existentiellen *Angst* oder *Furcht* resümieren ließe.

Das Vormoderne und das Moderne

Während es einerseits Merkmale der Psychologie des Vertrauens gibt, die allgemein oder beinahe allgemein zutreffen, gibt es andererseits grundlegende Gegensätze zwischen den Bedingungen der Vertrauensbeziehungen in vormodernen Kulturen und denen in der modernen Welt. Dabei müssen wir hier nicht nur das Vertrauen in Betracht ziehen, sondern überdies auch umfassende Aspekte der Zusammenhänge zwischen Vertrauen und Risiko sowie zwischen Sicherheit und Gefahr. Es ist schon eine riskante Angelegenheit, allgemeine Gegenüberstellungen vorzunehmen zwischen der modernen Zeit und der ganzen Skala der vormodernen Gesellschaftsordnungen. Die Schroffheit und das Ausmaß der Diskontinuitäten zwischen Moderne und vormodernen Institutionen rechtfertigt jedoch immerhin den Versuch, obwohl übermäßige Vereinfachungen dabei nicht ausbleiben können. Die Tabelle 1 gibt hier einen umfassenden Überblick über die von mir beabsichtigten Unterscheidungen zwischen Vertrauens- und Risikoumwelten.

Tabelle 1
Vertrauens- und Risikoumwelten in vormodernen und modernen Kulturen

Vormoderne	Moderne
allgemeiner Kontext: allein ausschlaggebende Bedeutung lokal bedingten Vertrauens.	*allgemeiner Kontext:* Vertrauensbeziehungen beruhen auf entbetteten abstrakten Systemen
1. *Verwandtschaftsbeziehungen* als Organisationsmittel zur Stabilisierung sozialer Bindungen in der Raum-Zeit 2. *Die lokale Gemeinschaft* als Ort dient zur Herstellung eines vertrauten Milieus 3. *Religiöse Kosmologien* geben als Formen des Glaubens und der rituellen Praxis eine vorsehungsorientierte Interpretation des menschlichen Lebens und der Natur 4. *Tradition* als Mittel zur Verbindung von Zukunft und Gegenwart; Vergangenheitsorientierung in umkehrbar gedachter Zeit	1. *Persönliche Beziehungen* der Freundschaft oder der sexuellen Intimität als Mittel zur Stabilisierung sozialer Bindungen 2. *Abstrakte Systeme* dienen als Mittel zur Stabilisierung von Beziehungen über unbegrenzte Raum-Zeit-Spannen 3. *Zukunftsorientiertes* kontrafaktisches Denken als Form der Verknüpfung der Vergangenheit mit der Gegenwart
1. Bedrohungen und Gefahren kommen aus der *Natur*, so etwa die gewaltige Wirkung von Infektionskrankheiten, klimatischer Unberechenbarkeit, Überschwemmungen oder sonstigen Naturkatastrophen 2. Die Bedrohung durch *menschliche Gewalt* von seiten plündernder Truppen, lokaler Kriegsherren, der Banditen oder Räuber 3. Risiko des *Verlusts religiöser Gnade* oder der Wirkung von bösen magischen Einflüssen	1. Bedrohungen und Gefahren rühren von der *Reflexivität* der Moderne her 2. Die Bedrohung durch *menschliche Gewalt* von seiten der Industrialisierung des Kriegs 3. Drohung der *Sinnlosigkeit* des eigenen Daseins aufgrund der aufs Selbst bezogenen Reflexivität der Moderne

In allen vormodernen Kulturen einschließlich der großen Agrarzivilisationen ist das Niveau der raumzeitlichen Abstandvergrößerung aus Gründen, die wir bereits erörtert haben, im Vergleich mit den Verhältnissen der Moderne relativ gering. Die ontologische Sicherheit der vormodernen Welt muß in erster Linie im Verhältnis zu Kontexten des Vertrauens und Formen von Risiko oder Gefahr begriffen werden, die in den lokalen Umständen des jeweiligen Ortes verankert sind. Aufgrund des inhärenten Zusammenhangs zwischen Vertrauen und Abwesenheit ist das Vertrauen stets mit Verfahren zur Organisation »zuverlässiger« Interaktionen im Bereich der Raum-Zeit verknüpft.

Es gibt vier lokal fundierte Kontexte des Vertrauens, die in vormodernen Kulturen tendenziell vorherrschen, wobei jeder dieser Kontexte allerdings viele Variationen aufweist, die von der jeweiligen spezifischen Gesellschaftsordnung abhängen. Der erste Vertrauenskontext ist das Verwandtschaftssystem, das in den meisten vormodernen Umfeldern ein relativ stabiles Verfahren zur Raum und Zeit übergreifenden Organisation von »Bündeln« sozialer Beziehungen liefert. Verwandtschaftsverbindungen stehen häufig im Brennpunkt von Spannungen und Konflikten. Doch wie viele Konflikte sie auch beinhalten und wie viele Ängste sie auch auslösen mögen, im allgemeinen dienen sie dennoch dazu, Bindungen herzustellen, auf die man sich bei der Strukturierung von Handlungen in Raum-Zeit-Feldern verlassen kann. Das gilt auf der Ebene der eher unpersönlichen Beziehungen ebenso wie auf der Ebene der persönlicheren Verhältnisse. Anders ausgedrückt, bei Verwandten kann man sich normalerweise darauf verlassen, daß sie sich an eine ganze Reihe von Verpflichtungen mehr oder weniger unabhängig davon halten, ob sie den Betreffenden persönliche Sympathie entgegenbringen. Außerdem liefert die Verwandtschaft oft tatsächlich ein stabilisierendes Netz freundschaftlicher oder intimer Beziehungen, die raumzeitlich von Dauer sind. Kurz, die Verwandtschaft ermöglicht eine Verknüpfung zuverlässiger sozialer Verbindungen, die prinzipiell und meistens auch in der Praxis ein Mittel zur Organisation von Vertrauensbeziehungen abgeben.

Über die lokale Gemeinschaft läßt sich weitgehend das gleiche sagen. Dabei sollten wir die romantische Anschauung vermeiden, die bei der Analyse von Gesellschaften oft zum Vorschein kommt, wenn traditionale Kulturen mit den Kulturen der Moderne verglichen werden. Hervorheben möchte ich an dieser Stelle die Wichtigkeit *lokal fundierter*, mit Bezug auf den *Ort* organisierter Beziehungen, bei denen der Ort noch nicht durch raumzeitliche Beziehungen mit vergrößertem Abstand transformiert worden ist. In der großen Mehrzahl der vormodernen Umfelder einschließlich der meisten Städte ist das lokale Milieu der Ort von Bündeln miteinander verflochtener gesellschaftlicher Beziehungen, deren geringe räumliche Ausdehnung ihre zeitliche Festigkeit stützt. Völkerwanderungen, Nomadentum und die weiten Reisen von Händlern und Abenteurern waren auch in vormodernen Zeiten nichts Ungewöhnliches. Die große Mehrheit der Bevölkerung war jedoch verhältnismäßig immobil und isoliert, wenn man zum Vergleich die heute durch moderne Verkehrsmittel ermöglichten regelmäßigen und dichten Mobilitätsformen (sowie die Kenntnis fremder Lebensweisen) heranzieht. In vormodernen Kontexten steht die Lokalität im Brennpunkt der ontologischen Sicherheit, die durch diese ortsgebundene Fundierung in einer Art und Weise gestützt wird, die sich unter den Bedingungen der Moderne im wesentlichen aufgelöst hat.

Ein dritter Einflußbereich ist der der religiösen Kosmologie. Religiöse Überzeugungen können eine Quelle extremer Angst oder Verzweiflung sein, was womöglich so weit geht, daß sie in vielen vormodernen Umfeldern zu den Hauptparametern der (als solche erfahrenen) Risiken und

Gefahren gerechnet werden müssen. Doch in anderen Hinsichten liefern religiöse Kosmologien moralische und praktische Interpretationen des persönlichen und sozialen Lebens sowie der natürlichen Welt, die für den Gläubigen eine Umwelt der Sicherheit darstellen. Der christliche Gott gebietet uns, ihm zu vertrauen, denn er sei der wahre und einzige Gott. Die meisten Religionen sind zwar nicht derart monotheistisch, doch der Gedanke, man könne sich auf übernatürliche Wesen oder Kräfte verlassen, ist ein gemeinsames Merkmal vieler ansonsten unterschiedlicher religiöser Überzeugungen. Die Religion ist in mehr als einer Hinsicht ein der Organisation förderliches Vertrauensmedium. Nicht nur Götter und religiöse Kräfte, sondern auch die religiösen Funktionäre dienen als zuverlässige vorsehungsartige Stützen. Am wichtigsten ist dabei, daß die Erfahrung von Ereignissen und Situationen durch religiöse Überzeugungen im Regelfall mit einer gewissen Zuverlässigkeit ausgestattet wird und daß diese Überzeugungen einen Rahmen bilden, mit dessen Hilfe es gelingt, die Ereignisse und Situationen zu erklären und auf sie zu reagieren.

Ebenso wie bei den übrigen Vertrauenskontexten in vormodernen Ordnungen lege ich den Akzent hier auf die Religion als etwas, was ein Gefühl der Zuverlässigkeit von sozialen und natürlichen Ereignissen erzeugt und so zur Verklammerung der Raum-Zeit beiträgt. Es ist möglich, daß die Religion psychologisch derart im Sinne der von ihr repräsentierten Personen und Kräfte mit Vertrauensmechanismen verbunden ist, daß diese Personen und Kräfte das Vertrauen bzw. den Mangel an Vertrauen in die Gestalten der Eltern unmittelbar zum Ausdruck bringen. Bei Freud wird das gewiß angedeutet[12], und viele weitere Autoren, die von der Psychoanalyse beeinflußt worden sind, haben dem zugestimmt. Zu diesen Autoren gehört Erikson, nach dessen Formulierung der vom Vertrauen voraus-

12 Sigmund Freud, *Die Zukunft einer Illusion*, Wien 1927.

gesetzte und zunächst auf die Versorger des Kindes bezogene »Glaube« seine »institutionelle Absicherung« in der organisierten Religion findet.

Das aus Fürsorge geborene Vertrauen ist im Grunde der Prüfstein der *Wirklichkeit* einer gegebenen Religion. Allen Religionen gemeinsam ist die periodische kindliche Hingabe an einen Versorger oder eine Mehrzahl von Versorgern, die nicht nur spirituelle Gesundheit spenden, sondern auch irdisches Glück. [... Ferner gemeinsam ist ihnen] die Einsicht, daß individuelles Vertrauen ein gemeinsamer Glaube, individuelles Mißtrauen ein allgemein formuliertes Übel werden muß, während die Wiederherstellung des einzelnen Menschen ein Bestandteil der rituellen Praxis vieler Menschen und ein Zeichen der in der Gemeinschaft vorhandenen Vertrauenswürdigkeit werden muß.[13]

Auch wenn man die außerordentliche Vielfalt der Religionen unserer Welt in Rechnung stellt, fällt es schwer, der Schlußfolgerung zu widerstehen, daß diese Anschauung nicht der Triftigkeit entbehrt. Doch der Standpunkt, den ich hier darlegen möchte, beruht nicht vorrangig darauf.

Der vierte Hauptkontext der in vormodernen Kulturen bestehenden Vertrauensbeziehungen ist die Tradition selbst. Die Tradition bezieht sich im Gegensatz zur Religion nicht auf ein spezifisches Korpus von Überzeugungen und Praktiken, sondern auf die Weise, in der diese Überzeugungen und Praktiken – insbesondere im Verhältnis zur Zeit – organisiert sind. Die Tradition spiegelt eine eigene Art und Weise der Zeitlichkeitsstrukturierung (woraus sich auch für das Handeln im Raum unmittelbare Implikationen ergeben). Für das Verständnis der Zeitlichkeit traditionaler Überzeugungen und Tätigkeiten ist der von Lévi-Strauss geprägte Begriff der »umkehrbaren« Zeit von entscheidender Bedeutung. Umkehrbare Zeit ist die Zeitlichkeit der Wiederholung und wird von der Logik der Wiederholung bestimmt: die Vergangenheit ist ein Mittel für die Gliederung der Zukunft. Die für die Tradition

13 Erikson, *Childhood and Society*, S. 242.

kennzeichnende Vergangenheitsorientierung unterscheidet sich von der Einstellung der Moderne nicht nur insofern, als sie nicht nach vorn, sondern zurückblickt. Das ist im Grunde eine zu grobe Formulierung des Gegensatzes. Vielmehr ist hier, anders als bei der modernen Einstellung, weder »die Vergangenheit« noch »die Zukunft« ein diskretes Phänomen, das von der »kontinuierlichen Gegenwart« getrennt wäre. Die Vergangenheit wird in gegenwärtige Praktiken einbezogen, so daß sich der Zukunftshorizont zurückkrümmt, um zu schneiden, was vorangegangen ist.

Tradition ist Routine. Doch sie ist eine Routine voll innerer Sinnhaftigkeit, und nicht bloß leere Gewohnheit um der Gewohnheit willen. Zeit und Raum sind nicht die inhaltlosen Dimensionen, zu denen sie mit der Entwicklung der Moderne werden, sondern sie sind kontextuell in das Wesen gelebter Tätigkeiten verwoben. Der Sinn von Routinetätigkeiten liegt in der der Tradition innewohnenden allgemeinen Achtung oder sogar Verehrung sowie im Zusammenhang zwischen Tradition und Ritual. Das Ritual hat häufig etwas Zwanghaftes an sich, doch es hat zugleich etwas zutiefst Tröstliches, denn es verleiht einer gegebenen Menge von Praktiken etwas Sakramentales. Kurz, die Tradition trägt in grundlegender Weise zur ontologischen Sicherheit bei, soweit sie das Vertrauen in die Kontinuität von Vergangenheit, Gegenwart und Zukunft aufrechterhält und dieses Vertrauen mit routinemäßigen sozialen Praktiken verbindet.

Mit der Kennzeichnung dieser verschiedenen Vertrauenskontexte vormoderner Kulturen ist nicht gesagt, daß traditionale Umgebungen im Gegensatz zu denen der Moderne Trost und psychische Geborgenheit spendeten. Es gibt zwar einige bestimmte Hinsichten, in denen das Niveau der ontologischen Unsicherheit in der modernen Welt höher ist als unter den meisten Bedingungen des vormodernen sozialen Lebens, und die Gründe hierfür werde ich anzugeben versuchen. Dennoch steckte der Rahmen traditionaler Kulturen in ganz allgemeiner Weise voller Ängste und Ungewißheiten. Diese bezeichne ich zusammenfassend als die für die vormoderne Welt charakteristische Risikoumwelt.

Die Risikoumwelt der traditionalen Kulturen wurde beherrscht von den Gefahren der physischen Welt. Die berühmte Feststellung Hobbes', das menschliche Leben sei im Naturzustand »eklig, viehisch und kurz« ist durchaus nicht unzutreffend, wenn man sie als Schilderung der in vormodernen Kulturen gegebenen realen Lebensumstände vieler Menschen liest. Die Sterblichkeitsraten der Kleinkinder wie der Wöchnerinnen waren nach modernen Maßstäben extrem hoch. Die Lebenserwartung derjenigen, die ihre Kindheit überlebten, war relativ gering, und viele Menschen litten an chronischen Krankheiten und waren anfällig für Infektionskrankheiten unterschiedlicher Art. Manche Belege sprechen dafür, daß Jäger und Sammler vor allem dann, wenn sie sich in von Natur aus ertragreichen Gegenden aufhielten, den Infektionskrankheiten weniger ausgesetzt waren als die Bewohner von festen lokalen Gemeinschaften oder der städtischen Gebiete der größeren vormodernen Gesellschaften, aber auch sie waren gewiß nicht frei von all den endemischen Krankheiten, deren es in vormoderner Zeit so viele gab. Vormoderne Gesellschaftsordnungen jeglicher Art wurden oft in krasser Weise von den Launen des Klimas betroffen und verfügten über wenig Schutz gegen Naturkatastrophen wie Überschwemmungen, Stürme, Wolkenbrüche oder Dürreperioden.

Neben der in ihrem Verhältnis zur physischen Welt herrschenden Instabilität des sozialen Lebens müssen wir als weitere Quelle der Unsicherheit das häufige Vorkommen menschlicher Gewaltanwendung nennen. Die wichtigsten Gegensätze, die hier betont werden sollten, sind die, welche zwischen den größeren vormodernen Gesellschaftsordnungen und der sozialen Welt der Moderne bestehen.

Das Niveau der Gewaltanwendung in den Kulturen der Jäger und Sammler sowie zwischen solchen Kulturen ist allem Anschein nach generell gering gewesen, und spezialisierte Krieger gab es nicht. Diese Situation ändert sich, sobald bewaffnete Soldaten auftreten. Die meisten Agrarstaaten beruhten in ganz unmittelbarer Weise auf militärischer Macht. Doch in derartigen Staaten war das Kontrollmonopol über die Mittel der Gewaltanwendung auf seiten der herrschenden Autoritäten, wie oben bereits erwähnt wurde, bei weitem nicht unumschränkt. Solche Staaten waren, wenn man die Maßstäbe der modernen Nationalstaaten anlegt, in ihrem Inneren niemals befriedet. Nur wenige Bevölkerungsgruppen konnten sich über längere Zeiträume hinweg sicher fühlen vor der Gewalt oder der Androhung von Gewalt durch einmarschierende Truppen, Plünderer, ortsansässige Kriegsherren, Straßenräuber, Diebe oder Piraten. Heute gelten moderne Stadtmilieus oft als gefährlich, weil in ihnen das Risiko besteht, angegriffen oder überfallen zu werden. Aber es ist nicht nur so, daß dieses Gewaltniveau im Vergleich mit vielen vormodernen Umfeldern erheblich geringer ist, sondern außerdem sind derartige Milieus nur relativ kleine Gebietsteile innerhalb größerer Territorialbereiche, in denen die Absicherung gegen physische Gewalt weit mehr leistet, als in vergleichbar großen Regionen der traditonalen Welt jemals möglich gewesen ist.

Schließlich müssen wir die Aufmerksamkeit ganz besonders auf den doppelten Einfluß der Religion lenken. Religiöse Überzeugungen und Praktiken bieten zwar eine Zuflucht vor den Widrigkeiten des tagtäglichen Lebens, aber sie können auch, wie schon festgestellt wurde, eine wesentliche Quelle der Angst und der Sorge des Gemüts sein. Zum Teil ist das darauf zurückzuführen, daß die Religion in viele Aspekte des gesellschaftlichen Tuns eindringt; so können die Bedrohungen und Gefahren der Natur zum Beispiel vermittels der Kodes und Symbole der

Religion erlebt werden. In der Hauptsache liegt es jedoch daran, daß die Religion normalerweise den psychologischen Ort potentieller Existenzängste einnimmt. In welchem Maße die Religion an diesem Ort ihre eigenen spezifischen Schrecken erzeugt, variiert zweifellos stark. Wahrscheinlich sind die von Max Weber als »Erlösungsreligionen« bezeichneten Formen religiösen Glaubens und religiöser Praxis besonders dazu angetan, den Alltag durch Existenzängste zu vergiften, da sie ja eine Spannung hervorrufen zwischen der Sünde und der verheißenen Erlösung im Leben nach dem Tode.

Mit der Entstehung der sozialen Institutionen der Moderne pendelt sich eine Art von bleibendem Gleichgewicht ein zwischen Vertrauen und Risiko, Sicherheit und Gefahr. Doch die dabei zum Zuge kommenden Elemente sind ganz anderer Art als die, welche in der vormodernen Zeit vorherrschend waren. Unter Modernitätsbedingungen bleiben die menschlichen Tätigkeiten ebenso wie in allen sonstigen kulturellen Lagen situiert und kontextualisiert. Doch der Einfluß der drei großen dynamischen Kräfte der Moderne – die Trennung von Raum und Zeit, die Entbettungsmechanismen und die institutionelle Reflexivität – löst manche Grundformen der Vertrauensbeziehung von den Eigenschaften lokaler Kontexte.

Keiner der unter vormodernen Verhältnissen gegebenen vier Brennpunkte des Vertrauens und der ontologischen Sicherheit spielt unter Modernitätsbedingungen eine vergleichbar wichtige Rolle. Verwandtschaftsbeziehungen bleiben zwar für die Masse der Bevölkerung und besonders innerhalb der Kernfamilie von Bedeutung, aber jetzt sind sie nicht mehr die Träger inniger sozialer Bindungen, die so strukturiert sind, daß sie die Raum-Zeit überbrücken. Diese Aussage ist fraglos triftig, obwohl man die These vom Niedergang der Familie durch die Moderne mit Vorsicht betrachten muß und obwohl es eine Tatsache ist, daß manche lokale Milieus weiterhin den Angelpunkt bedeutsamer

Verwandtschaftsnetze mit ihren Rechten und Pflichten bilden.

Die unter vormodernen Verhältnissen gegebene Vorrangstellung des Orts ist durch Entbettung und raumzeitliche Abstandvergrößerung weitgehend zunichte gemacht worden. Der Ort ist etwas Phantasmagorisches geworden, denn die für ihn konstitutiven Strukturen werden nicht mehr lokal organisiert. Mit anderen Worten, das Lokale und das Globale sind mittlerweile unentwirrbar miteinander verflochten. Daß man an einem Ort hängt oder sich mit ihm identifiziert, sind Gefühle, die es zwar immer noch gibt, doch sie sind ihrerseits entbettet: Sie bringen nicht bloß ortsgebundene Praktiken und Bindungen zum Ausdruck, sondern sie sind mit sehr viel weiter entfernten Einflüssen durchsetzt. Zum Beispiel erhält heute wahrscheinlich auch der kleinste Laden seine Waren aus aller Herren Länder. Die lokale Gemeinschaft ist keine in sich erfüllte Umwelt aus vertrauten und als selbstverständlich vorausgesetzten Sinnelementen, sondern in hohem Maße eine lokal situierte Äußerung auf Abstand gebrachter Beziehungen. Außerdem ist sich jeder, der an den verschiedenen Einzelorten moderner Gesellschaften lebt, darüber im klaren. Das Maß an Sicherheit, das die einzelnen infolge der Vertrautheit des Orts empfinden mögen, beruht nicht weniger auf den stabilen Formen entbetteter Beziehungen als auf den Besonderheiten der jeweiligen Örtlichkeit. Das mag zwar stärker ins Auge fallen, wenn man nicht im Eckladen einkauft, sondern im nahen Supermarkt, doch einen grundlegenden Unterschied gibt es hier nicht.[14]

Der abnehmende Einfluß von Religion und Tradition ist in der sozialwissenschaftlichen Literatur so häufig erörtert worden, daß wir dieses Thema ganz kurz abhandeln kön-

14 Siehe Joshua Meyrowitz, *No Sense of Place*, Oxford: Oxford University Press, 1985; Robert D. Sack, »The Consumer's World: Place as Context«, *Annals of the Association of American Geographers* 78 (1988).

nen. Die Säkularisierung ist zweifellos eine komplexe Angelegenheit und zieht allem Anschein nach nicht das völlige Verschwinden religiösen Denkens und Tuns nach sich, was wahrscheinlich daran liegt, daß die Religion im Hinblick auf die vorhin genannten existentiellen Fragen von Belang ist. Doch die meisten Situationen des modernen sozialen Lebens sind mit der Religion als wirksamem Einfluß auf das tagtägliche Leben offensichtlich nicht zu vereinbaren. An die Stelle der Religion tritt das reflexiv organisierte Wissen, das von empirischer Beobachtung und logischem Denken bestimmt und auf materielle Technik und sozial angewandte Kodes ausgerichtet ist. Religion und Tradition sind immer schon eng miteinander verbunden gewesen, und letztere wird von der in unmittelbarem Gegensatz zu ihr stehenden Reflexivität des modernen sozialen Lebens sogar noch gründlicher untergraben.

Die vormoderne »Risikoumwelt« wird in ähnlicher Weise umgestaltet. Unter Modernitätsbedingungen leiten sich die Gefahren, denen wir gegenüberstehen, nicht mehr in erster Linie aus der Welt der Natur her. Freilich kommen Wirbelstürme, Erdbeben und sonstige Naturkatastrophen immer noch vor. Doch in den meisten Hinsichten sind unsere Beziehungen zur physischen Welt grundverschieden von denen früherer Zeitalter, was besonders für die industrialisierten Teile des Erdballs, doch in gewissem Maße überall gilt. Auf den ersten Blick könnte es so aussehen, als glichen die ökologischen Bedrohungen, denen wir uns heute gegenübersehen, den Naturgefahren, auf die man in der Vormoderne stieß. Aber auch hier besteht ein markanter Gegensatz. Ökologische Bedrohungen sind das Ergebnis sozial organisierten Wissens unter Mitwirkung des Einflusses der Industrialisierung auf die materielle Umwelt. Sie gehören mit zu einem neuen *Risikoprofil* (wie es in meiner Terminologie heißt), das durch den Anbruch der Moderne ins Spiel gebracht worden ist. Dabei verstehe ich unter einem Risikoprofil das spezifische Bündel von Be-

drohungen oder Gefahren, das für das moderne soziale Leben charakteristisch ist.
Die Bedrohung durch militärische Gewaltanwendung bleibt ein Bestandteil des Risikoprofils der Moderne. Die Art dieses Risikos hat sich jedoch im Zusammenspiel mit der geänderten Beschaffenheit der kriegsbezogenen Kontrolle über die Mittel zur Gewaltanwendung durchgreifend gewandelt. Heute leben wir in einer globalen militärischen Ordnung, in der das Ausmaß der Zerstörungskraft der jetzt über die Welt verteilten Waffen infolge der Industrialisierung des Kriegs enorm viel größer ist als zu irgendeiner früheren Zeit. Die Möglichkeit eines atomaren Konflikts läßt Gefahren aufkommen, denen sich frühere Generationen nicht zu stellen brauchten. Diese Entwicklung fällt jedoch zusammen mit Prozessen der Befriedung im Inneren der Staaten. Der Bürgerkrieg ist zu einem Phänomen geworden, das in entwickelten Nationen zwar keineswegs unbekannt ist, aber doch relativ selten vorkommt. In vormodernen Zeiten dagegen waren zumindest seit den ersten Ansätzen organisierter Staatenbildung bürgerkriegsähnliche Auseinandersetzungen – also Aufspaltungen der militärischen Macht, die von häufigen Konfliktausbrüchen begleitet wurden – eher die Regel als die Ausnahme.
Risiko und Gefahr sind so, wie sie im Verhältnis zur ontologischen Sicherheit erlebt werden, zusammen mit den meisten sonstigen Aspekten des sozialen Lebens säkularisiert worden. Eine Welt, die hauptsächlich durch von Menschen geschaffene Risiken strukturiert wird, hat wenig Raum für göttliche Einflüsse oder gar für die magische Besänftigung kosmischer Kräfte oder Geister. Es ist von großer Bedeutung für die Moderne, daß Risiken prinzipiell mit Hilfe verallgemeinerungsfähiger Kenntnisse über potentielle Gefahren abgeschätzt werden können – und das ist eine Haltung, bei der Vorstellungen von *fortuna* zumeist als Nebenformen eines Aberglaubens überleben. Wo man

das Risiko als Risiko *kennt*, wird es anders erlebt als unter Umständen, unter denen Vorstellungen von *fortuna* vorherrschend sind. Wenn man das Bestehen eines Risikos oder einer Menge von Risiken anerkennt, akzeptiert man nicht nur die Möglichkeit eventueller Unglücksfälle, sondern man akzeptiert auch, daß sich diese Möglichkeit gar nicht ausräumen läßt. Die Phänomenologie einer derartigen Situation gehört mit zur kulturellen Erfahrung der Moderne im allgemeinen, worauf weiter unten detaillierter eingegangen wird. Aber selbst wo der Einfluß der traditionellen Religion nachläßt, verschwinden Vorstellungen vom Schicksal nicht gänzlich von der Bildfläche. Gerade wo die Risiken am größten sind – sei es im Sinne der wahrgenommenen Wahrscheinlichkeit eines unliebsamen Ereignisses oder im Sinne der verheerenden Konsequenzen infolge des unglücklichen Ausgangs einer bestimmten Sache –, besteht die Tendenz, daß *fortuna* wieder zum Vorschein kommt.

IV

Abstrakte Systeme und die Transformation der Intimität

Abstrakte Systeme haben im tagtäglichen Leben für einen hohen Grad an Sicherheit gesorgt, den es in vormodernen Ordnungen nicht gab. Heute kann man in London das Flugzeug besteigen, etwa zehn Stunden später Los Angeles erreichen und dabei ziemlich gewiß sein, daß nicht nur die Reise ohne Zwischenfälle vonstatten gehen wird, sondern daß außerdem das Flugzeug ungefähr zur vorherbestimmten Zeit eintreffen wird. Der Passagier hat womöglich bloß eine ganz vage Vorstellung davon, wo Los Angeles auf der Weltkarte zu suchen ist. Nur minimale Vorbereitungen müssen erledigt werden, um die Reise zu unternehmen: Paß, Visum, Flugschein und Geld müssen besorgt werden, während Kenntnis der wirklichen Flugstrecke unnötig ist. Ein ansehnliches Maß an »Umgebungswissen« ist erforderlich, um an Bord des Flugzeugs zu gelangen, und dabei handelt es sich um Wissen, das aus Expertensystemen in den Diskurs und die Handlungen der Nichtexperten zurückgeschleust worden ist. So muß man wissen, was ein Flughafen ist, was ein Flugschein ist und auch sonst noch allerlei. Aber die Sicherheit der Reise selbst hängt nicht davon ab, daß man über das technische Drum und Dran, welches die Reise möglich macht, Bescheid weiß.

Zum Vergleich denke man an die Aufgabe eines Abenteurers, der vor nicht mehr als drei- oder vierhundert Jahren die gleiche Reise hätte unternommen wollen. Er selbst wäre zwar der »Experte«, doch womöglich hätte er kaum gewußt, wo die Fahrt überhaupt *hinging* – und schon der Begriff »Reise« klingt seltsam und unzutreffend. Auf der

Fahrt hätten ständig Gefahren gelauert, und das Risiko möglicher Unglücks- oder Todesfälle wäre ganz beträchtlich gewesen. An einer solchen Expedition hätte niemand teilnehmen können, dem es an körperlicher Zähigkeit und Spannkraft gefehlt und der keine Fertigkeiten besessen hätte, die für die Durchführung der Reise von Belang gewesen wären.

Jedesmal, wenn man Geld vom Bankkonto abhebt oder etwas einzahlt, wenn man beiläufig das Licht einschaltet oder den Wasserhahn aufdreht, wenn man einen Brief abschickt oder einen Telephonanruf tätigt, anerkennt man stillschweigend die umfassenden Bereiche der sicheren, koordinierten Handlungen und Ereignisse, die die Voraussetzungen schaffen für das soziale Leben der Moderne. Freilich können auch alle möglichen Probleme und Defekte auftreten, und es geschieht, daß sich skeptische oder antagonistische Einstellungen herausbilden, die dazu führen, daß sich einzelne Personen von diesem oder jenem System lossagen. Doch meistens bezeugt die selbstverständliche Art und Weise, in der die Verkopplung der Alltagshandlungen mit abstrakten Systemen zustande kommt, die Leistungsfähigkeit ihres Funktionierens (letzteres im Kontext der an sie gestellten Erwartungen, denn sie bewirken außerdem vielerlei unbeabsichtigte Folgen).

Vertrauen in abstrakte Systeme ist die Vorbedingung der raumzeitlichen Abstandvergrößerung und der umfassenden Sicherheitsbereiche des alltäglichen Lebens, die die modernen Institutionen im Gegensatz zur traditionalen Welt bieten. Die in abstrakte Systeme integrierten Routineverfahren sind unter Modernitätsbedingungen von maßgeblicher Bedeutung für die ontologische Sicherheit. Überdies schafft diese Situation allerdings auch neuartige Formen psychischer Anfälligkeit, und das Vertrauen in abstrakte Systeme ist in psychologischer Hinsicht durchaus nicht so wohltuend wie das Vertrauen in Personen. Hier werde ich mich zunächst auf den zweiten der eben genannen Punkte beschränken und erst später auf den ersten zurückkommen. Vorderhand möchte ich die folgenden theoretischen Behauptungen aufstellen: Zwischen den Globalisierungstendenzen der Moderne und der hier so bezeichneten *Transformation der Intimität* in Alltagskontexten besteht ein unmittelbarer (wenn auch dialektischer) Zusammenhang. Die Transformation der Intimität läßt sich mit Hilfe des Begriffs der Erstellung von Vertrauensmechanismen analysieren. Persönliche Vertrauensbeziehungen sind unter solchen Umständen eng mit einer Situation verknüpft, in der der Aufbau des Selbst zu einem reflexiven Unterfangen wird.

Vertrauen und persönliche Beziehungen

In den Anfangsstadien der Entwicklung des Einzelmenschen beruht das Urvertrauen in stabile Verhältnisse der Selbstidentität wie der Umwelt – also die ontologische Sicherheit – zunächst nicht auf dem Gefühl der Kontinuität von Dingen oder Ereignissen, sondern es rührt, wie wir bereits festgestellt haben, vom persönlichen Vertrauen her und schafft ein Bedürfnis nach Vertrauen in andere, das in der einen oder anderen Form sicher das ganze Leben lang bestehen bleibt. Das Vertrauen in Personen basiert, wie Erikson betont, auf der Wechselseitigkeit des Reagierens und Beteiligtseins: der Glaube an die Integrität des anderen ist eine maßgebliche Ursache des Gefühls der Integrität und Authentizität des Selbst. Das Vertrauen in abstrakte Systeme sorgt zwar für die Sicherheit im Sinne tagtäglicher Zuverlässigkeit, doch es liegt im innersten Wesen dieses Vertrauens, daß es weder die Gegenseitigkeit noch die Intimität bieten kann, die von persönlichen Vertrauensbeziehungen ausgehen. In dieser Hinsicht unterscheiden sich traditionale Religionen offensichtlich von modernen abstrakten Systemen, denn die personalisierten Gestalten der

Religion erlauben eine unmittelbare Übertragung individuellen Vertrauens, wobei auch Elemente von Wechselseitigkeit eine große Rolle spielen. Bei den abstrakten Systemen dagegen setzt das Vertrauen den Glauben an unpersönliche Prinzipien voraus, die nur in statistischer Weise »Widerworte geben«, wenn sie nicht die von dem Betreffenden angestrebten Ergebnisse liefern. Das ist einer der Hauptgründe, warum sich Individuen an Zugangspunkten große Mühe geben, die eigene Vertrauenswürdigkeit unter Beweis zu stellen, denn sie bilden das Bindeglied zwischen Personenvertrauen und Systemvertrauen.

Eingeführte soziologische Erklärungen der hier so bezeichneten Transformation der Intimität gehen meistens so vor, daß sie dem Gemeinschaftscharakter traditionaler Ordnungen die Unpersönlichkeit des sozialen Lebens der Moderne gegenüberstellen. Hier ist der von Ferdinand Tönnies aufgebrachte Gegensatz zwischen Gemeinschaft und Gesellschaft die klassische Quelle, um diese Unterscheidung auf den Begriff zu bringen. Ganz ähnliche Gegenüberstellungen sind auch von anderen Autoren vorgenommen worden, wobei es keine Rolle spielt, ob sie sich ebenfalls dieser spezifischen Terminologie bedient haben. Wir können drei Hauptverfahren auseinanderhalten, auf die man sich gestützt hat, um diesen Gegensatz inhaltlich anzureichern, wobei jedes dieser Verfahren in etwa mit einem eigenen, von den anderen abweichenden politischen Standpunkt verbunden ist. Die eine Anschauung, die im großen und ganzen mit dem politischen Konservatismus zusammengeht, stellt die Entwicklung der Moderne als Zersetzung der alten Formen von »Gemeinschaft« dar, was den persönlichen Beziehungen in modernen Gesellschaften zum Schaden gereiche. Dieser Standpunkt war im ausgehenden neunzehnten Jahrhundert von großer Bedeutung und kann auch heute noch manchen Vertreter in Anspruch nehmen. So übernimmt Peter Berger einen Begriff von Arnold Gehlen und macht geltend, die Privatsphäre sei infolge des Vorherrschens weiträumig wirksamer bürokratischer Institutionen und des von der »Massengesellschaft« ausgehenden allgemeinen Einflusses »entinstitutionalisiert« worden. Die Sphäre des öffentlichen Lebens dagegen sei »überinstitutionalisiert«. Das Resultat sei, daß das persönliche Leben fadenscheinig werde und der festen Bezugspunkte ermangele; es komme zu einer Wendung nach innen, hin zur Subjektivität des Menschen, wobei Sinn und Stabilität im inneren Selbst gesucht werden.[1]

Recht ähnliche Gedanken sind auch von Autoren vorgetragen worden, die auf der entgegengesetzten Seite des politischen Spektrums stehen und in manchen Fällen unmittelbar vom Marxismus beeinflußt worden sind. Sie bedienen sich zwar einer Sprache, in der nicht so sehr von »Massengesellschaft«, sondern eher von Kapitalismus und Kommodifizierung die Rede ist, doch ihre allgemeine These ist von der der zuerst genannten Autoren nicht sonderlich verschieden. Nach ihrer Anschauung haben sich die modernen Institutionen weite Bereiche des sozialen Lebens unterworfen und diesen den einstigen Sinngehalt entzogen. Obwohl gerade in der Privatsphäre viele der Hauptbefriedigungen des Lebens zu finden sind, verliere sie daher an Kraft und werde amorph, denn es gebe aufgrund des inneren Wesens der Welt der »instrumentellen Vernunft« nur eine beschränkte Reihe von Werten, deren Verwirklichung von dieser Welt ermöglicht werde. Eine Spielart dieses Standpunkts ist die Analyse von Jürgen Habermas, wonach die technischen Systeme von der Lebenswelt getrennt sind[2]; eine weitere Spielart ist die Anschauung, die eine Generation vorher von Max Horkheimer

1 Peter Berger, *The Homeless Mind*, New York: Random House, 1973 (dt. *Das Unbehagen in der Modernität*, 1975).
2 Jürgen Habermas, *Theorie des kommunikativen Handelns*, 2 Bde., Frankfurt am Main: Suhrkamp, 1981.

dargelegt worden ist. Wenn Horkheimer von Freundschaft und Intimität spricht, behauptet er, die Eigeninitiative spiele im durchorganisierten Kapitalismus eine immer geringere Rolle gegenüber den Plänen derjenigen, die das Sagen haben. Die persönliche Anteilnahme am Ergehen anderer bleibe bestenfalls ein Steckenpferd, eine Freizeitbagatelle.[3]

Die Vorstellung vom Niedergang der Gemeinschaft ist unter Berücksichtigung empirischer Untersuchungen zum Leben in städtischen Nachbarschaften erfolgreich kritisiert worden, und viele Autoren haben sich auf solche Untersuchungen gestützt, um Einwände gegen die beiden vorhin genannten Standpunkte zu erheben. So hat etwa Claude Fischer im Zuge seiner Kritik an Louis Wirths Interpretation der Anonymität des Lebens in der Stadt zu zeigen versucht, daß moderne Städte die Mittel bereitstellen, um neue, in vormodernen Umfeldern kaum verfügbare Formen von Gemeinschaftsleben hervorzubringen.[4] Nach Ansicht der Verfechter dieser dritten Anschauung vermag das Gemeinschaftsleben unter Verhältnissen der Moderne fortzubestehen oder zu erneuter Aktivität zu erwachen.

Eines der Hauptprobleme dieser Auseinandersetzung betrifft die Begriffe, mit deren Hilfe sie bisher geführt worden ist. Das »Gemeinschaftliche« ist dem »Gesellschaftlichen« gegebenübergestellt worden, das »Unpersönliche« dem »Persönlichen« und aus einem anderen Blickwinkel der »Staat« der »staatsbürgerlichen Gesellschaft«, so als handelte es sich stets um Spielarten ein und derselben Sache. Doch der Begriff der Gemeinschaft umfaßt, wenn er auf vormoderne bzw. auf moderne Kulturen angewandt wird, mehrere verschiedene Mengen von Elementen, die auseinandergehalten werden müssen. Dabei handelt es sich

3 Max Horkheimer, *Critique of Instrumental Reason*, New York: Seabury, 1974, S. 94.

4 Claude Fischer, *To Dwell Among Friends*, Berkeley: University of California Press, 1982.

um Gemeinschaftsbeziehungen als solche (die ich in erster Linie mit Bezug auf Ortsgebundenheit behandelt habe); Verwandtschaftsbindungen; Verhältnisse persönlicher Intimität zwischen Ebenbürtigen (Freundschaft) sowie Beziehungen sexueller Intimität. Wenn es uns gelingt, diese Elemente auseinanderzusortieren, können wir einen Standpunkt darlegen, der sich seinerseits von den oben genannten unterscheidet.

Wenn man »Gemeinschaft« im Sinne einer eingebetteten Ortsaffinität versteht, ist sie in der Tat weitgehend zerstört, obwohl man sich darüber streiten könnte, wie weit dieser Prozeß in spezifischen Kontexten fortgeschritten ist. Robert Sack stellt fest:

> Um ein Akteur zu sein, muß man irgendwo sein. Dieses grundlegende und integrative Ortsempfinden ist allmählich fragmentiert worden und in widersprüchliche und desorientierende Teile auseinandergebrochen. Der Raum wird immer stärker integriert und dennoch in Einzelgebiete zerstückelt. Orte sind etwas Spezifisches oder Einzigartiges, doch in vieler Hinsicht wirken sie schablonenhaft und unterschiedslos. Orte sind, wie es scheint, etwas »außer uns«, und trotzdem werden sie von Menschen konstruiert. [...] Unsere Gesellschaft speichert zwar Informationen über Orte, trotzdem haben wir kaum ein Empfinden für den Ort. Und die Landschaften, die bei den Prozessen der Moderne herauskommen, sind offenbar Stilmischungen und wirken in ihrem bloßen Nebeneinander verunsichernd und inauthentisch.[5]

Im Hinblick auf die Verwandtschaftsbeziehungen muß man aus bereits angeführten Gründen zu einer entsprechenden Schlußfolgerung gelangen. Der Nachweis, daß Verwandtschaftsbindungen bestimmter Art in manchen Kontexten moderner Gesellschaften ungebrochen sind, bedeutet wohl kaum, daß die Verwandtschaft immer noch dieselbe Rolle spielt wie früher, als sie das alltägliche Leben der Mehrheit strukturierte.

Doch inwiefern haben diese Veränderungen die Beziehungen der persönlichen und der sexuellen Intimität berührt?

5 Sack, »The Consumer's World: Place as Context«, S. 642.

Hierbei handelt es sich nämlich nicht bloß um schlichte Erweiterungen der Gemeinschaftsorganisation oder der Verwandtschaft. Die Beziehung der Freundschaft ist von Soziologen nur selten untersucht worden, doch sie gibt wichtige Hinweise auf weitverbreitete Faktoren, die das persönliche Leben beeinflussen.[6] Gerade im Zusammenhang mit der lokalen Gemeinschaft und den Verwandtschaftsbeziehungen müssen wir verstehen, welche Bewandtnis es in vormodernen Kontexten mit der Freundschaft hatte. Das Vertrauen in Freunde (der Gegensatz hieß in solchen Zusammenhängen »Feinde«) war oft von maßgeblicher Bedeutung. In traditionalen Kulturen gab es eine recht deutliche Trennung zwischen Zugehörigen und Außenstehenden oder Fremden; teilweise Ausnahmen bildeten hier nur einige große Städte der Agrarstaaten. Die für das soziale Handeln der Moderne charakteristischen umfassenden Arenen nichtfeindlicher Interaktion mit anonymen anderen gab es damals nicht. Unter diesen Umständen wurde die Freundschaft oft institutionalisiert und galt als Mittel zur Schaffung mehr oder weniger dauerhafter Bündnisse mit anderen gegen potentiell feindselige Gruppen von außerhalb.

Institutionalisierte Freundschaften waren im wesentlichen Formen von Kameradschaft, wie sie etwa unter Blutsbrüdern oder Waffengefährten bestand. Einerlei, ob die Freundschaft institutionalisiert war oder nicht, im Regelfall beruhte sie auf den Werten Redlichkeit und Ehre. Kameradschaften, die durch gefühlsmäßige Zuneigung und rein persönliche Treue aufrechterhalten wurden, hat es in allen Kulturen gegeben. Doch in der vormodernen Welt bestand stets die Neigung, Freundschaften in den Dienst

6 Hierzu siehe Alan Silver, »›Trust‹ in Social and Political Theory«; ders., »Friendship in Social Theory: Personal Relations in Classic Liberalism«, unveröff. Arbeitspapier (Department of Sociology, Columbia University); Graham Allan, *A Sociology of Friendship and Kinship*, London: Allen and Unwin, 1979.

riskanter Unternehmungen zu stellen, bei denen Gemeinschafts- oder Verwandtschaftsbindungen nicht ausreichten, um die nötigen Mittel aufzubieten: bei der Herstellung wirtschaftlicher Beziehungen, der Rache für Missetaten, der Teilnahme an Kriegen und vielen sonstigen Tätigkeiten. Bei der Redlichkeit liegt es auf der Hand, daß sie aller Wahrscheinlichkeit nach als hochgeschätzte Tugend galt, wenn die Trennlinien zwischen Freund und Feind unter den betreffenden Umständen im allgemeinen scharf gezogen waren und zu Spannungen Anlaß gaben. Ein Ehrenkodex war im Grunde eine öffentliche Redlichkeitsgarantie, die auch dort galt, wo die von der Freundschaftsbeziehung erwarteten »Vorteile« die Freundschaft selbst auf eine harte Probe stellten.

Durch die mit der Moderne einhergehende weite Verbreitung abstrakter Systeme (einschließlich kommodifizierter Märkte) bringt einen Wandel in das Wesen der Freundschaft. Oft ist Freundschaft ein Verfahren zur Rückbettung, doch mit den abstrakten Systemen selbst, die ja ausdrücklich die Abhängigkeit von persönlichen Bindungen überwinden, hat sie nicht unmittelbar zu tun. Das Gegenteil des »Freundes« ist nicht mehr der »Feind« und nicht einmal der »Fremde«, sondern es ist der »Bekannte«, der »Kollege« oder »jemand, den ich nicht kenne«. Während dieser Übergang stattfindet, tritt an die Stelle der Ehre eine Loyalitätsbeziehung, die sich auf nichts weiter stützt als persönliche Zuneigung, und die Redlichkeit wird von einer Eigenschaft verdrängt, die man wohl als *Authentizität* bezeichnen darf, womit die Forderung gemeint ist, der andere möge offen und wohlwollend sein. Ein Freund ist nicht jemand, der immer die Wahrheit spricht, sondern jemand, der das emotionale Wohlbefinden des anderen schützt. Der »gute Freund« – also jemand, der dem anderen auch in schwierigen Zeiten beisteht – ist heute an die Stelle des einstigen »Ehrenmanns und Gefährten« getreten.

Diese Analyse können wir in unmittelbarer Weise auf die Erörterung des Vertrauens zurückbeziehen. In vormodernen Umfeldern wird das Urvertrauen in personalisierte Vertrauensbeziehungen eingebracht, die im Rahmen der Gemeinschaft, der Verwandtschaftsbindungen und der Freundschaften bestehen. Obwohl jede dieser sozialen Verbindungen emotionale Intimität beinhalten kann, ist diese keine Bedingung der Aufrechterhaltung persönlichen Vertrauens. Institutionalisierte persönliche Bindungen und informelle oder informell gestaltete Redlichkeits- und Ehrenkodizes liefern (potentielle, aber keineswegs immer wirklich gegebene) Rahmen des Vertrauens. Umgekehrt ist das auf persönlicher Ebene bestehende Vertrauen ein besonders wichtiges Mittel, um soziale Beziehungen herzustellen, die abstandsbedingter Art sind und in »feindliche Territorien« hineinreichen.

Vertrauen und Identität der Person

Mit der Entwicklung abstrakter Systeme wird das Vertrauen in unpersönliche Prinzipien sowie in anonyme andere unentbehrlich für das gesellschaftliche Dasein. Nichtpersonalisiertes Vertrauen dieser Art ist etwas, was vom Urvertrauen abweicht. Es besteht ein starkes psychisches Bedürfnis, andere zu finden, denen man vertrauen kann, doch im Verhältnis zu vormodernen sozialen Situationen fehlt es an institutionell organisierten persönlichen Verbindungen. Der springende Punkt ist hier *nicht* in erster Linie der, daß viele soziale Merkmale, die früher zum Alltagsleben oder zur »Lebenswelt« gehörten, daraus abgezogen und in abstrakte Systeme eingebracht werden. Vielmehr ist es so, daß das Gewebe und die Form des tagtäglichen Lebens im Zusammenspiel mit umfassenderen sozialen Veränderungen umgestaltet werden. Routineverfahren, die von abstrakten Systemen strukturiert werden, haben einen gehaltlosen, von keiner Moral berührten Charakter – soviel ist stichhaltig an der Vorstellung, das Persönliche werde in immer höherem Maße vom Unpersönlichen überschwemmt. Dabei handelt es sich nicht bloß um eine Schmälerung des persönlichen Lebens zugunsten unpersönlich organisierter Systeme, sondern es geht hier um eine echte Transformation der Natur des Persönlichen selbst. Von Treue und Authentizität geprägte persönliche Beziehungen mit dem Hauptziel Geselligkeit werden im gleichen Maße wie die umfassenden Institutionen der raumzeitlichen Abstandvergrößerung zu einem Bestandteil der sozialen Situationen der Moderne.

Es ist jedoch ein Irrtum, der Tendenz der meisten vorliegenden soziologischen Erklärungen zu entsprechen und die Unpersönlichkeit abstrakter Systeme in einen Gegensatz zu bringen zu den intimen Verhältnissen des persönlichen Lebens. Das persönliche Leben und die in es hineinspielenden sozialen Bindungen sind zutiefst mit den am weitesten reichenden abstrakten Systemen verflochten. So ist es zum Beispiel schon seit langem der Fall, daß die Ernährungsweise im Abendland globale wirtschaftliche Austauschbeziehungen reflektiert: »In jeder Tasse Kaffee steckt die ganze Geschichte des abendländischen Imperialismus.« Mit der beschleunigten Globalisierung der rund gerechnet letzten fünfzig Jahre sind die Verbindungen zwischen den intimsten Seiten des persönlichen Lebens und Entbettungsmechanismen immer enger geworden. Hierzu hat Ulrich Beck festgestellt: »Das Intimste – etwa das Stillen eines Säuglings – und das Entfernteste, Allgemeinste – etwa ein Reaktorunfall in der Ukraine, die Energiepolitik – sind jetzt plötzlich *unmittelbar* miteinander verknüpft.«[7]

7 Ulrich Beck, »The Anthropological Shock: Chernobyl and the Contours of the Risk Society«, *Berkeley Journal of Sociology* 32 (1987).

Was heißt das mit Bezug auf das persönliche Vertrauen? Die Antwort auf diese Frage ist von grundlegender Bedeutung für die Transformation der Intimität im zwanzigsten Jahrhundert. Das Vertrauen in Personen wird nicht durch persönliche Verbindungen im Rahmen lokaler Gemeinschaften und Verwandtschaftsnetze in den Brennpunkt gerückt. Das auf persönlicher Ebene bestehende Vertrauen wird zu einem Projekt, das von den Beteiligten »bearbeitet« werden muß, und verlangt, daß *sich der eine dem anderen öffnet*. Wo das Vertrauen nicht durch feststehende normative Kodes gesteuert werden kann, muß es *errungen* werden, und das Mittel dazu ist nachweisbare Herzlichkeit und Offenheit. Dieses Phänomen wird auch dadurch zum Ausdruck gebracht, daß uns jetzt soviel an »Beziehungen« im heute gängigen Sinne des Wortes liegt. Beziehungen sind Bindungen, die auf Vertrauen beruhen, wobei das Vertrauen nicht vorgegeben ist, sondern bearbeitet wird, und wobei die erforderliche Arbeit *einen wechselseitigen Prozeß der Selbstoffenbarung* bedeutet.

Angesichts der Stärke der mit der Sexualität verbundenen Gefühlsregungen nimmt es kaum wunder, daß erotische Verhältnisse zu einem der Brennpunkte derartiger Selbstoffenbarungen werden. Der Übergang zu modernen Formen erotischer Beziehungen steht nach allgemeiner Überzeugung in Zusammenhang mit der Entstehung eines romantischen Liebesethos oder des »affektiven Individualismus«, um mit Lawrence Stone zu reden. Das Ideal der romantischen Liebe schildert Stone treffend als

> die Vorstellung, es gebe auf der ganzen Welt nur eine einzige Person, mit der man sich auf allen Ebenen vereinigen könne. Die Persönlichkeit des Betreffenden wird derart idealisiert, daß die normalen Fehler und Torheiten der menschlichen Natur aus dem Blickfeld verschwinden. Die Liebe schlägt ein wie ein Blitz; es ist Liebe auf den ersten Blick. Die Liebe ist das Wichtigste auf der Welt, vor der alle sonstigen Erwägungen, insbesondere materielle Überlegungen zurückstehen sollten. Und schließlich gilt es als bewundernswert, den eigenen Gefühlen die Zügel schießen zu lassen, ohne Rücksicht darauf, wie

übertrieben und albern das daraus resultierende Verhalten auf andere wirken mag.[8]

Wird die romantische Liebe in dieser Weise gekennzeichnet, beinhaltet sie ein Bündel von Werten, die kaum je in ihrer Gesamtheit verwirklicht werden können. Dabei geht es hier nicht um ein Ethos, das in kontinuierlicher Weise mit dem Aufstieg der modernen Institutionen zusammenhängt, sondern es handelt sich allem Anschein nach um ein Übergangsphänomen, das mit einer relativ frühen Phase der Auflösung älterer Formen geplanter Eheschließung verknüpft ist. Manche Aspekte des von Stone geschilderten »Komplexes der romantischen Liebe« haben sich als recht dauerhaft erwiesen, doch sie sind in immer höherem Maße mit der oben beschriebenen Dynamik des persönlichen Vertrauens verwoben worden. Erotische Beziehungen beinhalten einen fortschreitenden Weg gegenseitigen Entdeckens, wobei der Prozeß der Selbstwirklichung auf seiten der liebenden Person ebensosehr zu dieser Erfahrung gehört wie die zunehmend intimer werdende Beziehung zu der geliebten Person. Persönliches Vertrauen muß daher durch den Prozeß der Selbsterkundung erhärtet werden: die Entdeckung seiner selbst wird zu einem Projekt, das mit der Reflexivität der Moderne unmittelbar zusammenhängt.

Die Trennlinien zwischen den verschiedenen Interpretationen des Strebens nach Selbstidentität verlaufen tendenziell ähnlich wie die der Anschauungen über den Niedergang der Gemeinschaft, mit denen jene Interpretationen auch oft in Verbindung gebracht werden. Manche sehen in der Beschäftigung mit der Selbstentfaltung ein Ergebnis des Tatbestands, daß die alten Gemeinschaftsordnungen in die Brüche gegangen sind und zu narzißtischer, hedonistischer Sorge ums Ich geführt haben. Andere gelangen zwar zu einer im wesentlichen gleichen Schlußfolgerung, führen

8 Lawrence Stone, *The Family, Sex and Marriage in England 1500-1800*, London: Weidenfeld, 1977, S. 282.

dieses Endresultat aber auf Formen gesellschaftlicher Manipulation zurück. Der Ausschluß der Mehrheit aus den Arenen, in denen die folgenreichsten Maßnahmen und Entscheidungen getroffen werden, nötige zur Konzentration auf das Selbst; das sei ein Resultat der von den meisten Menschen empfundenen Ohnmacht. Christopher Lasch formuliert das so:

Während die Welt eine immer bedrohlichere Erscheinung annimmt, wird das Leben zum unablässigen Streben nach Gesundheit und Wohlbefinden durch Leibesübungen, Diät, Arzneimittel, spirituelle Verfahrensvorschriften verschiedener Art, psychische Selbsthilfe und Psychiatrie. Für diejenigen, die der Außenwelt kein Interesse schenken, außer insofern sie eine Quelle der Genugtuung und Enttäuschung bleibt, wird der eigene Gesundheitszustand zu einem Anliegen, in dem sie völlig aufgehen.[9]

Ist die Suche nach der eigenen Identität eine etwas jämmerlich wirkende Form von Narzißmus oder ist sie zumindest partiell eine im Hinblick auf die modernen Institutionen subversive Kraft? Das ist die Fragestellung, auf die man sich bei dieser Auseinandersetzung besonders konzentriert hat, und gegen Ende der vorliegenden Untersuchung werde ich darauf zurückkommen. Doch zunächst sollten wir einsehen, daß Laschs Behauptung nicht ganz stimmig ist. Es klingt so, als wäre das »Streben nach Gesundheit und Wohlbefinden« mit dem mangelnden Interesse für die »Außenwelt« kaum zu vereinbaren. Die Vorteile von Leibesübungen oder Diätregeln sind keine persönlichen Entdeckungen, sondern verdanken sich ebenso wie die Anziehungskraft von Psychotheraphie oder Psychiatrie der Rezeption des Expertenwissens durch Laien. Die spirituellen Verfahrensvorschriften, um die es hier geht, mögen zwar ein eklektischer Mischmasch sein,

9 Christopher Lasch, *Haven in a Heartless World*, New York: Basic, 1977, S. 140. Vgl. außerdem Laschs *The Minimal Self*, London: Picador, 1985. In diesem Buch wird die Formulierung des Narzißmus schärfer gefaßt und die Überlebensthematik ausführlicher behandelt.

doch sie beziehen Religionen und Kulte aus der ganzen Welt mit ein. Die Außenwelt kommt hier nicht nur mit ins Spiel, sondern es handelt sich um eine Außenwelt, die in ihrer Beschaffenheit sehr viel umfassender ist als die Welt, mit der man in vormoderner Zeit hätte in Berührung kommen können.

Alles zusammenfassend kann man sagen, daß die Transformation der Intimität Folgendes beinhaltet:

1. eine innere Beziehung zwischen den *Globalisierungstendenzen* der Moderne und *ortsabhängigen Ereignissen* des tagtäglichen Lebens – eine komplizierte, dialektische Verbindung zwischen dem »Extensionalen« und dem »Intensionalen«;
2. die Konstruktion des Selbst als *reflexives Projekt*, ein Grundbestandteil der Reflexivität der Moderne; der einzelne muß sich unter den von abstrakten Systemen gebotenen Strategien und Alternativen umsehen, um die eigene Identität ausfindig zu machen;
3. ein Trieb zur Selbstverwirklichung, der auf *Urvertrauen* beruht, das in personalisierten Kontexten nur dadurch hergestellt werden kann, daß sich das eine Selbst dem anderen »öffnet«;
4. das Knüpfen persönlicher und erotischer Bindungen im Sinne von »Beziehungen«, wobei der *Wechselseitigkeit der Selbstoffenbarung* eine Leitfunktion zukommt;
5. ein *Interesse an Selbstverwirklichung*, bei der es nicht bloß um die narzißtische Abwehr einer von außen drohenden Welt geht, die von einzelnen kaum gesteuert werden kann, sondern zum Teil auch um eine *positive Aneignung* der Umstände, unter denen globalisierte Einflüsse auf das alltägliche Leben einwirken.

Risiko und Gefahr in der modernen Welt

Wie sollten wir die von Lasch genannte »bedrohliche Erscheinung« der heutigen Welt zu analysieren versuchen? Dieser Versuch bedeutet, daß man das spezifische Risikoprofil der Moderne eingehender betrachtet. Dieses Risikoprofil läßt sich wie folgt skizzieren:

1. *Globalisierung von Risiken* im Sinne ihrer *Verstärkung*; Beispiel: der Atomkrieg kann das Überleben der Menschheit bedrohen;
2. *Globalisierung von Risiken* im Sinne der *zunehmenden Zahl kontingenter Ereignisse*, die jeden oder zumindest eine gewaltige Anzahl der Bewohner des Planeten betreffen; Beispiel: Veränderungen der globalen Arbeitsteilung;
3. Risiken, die aus der *gestalteten Umwelt* bzw. der *vergesellschafteten Natur* hervorgehen: das Einsickern menschlichen Wissens in die materielle Umwelt;
4. die Entstehung *institutionalisierter Risikoumwelten*, die die Lebenschancen von Millionen berühren; Beispiel: Investitionsmärkte;
5. *Bewußtsein vom Risiko* als *Risiko*: die »Wissenslücken« bei Risiken lassen sich nicht mehr durch religiöses oder magisches Wissen in »Gewißheiten« verwandeln;
6. die *weite Verbreitung des Risikobewußtseins*: viele der Gefahren, denen wir kollektiv gegenüberstehen, sind einer großen Öffentlichkeit bekannt;
7. *Bewußtsein von den Grenzen des Expertenwissens*: kein Expertensystem kann von den Experten restlos beherrscht werden, wenn man die Konsequenzen in Betracht zieht, die sich aus der Übernahme von Fachprinzipien ergeben.

Die Entbettungsmechanismen haben in der heutigen Welt zwar weite Sicherheitsbereiche geschaffen, doch die neue Schar von Risiken, die dadurch entstanden ist, wirkt wahrhaft furchteinflößend. Die Hauptformen, die ich in meiner Liste nenne, lassen sich in diejenigen einteilen, die die objektive Risikoverteilung ändern (also die ersten vier Punkte auf der Liste), und diejenigen, die die Erfahrung der Risiken bzw. die Wahrnehmung der wahrgenommenen Risiken ändern (die restlichen drei Punkte).

Was ich oben die Stärke des Risikos genannt habe, ist mit Sicherheit das Grundelement der »bedrohlichen Erscheinung« der Verhältnisse, in denen wir heute leben. Die Möglichkeit eines Atomkriegs, ökologischer Katastrophen, einer nicht einzudämmenden Bevölkerungsexplosion, des Zusammenbruchs der Weltwirtschaft und sonstiger potentieller globaler Unglücksfälle bietet einen entmutigenden Ausblick auf Gefahren, die allen drohen. Ulrich Beck hat dazu angemerkt, daß Trennungen zwischen Arm und Reich oder zwischen verschiedenen Regionen der Welt von derartigen globalisierten Risiken nicht respektiert werden. Der Umstand, daß Tschernobyl überall ist, bedeutet, wie Beck ausführt, »das Ende der ›anderen‹«, also das Ende der Grenzen zwischen Privilegierten und Nichtprivilegierten. Die globale Stärke bestimmter Risikoarten überschreitet alle gesellschaftlichen und wirtschaftlichen Differenzierungen.[10] (Das sollte uns freilich nicht blind machen für die Tatsache, daß die Risiken unter Modernitätsbedingungen ebenso wie in der vormodernen Welt ungleich auf Privilegierte und Unterprivilegierte verteilt sind. Risikounterschiede, die zum Beispiel das Niveau der Ernährung und die Anfälligkeit für Krankheiten betreffen, machen einen großen Teil dessen aus, was mit »Privilegierung« und »Unterprivilegierung« gemeint ist.)

Der Atomkrieg ist offensichtlich die potentiell unmittelbarste und verheerendste aller zur Zeit bestehenden globalen Gefahren. Seit den frühen achtziger Jahren hat man

10 Ulrich Beck, *Risikogesellschaft. Auf dem Weg in eine andere Moderne*, Frankfurt am Main: Suhrkamp, 1986, S. 7.

eingesehen, daß die klimatischen und umweltbedingten Auswirkungen einer recht begrenzten atomaren Auseinandersetzung überaus weitreichend sein können. Die Zündung einer geringen Anzahl von Sprengköpfen würde womöglich zu irreversiblen Umweltschäden führen, die das Leben aller komplexen Tierarten bedrohen könnten. Man hat ausgerechnet, daß die Schwelle für den Anbruch eines »Nuklearwinters« zwischen 500 und 2000 Sprengköpfen liegt – das ist weniger als 10 Prozent der Gesamtzahl der Sprengköpfe im Besitz der über Kernwaffen verfügenden Nationen. Die genannte Zahl ist sogar geringer als die der schon während der fünfziger Jahre vorhandenen Sprengköpfe.[11] Dieser Tatbestand rechtfertigt ohne Vorbehalt die Behauptung, daß es in einem solchen Kontext gar keine »anderen« mehr gibt: alle – die Kriegsparteien wie die Unbeteiligten – würden darunter zu leiden haben.

Die zweite Kategorie globalisierter Risiken betrifft nicht die Verstärkung der Risiken, sondern die weltweite Ausbreitung von Risikoumwelten. Alle Entbettungsmechanismen sorgen dafür, daß einzelnen Individuen oder Gruppen die Dinge aus der Hand genommen werden; und dieser Sachverhalt ist in um so höherem Maße gegeben, je globaler die Reichweite solcher Mechanismen ist. Trotz des hohen Sicherheitsniveaus, das infolge globalisierter Mechanismen erreicht werden kann, besteht die Kehrseite der Medaille darin, daß neuartige Risiken zum Vorschein kommen: Ressourcen oder Wartungseinrichtungen befinden sich nicht mehr unter lokaler Kontrolle und können daher auch nicht an Ort und Stelle umadjustiert werden, um unerwarteten Eventualitäten Rechnung zu tragen, und außerdem gibt es nun das Risiko, daß der Mechanismus als ganzer versagt, was dann jeden berührt, der typischerweise von ihm Gebrauch macht. Wer etwa eine zentrale Ölheizung hat und keinen offenen Kamin,

11 Owen Green u.a., *Nuclear Winter*, Cambridge: Polity, 1985.

ist besonders leicht betroffen, wenn sich der Ölpreis ändert. Unter Umständen wie denen der durch Maßnahmen des OPEC-Kartells heraufbeschworenen »Ölkrise« von 1973 werden alle Verbraucher von ölabhängigen Produkten davon berührt.

Die ersten beiden Kategorien des Risikoprofils betreffen den Umfang der Risikoumwelten; die nächsten beiden hängen mit Veränderungen des Typs der Risikoumwelt zusammen. Die Kategorie der gestalteten Umwelt oder der »vergesellschafteten Natur«[12] bezieht sich auf den gewandelten Charakter der Beziehung zwischen den Menschen und ihrer physischen Umwelt. Die Vielfalt der ökologischen Gefahren in einer dieser Kategorien schreibt sich von der Umgestaltung der Natur durch menschliche Wissenssysteme her. Schon die bloße Anzahl der gravierenden Risiken hinsichtlich der vergesellschafteten Natur ist durchaus beängstigend: die Strahlung, die von größeren Unfällen in Kernkraftwerken oder von nuklearem Abfall herrührt; chemische Meeresverschmutzung, die ausreicht, um das Phyloplankton zu zerstören, das zur Erneuerung eines großen Teils des Sauerstoffs in der Atmosphäre beiträgt; ein »Treibhauseffekt«, der von atmosphärisch wirksamen Verschmutzungsstoffen, welche die Ozonschicht angreifen, ausgelöst wird, einen Teil der polaren Eiskappen abschmilzt und zur Überschwemmung weiter Gebiete führt; die Zerstörung großer Regenwaldflächen, die eine der Grundlagen der Sauerstofferneuerung darstellen; die Ausmergelung von Abermillionen Hektar Mutterboden infolge des weit verbreiteten Einsatzes künstlicher Düngemittel.

Man könnte auch noch weitere gewichtige Bedrohungen nennen. Hier sollten wir nebenbei zwei Punkte festhalten, die diese Liste und das Risiko des Atomkriegs betreffen. Der erste Punkt ist das Gefühl der Abstumpfung, ja nachgerade der Langeweile, das von einer derartigen Liste

12 Siehe Beck, *Risikogesellschaft*.

wahrscheinlich beim Leser hervorgerufen wird. Das ist ein Phänomen, das mit dem sechsten Punkt des Risikoprofils zusammenhängt, also mit dem Faktum, daß das Bewußtsein einer Vielzahl allgemeiner Risikoarten mittlerweile weit über die Gesamtbevölkerung verbreitet ist. Selbst die Feststellung dieser Abstumpfung ist so etwas wie ein Gemeinplatz geworden: »Die Auflistung der Gefahren, denen wir gegenüberstehen, wirkt ihrerseits betäubend. Sie wird zu einer Litanei, bei der man nur halb hinhört, weil sie einem so bekannt vorkommt. Ständig werden wir mit diesen Problemen bombardiert, so daß sie, die wir ja gar nicht lösen können, mit dem Hintergrund verschmelzen.«[13] Der zweite Punkt besagt, daß alle genannten Risiken, einschließlich sogar des Risikos eines Atomkriegs, strittig sind, insofern es um eine mögliche Beurteilung im Sinne strikter Wahrscheinlichkeitswerte geht. Solange keine nukleare Auseinandersetzung stattgefunden hat, können wir niemals sicher sein, ob die Abschreckung auch wirklich »funktioniert« – käme es zu einer solchen Auseinandersetzung, wäre bewiesen, daß die Abschreckung nicht funktioniert. Die Hypothese des Nuklearwinters wird eine Hypothese bleiben, solange ein solcher Winter, der jede derartige Überlegung völlig belanglos machen würde, nicht wirklich anbricht. Auf diese Feststellungen werde ich weiter unten zurückkommen, denn im Hinblick auf die Erfahrung und Wahrnehmung von Risiken sind sie beide von Bedeutung.

Innerhalb der verschiedenen Bereiche der modernen Institutionen existieren Risiken nicht bloß als Gefahren, die sich aus dem unvollkommenen Funktionieren der Entbettungsmechanismen ergeben, sondern auch als »abgeschlossene«, institutionalisierte Arenen des Handelns. In solchen Bereichen werden Risiken, wie oben bereits erwähnt, tatsächlich durch normativ sanktionierte Tätigkeitsformen geschaffen – so verhält es sich etwa beim Glücksspiel oder

13 Joe Bailey, *Pessimism*, London: Routledge, 1988.

im Sport. Das bei weitem hervorstechendste Beispiel aus dem modernen sozialen Leben stellen die Investitionsmärkte dar. Wenn man von einigen Arten verstaatlichter Industrie absieht, sind alle Unternehmen und alle Investoren in einem Umfeld tätig, in dem jeder den anderen zuvorkommen muß, um den wirtschaftlichen Ertrag zu maximieren. Die Ungewißheiten, die in Investitionsentscheidungen hineinspielen, rühren zum Teil von Schwierigkeiten her, die sich bei der Voraussage nicht unmittelbar einschlägiger Ereignisse (wie zum Beispiel technischen Neuerungen) einstellen, aber sie gehören auch mit zum Wesen der Märkte selbst. Wenn man die Spieltheorie als Ansatz zur Gesellschaftsanalyse auffaßt, funktioniert sie wahrscheinlich am besten, sobald man sie auf solche Situationen anwendet, in denen die Akteure den anderen zuvorzukommen versuchen, während sie sich im klaren darüber sind, daß diese anderen ebenfalls bemüht sind, ihnen selbst zuvorzukommen.

Es gibt jedoch eine Reihe anderer Situationen, in denen es sich ähnlich verhält, so zum Beispiel bei manchen Modalitäten der Stimmabgabe und vor allem beim Wettrüsten zwischen den beiden Supermächten. Sofern man das unter diesem Gesichtspunkt nicht dazugehörige Risiko des Krieges selbst ausschließt, basiert das Wettrüsten auf einem wechselseitigen Einander-Zuvorkommen, wobei jede Seite ihre Strategien auf ihre Einschätzung der wahrscheinlichen Strategien der anderen Seite stützt. Ebenso wie beim Wettrüsten läßt sich auch die institutionalisierte Risikoumwelt der Märkte nicht auf ihren eigenen »Zuständigkeitsbereich« beschränken. Nicht nur machen sich unzugehörige Risiken mit Gewalt spürbar, sondern die Ergebnisse der innerhalb des institutionalisierten Rahmens getroffenen Entscheidungen berühren ständig auch diejenigen, die außerhalb stehen. Auf dieses Thema werde ich im jetzigen Zusammenhang zwar nicht eingehen, doch es spielt eine große Rolle für das wirtschaftliche

Wohlergehen vieler Millionen von Menschen, in welchem Maße die Koordination von Investitionsentscheidungen eine Form kollektiver Rationalität darstellt und in welchem Maße Investionsmärkte nichts weiter sind als Lotteriespiele, die von den bei Keynes erwähnten »Lebensgeistern« regiert werden.

Im Hinblick auf die Erfahrung des Risikos ließe sich weit mehr sagen, als ich hier zu analysieren die Gelegenheit habe. Die drei im oben beschriebenen Risikoprofil angedeuteten Aspekte des Risikobewußtseins sind jedoch von unmittelbarem Belang für die bisher dargelegten Argumente wie auch für spätere Abschnitte der vorliegenden Untersuchung. Die Tatsache, daß Risiken unter diesbezüglicher Einbeziehung vieler verschiedener Tätigkeitsformen von den Nichtexperten allgemein als wirkliche Risiken anerkannt werden, ist ein bedeutender Aspekt des Bruchs zwischen der vormodernen und der modernen Welt. Hochriskante Unternehmungen mögen auch in traditionalen Kulturen mitunter im weltlichen Bereich vorgekommen sein, doch es war eher die Regel, daß sie unter den Auspizien der Religion oder der Magie durchgeführt wurden. Inwieweit die einzelnen Personen bereit gewesen sein mögen, Vertrauen in bestimmte religiöse oder magische Rezepte für spezifische Risikobereiche zu setzen, hat zweifellos großen Unterschieden unterlegen. In sehr vielen Fällen lieferten Religion und Magie jedoch ein Verfahren, die Ungewißheiten, die die riskanten Unternehmungen nach sich zogen, abzuschotten und so die Risikoerfahrung in Gefühle relativer Sicherheit zu verwandeln. Wo das Risiko *als Risiko* erkannt wird, steht dieses Verfahren zur Erzeugung von Zuversicht bei gefährlichen Handlungen definitionsgemäß nicht zu Gebote. In einem vorherrschend weltlichen Milieu gibt es zwar verschiedene Möglichkeiten, mit deren Hilfe man versuchen kann, das Risiko in die vorsehungsähnliche *fortuna* zu verwandeln, doch daraus wird keine wahrhaft wirksame psychologische

Stütze, sondern es bleibt bei halbherzigem Aberglauben. Wer – wie zum Beispiel die Turmarbeiter – einen lebensgefährliche Risiken beinhaltenden Beruf hat oder – wie die Sportler – einer Tätigkeit nachgeht, deren Ergebnis aus strukturellen Gründen unbestimmt ist, wird in vielen Fällen seine Zuflucht zu Amuletten oder abergläubischen Ritualen nehmen, um das Ergebnis der jeweiligen Handlung zu »beeinflussen«. Doch wenn sie diese Praktiken allzusehr an die große Glocke hängen, kann es eventuell durchaus geschehen, daß sie von anderen verspottet werden.

Die letzten beiden Punkte des Risikoprofils können wir zusammen behandeln. Weitverbreitetes Laienwissen über moderne Risikoumwelten führt zu einem Bewußtsein der Grenzen des Sachverstands und bildet eines der »Public-Relations«-Probleme, denen sich diejenigen stellen müssen, die das Vertrauen der Laien in Expertensysteme zu wahren bestrebt sind. Zum Glauben, der das Vertrauen in Expertensysteme stützt, gehört auch, daß die Unwissenheit des Laien angesichts der Ansprüche des Expertenwissens neutralisiert wird. Doch wenn bemerkt wird, welchen Bereichen der Unwissenheit die Fachleute selbst – als Einzelexperten wie auch im Hinblick auf ihr Gesamtwissen – gegenüberstehen, kann das dazu führen, daß jener Glaube der Laien geschwächt oder untergraben wird. Es kommt häufig vor, daß Experten Risiken »im Namen« ihrer fachunkundigen Klienten eingehen, während sie das wahre Wesen dieser Risiken oder sogar die Tatsache, daß es sich überhaupt um Risiken handelt, verbergen oder zurechtfrisieren. Mehr Schaden als im Falle der dem Laien gelungenen Aufdeckung eines solchen Geheimhaltungsversuchs wird dann angerichtet, wenn das volle Ausmaß einer bestimmten Menge von Gefahren und der damit einhergehenden Risiken von den Experten gar nicht erkannt wird. Denn in diesem Falle geht es nicht bloß um die Grenzen oder Lücken des Expertenwissens, sondern um eine Unzulänglichkeit, die die Vorstellung vom Expertentum selbst kompromittiert.[14]

Risiko und ontologische Sicherheit

In welchen Hinsichten wirkt sich diese Schar von Risiken auf das von Laien in Expertensysteme gesetzte Vertrauen aus sowie auf die Gefühle ontologischer Sicherheit? Ausgehen muß die Analyse von der *Unvermeidbarkeit* des Lebens mit Gefahren, die nicht nur von Einzelpersonen, sondern auch von großen Organisationen einschließlich der Staaten *bei weitem* nicht unter Kontrolle gehalten werden können. Außerdem sind diese Gefahren *von gewaltiger Größe* und *lebensbedrohend* für Millionen von Menschen und potentiell für die gesamte Menschheit. Daß dies keine Risiken sind, die irgend jemand einzugehen *beschließt*, und daß es, um mit Ulrich Beck zu reden, keine »anderen« gibt, die man zur Verantwortung ziehen, angreifen oder beschuldigen könnte, sind Fakten, die die bösen Vorahnungen verstärken, die von vielen für ein charakteristisches Merkmal der Jetztzeit erachtet werden.[15] Es nimmt auch nicht wunder, daß manche von denen, die an religiösen Überzeugungen festhalten, geneigt sind, das globale Katastrophenpotential als Ausdruck göttlichen Zorns aufzufassen. Denn die folgenreichen globalen Risiken, die jetzt für uns alle gelten, sind ausschlaggebende Elemente des nicht zu zügelnden Dschagannath-Charakters der Moderne, ohne daß es bestimmte Individuen oder Gruppen gäbe, die dafür verantwortlich sind oder dazu gezwungen werden können, »die Dinge in Ordnung zu bringen«.

Wie soll es möglich sein, unablässig und vorrangig an Ge-

14 A. J. Jouhar (Hg.), *Risk in Society*, London: Libbey, 1984; Jack Dowie und Paul Lefrere, *Risk and Chance*, Milton Keynes: Open University Press, 1980.

15 Vgl. W. Warren Wagar, *Terminal Visions*, Bloomington: University of Indiana Press, 1982.

fahren zu denken, die zwar enorm bedrohlich sind, aber der individuellen Kontrolle so weitgehend entzogen sind? Die Antwort lautet, daß die meisten von uns gar nicht dazu imstande sind. Wer sich Tag für Tag ohne Unterlaß Sorgen macht über die Möglichkeit eines Atomkriegs, wird, wie weiter oben bereits festgestellt wurde, leicht als geistesgestört gelten. Es würde zwar schwerhalten, jemanden, der sich ständig und bewußt solche Sorgen macht, für unvernünftig zu erklären, doch das normale Alltagsleben würde bei einer solchen Einstellung lahmgelegt werden. Sogar jemand, der das Thema bei einem geselligen Beisammensein aufs Tapet bringt, wird leicht für hysterisch oder taktlos gehalten. In Carolyn Sees Roman *Golden Days*, der mit den Nachwirkungen eines Atomkriegs endet, berichtet die weibliche Hauptfigur bei einer Abendgesellschaft einer der anderen Eingeladenen über ihre Furcht vor einem atomaren Holocaust:

Sie machte große Augen und blickte mich ungeheuer konzentriert an. »Doch«, sagte sie, »ich verstehe schon, was Sie sagen. Ich kapiere es. Aber ist Ihre Angst vor dem Atomkrieg nicht eine Metapher für all die *anderen* Befürchtungen, die uns heutzutage quälen?«
Denken ist noch nie meine große Stärke gewesen, doch manchmal arbeitet mein Verstand bestens. »Nein«, sagte ich. Womöglich habe ich es auch durch das prachtvolle, abgesicherte Zimmer geschrien. »Meiner Ansicht nach sind die anderen Befürchtungen – alle die, von denen wir da geredet haben – eine Metapher für meine Angst vor dem Atomkrieg!«
Sie starrte mich ungläubig an, doch es blieb ihr erspart, mit der Schwierigkeit einer Erwiderung fertig zu werden, denn in diesem Augenblick wurden wir zu einem überaus angenehmen späten Souper gerufen.[16]

Die Ungläubigkeit der anderen Eingeladenen hat nichts mit der dargelegten Argumentation zu tun, sondern zeigt nur ihr Erstaunen darüber, daß sich jemand in einer solchen Umgebung anläßlich eines solchen Themas derart gehen läßt.

16 Carolyn See, *Golden Days*, London: Arrow, 1989, S. 126.

Zumindest auf der Ebene des Bewußtseins verbringt die große Mehrheit der Menschen nicht viel Zeit damit, sich Sorgen zu machen über den Atomkrieg oder die sonstigen Hauptgefahren, für die er vielleicht eine Metapher ist oder auch nicht. Einer der Gründe hierfür ist zweifellos die Notwendigkeit, die stärker ortsgebundenen praktischen Angelegenheiten des täglichen Lebens zu erledigen, doch in psychologischer Hinsicht kommt hier noch weit mehr ins Spiel. In einer säkularen Umwelt haben folgenreiche Risiken mit geringer Wahrscheinlichkeit die Tendenz, von neuem ein Gefühl von *fortuna* heraufzubeschwören, das näher an die vormoderne Einstellung herankommt als jenes Gefühl, das von weniger bedeutenden abergläubischen Überzeugungen herangezüchtet wird. Ein sei es positiv oder negativ gefärbtes Gefühl der »Schicksalhaftigkeit« – ein vages und allgemeines Empfinden des Vertrauens in weit abliegende Ereignisse, über die man keine Kontrolle hat – befreit das Individuum von der Last der Auseinandersetzung mit einer existentiellen Situation, die sonst zu chronischer Beunruhigung führen könnte. Das Gefühl der Schicksalhaftigkeit, wonach die Dinge ohnehin ihren Lauf nehmen, taucht somit im Innersten einer Welt auf, von der man annimmt, sie bringe ihre eigenen Angelegenheiten unter rationale Kontrolle. Das fordert sicher auch auf der Ebene des Unbewußten seinen Preis, denn die Unterdrükkung der Angst ist hierbei eine wesentliche Voraussetzung. Das Gefühl der Furcht, das den Gegensatz zum Urvertrauen bildet, dringt wahrscheinlich in die unbewußten Empfindungen ein, die sich auf die Ungewißheiten beziehen, denen die Menschheit als ganze gegenübersteht.[17]

Folgenreiche Risiken mit geringer Wahrscheinlichkeit werden nicht aus der modernen Welt verschwinden, obwohl sie sich im Rahmen eines optimalen Szenarios auf ein Minimum reduzieren ließen. Wäre es etwa der Fall, daß alle

17 Robert Jay Lifton und Richard Falk, *Indefensible Weapons*, New York: Basic Books, 1982.

vorhandenen Atomwaffen beseitigt würden, ohne daß andere Waffen mit vergleichbarer Zerstörungskraft erfunden würden und ohne daß ähnlich verheerende Katastrophen der vergesellschafteten Natur drohten, wäre dennoch ein Profil globaler Gefahr gegeben. Denn wenn man gelten läßt, daß die Ausmerzung des eingebürgerten technischen Wissens nicht zu erreichen wäre, könnten die Kernwaffen jederzeit von neuem konstruiert werden. Außerdem könnte jede größere technologische Initiative die Gesamtausrichtung der globalen Angelegenheiten gründlich durcheinanderbringen. Aus Gründen, die ich im nächsten Abschnitt dieser Arbeit ausführlicher darlegen werde, ist der Dschagannath-Effekt im innersten Wesen der Moderne angelegt.

Der stark kontrafaktische Charakter der besonders folgenreichen Risiken steht in engem Zusammenhang mit der Abstumpfung, die durch ihre Auflistung leicht verstärkt wird. Im Mittelalter war die Erfindung von Hölle und Verdammnis als Schicksal der Ungläubigen im Leben nach dem Tode etwas »Reales«. Doch bei den verheerendsten der Gefahren, denen wir heute gegenüberstehen, liegen die Dinge anders. Je größer die nicht im Sinne der Wahrscheinlichkeit ihres Eintretens, sondern im Sinne ihrer allgemeinen Bedrohlichkeit für das menschliche Leben gemessene Gefahr ist, desto ausgeprägter ist ihr kontrafaktisches Wesen. Die Risiken, um die es sich handelt, sind notwendig »irreal«, denn ein deutliches Bild von ihnen könnten wir uns nur machen, wenn sich Ereignisse abspielten, die zu schrecklich sind, um sie sich auszumalen. In verhältnismäßig kleinem Rahmen geschehene Ereignisse wie der Abwurf der Atombomben auf Hiroshima und Nagasaki oder die Unfälle auf Three Mile Island oder in Tschernobyl vermitteln uns eine gewisse Vorstellung von dem, was passieren könnte. Diese Ereignisse lassen das notwendig Kontrafaktische der anderen, weit katastrophaleren Geschehnisse jedoch völlig unberührt, also die Hauptbasis ihrer

»Irrealität« und der betäubenden Wirkung, die von wiederholten Risikoaufzählungen hervorgerufen wird. Susan Sontag bemerkt hierzu: »Ein fortwährendes Szenario der Moderne: die Apokalypse droht – und sie findet nicht statt. Und dennoch droht sie auch weiterhin. ... Die Apokalypse ist jetzt zum Dauerbrenner geworden: nicht mehr *Apocalypse Now*, sondern ›Ab heute Apokalypse‹.«[18]

Anpassungsreaktionen

Es sieht nicht so aus, als gäbe es im Hinblick auf den Bereich der zu Gebote stehenden Anpassungsreaktionen auf das Risikoprofil der Moderne gewichtige Unterschiede zwischen Laien und Experten. Aus eben genannten Gründen ist es nicht möglich, die besonders beunruhigenden kontrafaktischen Vorstellungen auf Situationen zu übertragen, in denen sie empirisch überprüft werden können, und die Experten des betreffenden Fachgebiets sind oft wahrscheinlich ebenso verschiedener Meinung darüber wie diejenigen, die sich nicht so gut auskennen. Wie es scheint, gibt es hier vier Arten von möglichen Anpassungsreaktionen.

Die erste dieser Reaktionsweisen könnte man als *pragmatische Hinnahme* bezeichnen. Dies ist die Einstellung, die von Lasch geschildert wird. Dazu gehört, wie Lasch sagt, daß man die Frage des »Überlebens« in den Mittelpunkt stellt. Dabei kommt es nicht darauf an, daß man sich aus der Außenwelt zurückzieht, sondern es geht um eine pragmatische Beteiligung, die die alltäglichen Probleme und Aufgaben ständig in den Brennpunkt rückt. Raymond Williams spricht im Hinblick auf eine derartige Gesinnung von »Plan x«. Es handele sich um »eine neue Politik des strategischen Vorteils«: die Überzeugung, daß vieles, was

18 Susan Sontag, *AIDS and Its Metaphors*, Harmondsworth: Penguin, 1989.

in der modernen Welt vor sich geht, von niemandem kontrolliert werden kann, so daß man nicht imstande ist, mehr zu planen und zu erhoffen als einen zeitweiligen Nutzen. Nach Williams gilt das nicht nur für die Einstellung vieler Laien, sondern auch für wichtige Bereiche strategischen Handelns, zum Beispiel sogar für das Wettrüsten.[19]

Bei der pragmatischen Hinnahme geht es aus schon genannten Gründen nicht ohne psychologische Kosten ab. Sie beinhaltet eine Abstumpfung, die häufig tiefe zugrundeliegende Ängste spiegelt, die bei manchen Personen auf der Ebene des Bewußtseins wiederholt an die Oberfläche kommen. In Dorothy Rowes Untersuchung über das Thema, wie das Bewußtsein von der Möglichkeit eines Atomkriegs das Alltagsleben berührt, wird die folgende Reaktion als typisch angeführt: »Auf die Frage, wie ich es schaffe, mit dieser Möglichkeit zu leben, kann ich ehrlich gesagt nur antworten, daß ich gar nicht darüber nachdenke, denn der Gedanke daran ist beängstigend. Das klappt natürlich nicht immer, und häufig schweben mir entsetzliche Bilder davon vor, wie es wäre, wenn diese Waffen zum Einsatz kämen.«[20] Die pragmatische Hinnahme läßt sich mit einem pessimistischen Grundton des Gefühls oder mit aufkeimender Hoffnung in Einklang bringen – und diese Gefühle können in ambivalenter Weise mit der pragmatischen Hinnahme koexistieren.

Die zweite Anpassungsreaktion kann man als *durchgehaltenen Optimismus* bezeichnen. Hierbei handelt es sich im wesentlichen um das Beibehalten der Aufklärungseinstellungen, also um einen den jeweils drohenden Gefahren zum Trotz fortwährenden Glauben an die vorsehungsähnliche Vernunft. Das ist zum Beispiel die Haltung jener Experten, die die Meinung vertreten, die atomare Abschreckung habe bis jetzt funktioniert und werde auch

19 Raymond Williams, *Towards 2000*, London: Chatto, 1983.
20 Dorothy Rowe, *Living with the Bomb*, London: Routledge, 1985.

weiterhin uneingeschränkt funktionieren. Es ist auch die Haltung jener, die die ökologischen »Weltuntergangsszenarien« kritisieren und statt dessen für die Anschauung eintreten, hinsichtlich der wichtigsten globalen Probleme ließen sich soziale und technische Lösungen finden.[21] Für Laien ist das eine Betrachtungsweise, die auch weiterhin große Resonanz findet und emotional anziehend wirkt, da sie auf der Überzeugung beruht, das unbeschränkte rationale Denken und insbesondere die Naturwissenschaft böten Möglichkeiten langfristiger Sicherheit, denen keine andere geistige Orientierung etwas Gleichwertiges entgegenzusetzen habe. Es gibt jedoch auch gewisse Typen religiöser Idealvorstellungen, denen es ebenfalls nicht schwerfällt, den durchgehaltenen Optimismus als wahlverwandt zu empfinden.

Dem entgegengesetzt ist die Gruppe von Einstellungen, die unter die Bezeichnung *zynischer Pessimismus* fallen. Im Gegensatz zur pragmatischen Hinnahme setzt diese Reaktionsweise eine unmittelbare Auseinandersetzung mit den von folgenreichen Gefahren ausgelösten Ängsten voraus. Der Zynismus ist nicht dasselbe wie Gleichgültigkeit. Er ist auch nicht notwendig von einer Verhängnisstimmung erfüllt, obwohl er mit schlichtem Optimismus kaum in Einklang zu bringen ist. Der Zynismus ist eine Haltung, die mit Hilfe einer humorvollen oder einer abgeklärten Reaktion auf die Ängste dazu beitragen kann, deren emotionale Wirkung abzuschwächen. Er läßt sich leicht parodieren, wie zum Beispiel in dem Film *Dr. Seltsam* und in vielen Formen des schwarzen Humors, aber er eignet sich auch zur anachronistischen Feier der Freuden des Hier und Jetzt, womit man den zukunftsorientierten Perspektiven der Moderne eine lange Nase macht. In manchen dieser Verkleidungen läßt sich der Zynismus vom Pessimismus abtrennen und kann so mit einer Art von verzweifelter

21 Siehe zum Beispiel J. L. Simon und H. Kahn, *The Resourceful Earth*, Oxford: Blackwell, 1984.

Hoffnung koexistieren. Im Prinzip läßt sich auch der Pessimismus wiederum vom Zynismus lösen, wenn man jenen im Sinne der Überzeugung definiert, man könne tun, was man wolle, die Sache werde ohnehin schlimm ausgehen.[22] Doch im Gegensatz zur Verknüpfung des Optimismus mit den Aufklärungsidealen fällt es hier schwer, dem Pessimismus einen Inhalt zu geben, der etwas anderes wäre als Sehnsucht nach aussterbenden Lebensformen oder eine negative Einstellung zu den Ereignissen der Zukunft. Der Pessimismus ist kein Handlungsrezept, und in extremer Form führt er bloß zu lähmender Niedergeschlagenheit. In Verbindung mit dem Zynismus bietet er jedoch eine Einstellung mit praktischen Implikationen. Da der Zynismus emotional neutralisierend wirkt und ein gewisses Potential an Humor mit sich bringt, nimmt er dem Pessimismus die Spitze.

Von diesen Reaktionsweisen läßt sich schließlich noch eine Haltung unterscheiden, die ich als *radikales Engagement* bezeichnen werde. Darunter verstehe ich eine Einstellung des praktischen kämpferischen Einsatzes im Hinblick auf wahrgenommene Gefahrenquellen. Wer eine Haltung des radikalen Engagements einnimmt, vertritt die Ansicht, wir würden zwar von großen Problemen geplagt, aber dennoch sei es möglich und unsere Pflicht, uns dafür einzusetzen, daß die Wirkung dieser Probleme vermindert oder überwunden wird. Dies ist eine optimistische Einstellung, die aber weniger mit dem Glauben an rationale Analyse und Diskussion, sondern eher mit kämpferischem Handeln zusammengeht. Ihr primäres Ausdrucksmittel ist die soziale Bewegung.

22 Siehe Bailey, *Pessimism.*

Eine Phänomenologie der Moderne

Es gibt zwei Bilder der Gefühlslage des Lebens in der Welt der Moderne, die die soziologische Literatur bisher dominieren, doch beide wirken bei weitem nicht zulänglich. Das eine ist das Bild Max Webers, wonach die Fesseln der Rationalität immer enger gezogen werden und uns in einem gesichtslosen Gehäuse bürokratischer Routine einkerkern. Von den drei wichtigsten Begründern der modernen Soziologie ist Weber derjenige, der die Bedeutung des Expertentums für die gesellschaftliche Entwicklung der Moderne am deutlichsten gesehen und sie dazu verwendet hat, eine Phänomenologie der Moderne zu skizzieren. Die Alltagserfahrung behält nach Weber zwar ihre Farbe und Spontaneität, doch dies gelinge nur am Rande des »stahlharten« Gehäuses der bürokratischen Rationalität. Dieses Bild wirkt überaus eindringlich und hat natürlich sowohl in der erzählenden Literatur des zwanzigsten Jahrhunderts als auch in soziologischen Erörterungen im engeren Sinne eine große Rolle gespielt. Es gibt tatsächlich viele Kontexte der modernen Institutionen, die von bürokratischer Sturheit gekennzeichnet sind. Sie sind aber bei weitem nicht allumfassend, und selbst auf den eigentlichen Anwendungsbereich von Webers Schilderung der Bürokratie – nämlich die großen Organisationen – trifft seine Darstellung nicht ganz zu. Solche Organisationen tendieren nicht unweigerlich zu starrem Verhalten, sondern schaffen Bereiche der Autonomie und der Spontaneität, die in kleineren Gruppen im Grunde oft weniger leicht durchgesetzt werden können. Diese Gegenerkenntnis verdanken wir Durkheim sowie späteren empirischen Untersuchungen von Organisationen. Das in manchen kleinen Gruppen herrschende abgeschlossene Meinungsklima und die ihren Mitgliedern zu Gebote stehenden Verfahren direkter Sanktion begrenzen den Handlungshorizont sehr viel enger und starrer, als es in umfassenderen Organisationsumfeldern geschähe.

Das zweite Bild stammt von Marx und wird auch von vielen anderen Autoren gezeichnet, einerlei, ob sie sich selbst als Marxisten betrachten oder nicht. Bei dieser Darstellung wird die Moderne als Monstrum gesehen. Vielleicht klarer als alle seine Zeitgenossen hat Marx erkannt, wie umwälzend die Moderne wirken würde und wie unmöglich es wäre, diese Wirkungen rückgängig zu machen. Zugleich war die Moderne für Marx ein »unvollendetes Projekt«, um Habermas' treffenden Ausdruck zu gebrauchen. Das Monstrum lasse sich zähmen, denn was die Menschen schaffen, sei auch stets ihrer eigenen Kontrolle unterworfen. Der Kapitalismus sei schlichtweg ein irrationales Verfahren zur Steuerung der modernen Welt, denn er setze die Launen des Marktgeschehens an die Stelle der kontrollierten Erfüllung menschlicher Bedürfnisse.

Diese Vorstellungen, meine ich, sollten durch das Bild des Dschagannath-Wagens ersetzt werden.[23] Dies ist eine nicht zu zügelnde und enorm leistungsstarke Maschine, die wir als Menschen kollektiv bis zu einem gewissen Grade steuern können, die sich aber zugleich drängend unserer Kontrolle zu entziehen droht und sich selbst zertrümmern könnte. Der Dschagannath-Wagen zermalmt diejenigen, die sich ihm widersetzen, und obwohl er manchmal einem ruhigen Weg zu folgen scheint, gibt es auch Zeiten, da er unberechenbar wird und in Richtungen abschwenkt, die wir nicht vorhersehen können. Die Fahrt ist keineswegs ganz unangenehm oder unbefriedigend, sondern kann häufig belebend wirken und voller Hoffnungsfreude sein. Doch solange die Institutionen der Moderne Bestand haben, werden wir niemals imstande sein, die Route oder die

23 Der Ausdruck »Dschagannath« ist von dem Hindiwort für »Herr der Welt« hergenommen. Dies ist einer der Titel Krischnas. Früher pflegte man einmal im Jahr ein Bild dieses Gottes auf einem riesigen Wagen durch die Straßen zu fahren, und manche Anhänger dieser Religion sollen sich unter den Wagen geworfen haben, um sich von den Rädern zermalmen zu lassen.

Geschwindigkeit der Fahrt völlig unter Kontrolle zu bringen. Außerdem werden wir uns nie ganz sicher fühlen können, denn das Gelände, über das der Wagen fährt, birgt folgenreiche Risiken. Gefühle ontologischer Sicherheit und Existenzangst werden in ambivalenter Weise koexistieren.

Der Dschagannath-Wagen der Moderne ist nicht aus einem Stück gefertigt, und an diesem Punkt versagt das Bild ebenso wie alles Reden von einem einzigen Weg, den er befahre. Dieser Wagen ist keine Maschine, die aus ineinandergreifenden Teilstücken zusammengefügt wäre, sondern er ist ein Gefährt, das von spannungsreichen, widersprüchlichen, hin- und herdrängenden und verschiedenartigen Einflüssen getrieben wird. Jeder Versuch, die Erfahrung der Moderne in den Griff zu bekommen, muß von dieser Anschauung ausgehen, die sich letztlich von der Dialektik von Raum und Zeit herschreibt, wie sie in der raumzeitlichen Anlage moderner Institutionen zum Ausdruck kommt. Nun werde ich eine Phänomenologie der Moderne skizzieren, wobei ich mich auf die Begriffe für vier dialektisch aufeinander bezogene Erfahrungsrahmen stütze, die jeweils in integraler Weise mit früheren Erörterungen der vorliegenden Untersuchung zusammenhängen:

Dislozierung und Rückbettung: hier schneiden sich Entfremdung und Vertrautheit.

Intimität und Unpersönlichkeit: hier schneiden sich persönliches Vertrauen und unpersönliche Bindungen.

Expertentum und Wiederaneignung: hier schneiden sich abstrakte Systeme und Sichauskennen im Alltag.

Privatistisches Verhalten und Engagement: hier schneiden sich pragmatische Hinnahme und Aktivismus.

Die Moderne »dis-loziert« im weiter oben analysierten Sinne: der Ort wird phantasmagorisch. Hier liegt jedoch nicht bloß ein Verlust an Gemeinschaftlichkeit vor, sondern es handelt sich um eine doppelschichtige oder ambivalente Erfahrung. Deutlich erkennen können wir das nur, wenn wir uns dabei der bereits beschriebenen Gegensätze zwischen dem Vormodernen und dem Modernen erinnern. Was hier geschieht, ist nicht einfach dies: daß ortsbezogene Einflüsse dahinschwinden und in den eher unpersönlichen Beziehungen abstrakter Systeme aufgehen. Vielmehr verändert sich das Gewebe der Raumerfahrung selbst, wobei Nähe und Ferne in einer Art und Weise verknüpft werden, der in früheren Zeiten kaum etwas genau entspricht. Hier besteht eine komplexe Beziehung zwischen Vertrautheit und Entfremdung. Viele Aspekte des Lebens in lokalen Kontexten gehen auch weiterhin mit Merkmalen des Vertrauten und Behaglichen einher, die in den tagtäglichen Routineverfahren gründen, an die sich die einzelnen halten. Doch häufig ist das Gefühl der Vertrautheit durch raumzeitliche Abstandvergrößerung vermittelt. Es leitet sich nicht von den Besonderheiten des jeweiligen Ortes her. Soweit diese Erfahrung ins allgemeine Bewußtsein eindringt, ist sie zur selben Zeit beunruhigend und wohltuend. Die vom Vertrauten ausgehende und für das Gefühl ontologischer Sicherheit maßgebliche Beruhigung ist mit der Einsicht gekoppelt, daß das Gemütliche und Nahe in Wirklichkeit ein Ausdruck weit entfernter Ereignisse ist und sich nicht organisch aus der lokalen Umwelt entwikkelt hat, sondern in diese »hineinplaciert« worden ist. Das örtliche Einkaufszentrum ist ein Milieu, in dem durch die Gestaltung der Gebäude und die sorgfältige Planung öffentlicher Räume ein Gefühl des Behagens und der Sicherheit kultiviert wird. Aber jeder, der dort einkaufen geht, weiß, daß die meisten Geschäfte zu einer Ladenkette gehören, wie man sie in jeder beliebigen Stadt finden könnte, ja, daß es anderswo zahllose weitere und ähnlich gestaltete Einkaufszentren gibt.

Ein Merkmal der Dislozierung ist unsere Verpflanzung in globalisierte Kultur- und Informationsumfelder, und das bedeutet, daß Vertrautheit und Ort sehr viel weniger fest verbunden sind als bisher. Das ist weniger ein Phänomen der Entfremdung vom Lokalen als eines der Integration in globalisierte »Gemeinschaften« gemeinsamer Erfahrung. Die Grenzen von Geheimhaltung und Offenbarung werden verändert, denn viele früher ganz getrennte Tätigkeiten werden in einheitlichen öffentlichen Bereichen nebeneinandergestellt. Die Zeitung und die tägliche Abfolge der Fernsehprogramme sind die einleuchtendsten konkreten Beispiele für dieses Phänomen, doch dieses gehört ganz allgemein mit zur Raum-Zeit-Organisation der Moderne. Wir alle sind vertraut mit Ereignissen, Handlungen und dem Erscheinungsbild physischer Umgebungen, die Tausende von Kilometern weit von dem Ort entfernt sind, an dem wir zufällig wohnen. Diese Aspekte der Dislozierung sind zweifellos durch das Aufkommen der elektronischen Medien akzentuiert worden, denn sie überbrücken die Gegenwart im selben Augenblick und über gewaltige Entfernungen hinweg. Wer am Telefon mit einer anderen Person spricht, die sich womöglich auf der anderen Seite der Erde befindet, ist mit dieser weit entfernten anderen Person enger verbunden als mit jemandem, der sich im selben Zimmer befindet (und vielleicht fragt: »Wer ist denn das? Was sagt er da?« usw.).

Das Gegenstück zur Dislozierung ist die Rückbettung. Die Entbettungsmechanismen heben soziale Beziehungen und den Informationsaustausch aus spezifischen raumzeitlichen Kontexten heraus, doch zur gleichen Zeit geben sie neue Gelegenheiten für ihre Wiedereingliederung. Das ist ein weiterer Grund, weshalb es verfehlt ist, die moderne Welt als eine Welt aufzufassen, in der der größte Teil des persönlichen Lebens in immer höherem Maße von unpersönlichen Großsystemen verschlungen wird. Genau dieselben Prozesse, die zur Zerstörung älterer Stadtviertel und ihrer Ersetzung durch hoch aufragende Bürohäuser und Wolkenkratzer führen, gestatten oft die Anhebung des Niveaus anderer Gebiete und die Neuschaffung der örtlichen Umgebung. Oft wird zwar das Bild hoher, unpersönlicher

Zusammenballungen von Innenstadtgebäuden als Inbegriff der Landschaft der Moderne hingestellt, doch das ist ein Fehler. Ebenso charakteristisch ist die Neuschaffung von relativ kleinen und frei gestalteten Örtlichkeiten. Dieselben Verkehrsmittel, die dazu beitragen, die Verbindung zwischen Ort und Verwandtschaft zu lösen, liefern die Möglichkeit zur Rückbettung, indem sie es leicht machen, »nahe« Verwandte zu besuchen, die weit entfernt wohnen.

Parallele Feststellungen lassen sich auch über den Bereich treffen, in dem sich Intimität und Unpersönlichkeit in modernen Handlungskontexten schneiden. Es trifft einfach nicht zu, daß wir unter Modernitätsbedingungen in immer höherem Maße in einer »Welt von Fremden« leben. Wir sind durchaus nicht dazu gezwungen, beim routinemäßigen und alltäglichen Kontakt mit anderen Intimität immer stärker durch Unpersönlichkeit zu ersetzen. Hier kommt etwas sehr viel Komplexeres und Subtileres ins Spiel. In vormodernen Umgebungen beruhte der tagtägliche Kontakt mit anderen normalerweise auf einer Vertrautheit, die zum Teil von der Beschaffenheit des Ortes herrührte. Doch der Kontakt mit vertrauten Personen trug wahrscheinlich wenig dazu bei, das Intimitätsniveau, das wir heutzutage mit persönlichen und sexuellen Beziehungen in Verbindung bringen, zu heben. Die »Transformation der Intimität«, von der oben die Rede war, beruht auf ebender Abstandvergrößerung, die von den Entbettungsmechanismen herbeigeführt wird, die das im Zusammenspiel mit den gewandelten Vertrauensumfeldern, die eine Voraussetzung dieser Mechanismen sind, leisten. Es gibt einige ganz offenkundige Hinsichten, in denen Intimität und abstrakte Systeme interagieren. So kann man zum Beispiel Geld ausgeben, um die Fachkenntnisse eines Psychologen in Anspruch zu nehmen, der den Betreffenden bei der Erkundung der Innenwelt des Intimen und Persönlichen anleitet.

Jemand geht durch die Straßen einer Stadt, wo ihm im Laufe eines Tages vielleicht Tausende von Personen begegnen, Personen, die er noch nie gesehen hat: »Fremde« im modernen Sinne des Wortes. Oder vielleicht bummelt dieser Mensch über weniger belebte Straßen und wirft dabei müßige und zugleich prüfende Blicke auf die Passanten und die Vielfalt der in den Geschäften zum Kauf ausgestellten Waren: Baudelaires Flaneur. Wer könnte bestreiten, daß diese Erfahrungen ein integraler Bestandteil der Moderne sind? Doch die Welt »da draußen« – die Welt, die von der Vertrautheit des Heims und der unmittelbaren Nachbarschaft allmählich in die unbegrenzte Raum-Zeit übergeht – ist durchaus nicht eine rein unpersönliche. Im Gegenteil, intime Beziehungen können auch über eine gewisse Entfernung hinweg aufrechterhalten werden (eine regelmäßige und fortwährende Verbindung mit anderen Personen läßt sich an praktisch jedem Punkt der Erdoberfläche – sowie ein gewisses Stück darüber und darunter – herstellen), und ständig werden persönliche Bindungen mit anderen geknüpft, die man vorher nicht gekannt hat. Wir leben nicht bloß in einer Welt der anonymen, ausdruckslosen Gesichter, sondern in einer Welt *voller Personen*, und das Einwirken abstrakter Systeme in unsere Tätigkeiten trägt ganz wesentlich zu dieser Sachlage bei.

Bei intimen Beziehungen des modernen Typs ist das Vertrauen stets ambivalent, und die Möglichkeit der Trennung ist mehr oder weniger immer präsent. Persönliche Bindungen können gelöst und intime Beziehungen in den Bereich der unpersönlichen Kontakte zurückgestuft werden: geht eine Liebesaffäre in die Brüche, wird der intime Vertraute plötzlich wieder zum Fremden. Die nunmehr bei persönlichen Vertrauensbeziehungen vorausgesetzte Forderung, sich für den anderen zu »öffnen« – das Gebot, nichts vor dem anderen zu verbergen – führt zu einem Gemisch aus Beruhigung und tiefer Angst. Das persönliche Vertrauen fordert ein Ausmaß an Selbsterkenntnis und Selbstäußerung, das schon von sich aus eine Quelle psychologischer Spannungen sein muß. Denn wechselseitige Selbstoffenbarung wird dabei mit dem Bedürfnis nach Gegenseitigkeit und Unterstützung verknüpft; doch häufig sind die beiden nicht miteinander in Einklang zu bringen. Qual und Enttäuschung verflechten sich mit dem Bedürfnis nach Vertrauen in den anderen als denjenigen, der für Schutz und Beistand sorgt.

Abbau und Umbau von Alltagsfertigkeiten

Unter Modernitätsbedingungen dringt das Expertentum auch in den Bereich des Intimen ein. Das zeigt sich nicht nur an der großen Vielfalt der zu Gebote stehenden Formen von Psychotherapie und psychologischer Beratung, sondern auch an der Vielzahl von Büchern, Artikeln und Fernsehprogrammen, die Fachinformationen über das Thema »Beziehungen« vermitteln. Heißt das, daß die abstrakten Systeme, wie Habermas es ausdrückt, eine bereits existierende »Lebenswelt kolonisieren« und persönliche Entscheidungen dem Fach- und Sachverstand unterwerfen? Nein, das heißt es nicht, und zwar aus zwei Gründen: Der erste Grund besagt, daß moderne Institutionen sich nicht schlicht in einer »Lebenswelt« ansiedeln, deren Überbleibsel im großen und ganzen bleiben, wie sie vorher waren; vielmehr berühren Veränderungen der Beschaffenheit des tagtäglichen Lebens in dialektischem Wechselspiel auch die Entbettungsmechanismen. Der zweite Grund läuft darauf hinaus, daß sich die Laien das technische Expertenwissen beim routinemäßigen Umgang mit abstrakten Systemen ständig wiederaneignen. Niemand ist in der Lage, auf mehr als wenigen kleinen Teilgebieten der enorm komplizierten Wissenssysteme von heute Experte zu werden, wenn man diesen Begriff im Sinne des Verfügens über vollständige Sachkenntnis oder der entsprechenden offiziellen Zeugnisse versteht. Andererseits kann keiner mit abstrakten Systemen interagieren, ohne die sie fundierenden Prinzipien wenigstens ansatzweise zu beherrschen.

Die Soziologen nehmen häufig an, daß wir heute – im Gegensatz zur vormodernen Zeit, in der viele Dinge geheimnisvoll waren – in einer Welt leben, aus der sich die Geheimnisse zurückgezogen haben und in der die »Funktionsweise« der Welt (im Prinzip) restlos erkannt werden kann. Das trifft aber weder auf den Laien noch auf den Experten zu, sofern wir deren Erfahrung als die einzelner Personen in Betracht ziehen. Für uns alle, die wir in der modernen Welt leben, sind die Dinge in einer spezifischen Weise *undurchsichtig*, und zwar in einer Weise, die es früher nicht gab. In vormodernen Umfeldern war das den einzelnen zur Verfügung stehende »lokale Wissen«, von dem bei Clifford Geertz[24] die Rede ist, reichhaltig, vielfältig und den Erfordernissen des Lebens im lokalen Milieu angepaßt. Doch wie viele von uns wissen heute, wenn wir das Licht anschalten, eine Menge über die Quelle der Stromversorgung oder gar über das, was Elektrizität im technischen Sinne eigentlich ist?

Doch obwohl das »lokale Wissen« nicht genauso geartet sein kann wie früher, ist das Aussieben des Wissens und der Fertigkeit aus dem Alltagsleben kein einseitiger Vorgang. Außerdem ist es nicht so, als kennten sich die in modernen Kontexten lebenden Einzelpersonen schlechter in ihrem lokalen Milieu aus als ihre Pendants in vormodernen Kulturen. Das moderne soziale Leben ist eine komplexe Angelegenheit, und es gibt viele Prozesse der »Rückfilterung«, durch die technisches Wissen in der einen oder anderen Form von Laien wiederangeeignet und im

24 Clifford Geertz, *Local Knowledge*, New York: Basic Books, 1983.

Rahmen der tagtäglichen Tätigkeiten routinemäßig angewendet wird. Die Wechselbeziehung zwischen Expertenwissen und Wiederaneignung wird, wie bereits erwähnt, unter anderem von Erfahrungen an Zugangspunkten stark beeinflußt. Ökonomische Faktoren können darüber entscheiden, ob jemand es lernt, das Auto wieder in Schuß zu bringen, die Stromleitung in der Wohnung zu verlegen oder das Dach zu reparieren. Doch der Grad des Vertrauens, das der einzelne in die jeweiligen Expertensysteme und die ihm bekannten und beteiligten Experten setzt, ist ebenfalls maßgeblich. Prozesse der Wiederaneignung hängen mit allen Aspekten des sozialen Lebens zusammen, zum Beispiel mit der medizinischen Versorgung, der Kindererziehung oder der sexuellen Befriedigung.

Für den einzelnen Normalmenschen summiert sich das alles nicht zu Gefühlen sicherer Kontrolle über die Umstände des tagtäglichen Lebens. Die Moderne erweitert die Arenen persönlicher Erfüllung und Sicherheit mit Bezug auf weite Gebiete des täglichen Lebens. Doch der Laie – und im Hinblick auf die große Mehrzahl der Expertensysteme sind wir *alle* Laien – muß mit dem Dschagannath-Wagen fahren. Der Mangel an Kontrolle, den viele von uns bezüglich einiger Umstände unseres Lebens empfinden, ist durchaus real.

Dies ist der Hintergrund, vor dem wir die Muster von privatistischem Verhalten und Engagement verstehen sollten. Das Gefühl, daß es im Sinne des von Lasch gebrauchten Begriffs ums »Überleben« geht, können wir uns nicht ständig aus dem Sinn schlagen, denn wir befinden uns in einer Welt, in der das Überleben für eine unbegrenzte Zukunft ein wirkliches und unumgängliches Problem darstellt. Sogar bei denen – und vielleicht sogar ganz besonders bei denen –, die sich im Hinblick auf folgenreiche Risiken eine Einstellung pragmatischer Hinnahme zu eigen machen, nimmt das Verhältnis zur Frage des Überlebens auf der Ebene des Unbewußten wahrscheinlich eine

Form an, in der es in Gestalt der Existenzangst existiert. Denn das Urvertrauen in die Kontinuität der Welt muß in der schlichten Überzeugung verankert sein, daß die Welt fortdauert, und das ist etwas, dessen wir nicht ganz sicher sein können. In Saul Bellows Roman *Herzog* heißt es an einer Stelle: »Durch die Umwälzung des nuklearen Schrekkens wird uns die metaphysische Dimension wiedergegeben. Jegliches praktische Tun ist an den Höhepunkt gelangt, auf dem alles – die Zivilisation, die Geschichte, die Natur – von der Bildfläche verschwinden kann. Nun wollen wir uns Herrn Kierkegaards Frage ins Gedächtnis rufen ...«[25] »Herrn Kierkegaards Frage« lautet: Wie können wir der Angst der Nichtexistenz entrinnen, wenn man diese nicht bloß im Sinne des individuellen Todes auffaßt, sondern im Sinne einer existentiellen Leere? Die Möglichkeit einer sei es durch Atomkrieg oder andere Mittel herbeigeführten globalen Katastrophe hält uns davon ab, zur eigenen Beruhigung die Annahme zu unterstellen, das Leben der Spezies werde unweigerlich länger währen als das des einzelnen.

Wie entlegen diese Möglichkeit ist, weiß buchstäblich niemand. Solange es Abschreckung gibt, muß auch die Chance eines Krieges bestehen, denn der Gedanke der Abschreckung hat nur Sinn, wenn die Beteiligten grundsätzlich bereit sind, die Waffen in ihrem Besitz auch einzusetzen. Um es zu wiederholen: niemand kann angeben, ob die Abschreckung »funktioniert«. Dabei ist es ganz gleich, wie sachkundig er sein mag bezüglich der Rüstungslogistik und der militärischen Organisation oder im Hinblick auf die Weltpolitik. Denn man kann einfach nicht mehr sagen, als daß es bisher noch keinen Krieg gegeben hat. Auch bei den Laien fehlt es nicht an einem gewissen Bewußtsein von diesen inneren Ungewißheiten, egal, wie vag dieses Bewußtsein womöglich ist.

25 Saul Bellow, *Herzog*, Harmondsworth: Penguin, 1964, S. 323.

Als Gegengewicht gegen die tiefen Ängste, die derartige Umstände bei so gut wie jedem hervorrufen müssen, wirkt die psychologische Stütze des Gefühls, es gebe hier ohnehin nichts, was man selbst als einzelner dagegen tun könne, und das Risiko müsse sowieso ganz gering sein. Daß die Dinge normal laufen, ist, wie ich bereits dargelegt habe, ein besonders wichtiges Element bei der Festigung des Vertrauens und der ontologischen Sicherheit, und das gilt mit Bezug auf folgenreiche Risiken sicher ebenso wie für andere Bereiche der Vertrauensbeziehungen.

Es liegt jedoch auf der Hand, daß sogar folgenreiche Risiken nicht bloß entlegene Eventualitäten darstellen, die man – und sei es auch um einen wahrscheinlich zu zahlenden psychologischen Preis – im täglichen Leben außer acht lassen kann. Einige dieser Risiken und viele andere, die potentiell lebensbedrohend sind für den einzelnen oder ihn in anderer Weise erheblich betreffen, drängen sich bis in den Kern der Tätigkeiten des Alltags vor. Das gilt zum Beispiel für jeden Schaden durch Umweltverschmutzung, der die Gesundheit von Erwachsenen und Kindern berührt, sowie für alles, was die Nahrung vergiftet oder ihren Nährwert in Mitleidenschaft zieht. Ferner gilt es für eine Vielzahl technischer Veränderungen, die, wie zum Beispiel die technischen Regenerationsverfahren, die Lebenschancen beeinflussen. Das Gemisch aus Risiko und Chancen ist unter vielen der betreffenden Umstände derart komplex, daß es für die einzelnen überaus schwierig ist zu wissen, in welchem Maße man bestimmten Rezepten oder Systemen Vertrauen schenken und in welchem Maße man es suspendieren sollte. Wie soll man es denn zum Beispiel anstellen, »gesund« zu essen, wenn allen möglichen Nahrungsmitteln giftige Eigenschaften dieser oder jener Art nachgesagt werden und wenn das, was von den Nahrungsexperten als »zuträglich« hingestellt wird, je nach dem wechselnden Stand der wissenschaftlichen Erkenntnisse variiert?

Vertrauen und Risiko, Chancen und Gefahr – diese polar

entgegengesetzten, paradoxen Eigenschaften der Moderne durchdringen alle Aspekte des tagtäglichen Lebens und spiegeln wieder einmal ein außerordentliches Ineinander von Lokalem und Globalem. Die pragmatische Hinnahme läßt sich mit Bezug auf die meisten abstrakten Systeme durchhalten, die sich auf das Leben des einzelnen auswirken, doch es liegt im Wesen dieser Einstellung, daß sie nicht ständig und nicht im Hinblick auf alle Tätigkeitsbereiche aufrechterhalten werden kann. Denn die neu eintreffenden Fachinformationen sind häufig fragmentarisch oder widersprüchlich[26], und das gleiche gilt auch für das immer wieder in Umlauf gebrachte Wissen, das Kollegen, Freunde und enge Vertraute untereinander weitergeben. Auf persönlicher Ebene müssen Entscheidungen getroffen und Maßnahmen festgelegt werden. Dem tagtäglichen »Überleben«

26 Hier wollen wir als eines aus einer Unzahl von Beispielen einen Fall betrachten, in dem es um den künstlichen Süßstoff Zyklamat und die Behörden der Vereinigten Staaten geht. Bis 1970 wurde Zyklamat in den Vereinigten Staaten viel verwendet, und vom Amt für Ernährung und Gesundheit war dieser Stoff als »allgemein für unschädlich erachtet« eingestuft worden. Die Einstellung des Amtes änderte sich, als wissenschaftliche Untersuchungen zu dem Ergebnis führten, daß Ratten, denen man eine hohe Dosis dieser Substanz verabreicht hatte, für bestimmte Krebsarten anfällig wurden. Danach wurde es untersagt, Zyklamat für den Gebrauch in Nahrungsmitteln zu verwenden. Als jedoch in den siebziger und frühen achtziger Jahren immer mehr Menschen begannen, Getränke mit geringem Kaloriengehalt zu sich zu nehmen, übten die Hersteller Druck aus auf das Amt, um es zu einer Änderung seiner Haltung zu bewegen. Im Jahre 1984 faßte ein Ausschuß des Amtes den Beschluß, Zyklamat sei doch kein krebserregender Wirkstoff. Ein Jahr später mischte sich auch die Nationale Akademie der Wissenschaften ein und gelangte ihrerseits zu einer wieder anderen Schlußfolgerung. In ihrem Bericht über diesen Vorgang erklärte die Akademie, Zyklamat sei nicht unschädlich, wenn es in Verbindung mit Saccharin verwendet werde, obwohl es wahrscheinlich harmlos sei, wenn es als Süßstoff allein eingesetzt werde. Vgl. James Bellini, *High Tech Holocaust*, London: Tarrant, 1986.

kann in vieler Hinsicht ein privatistisches Verhalten dienen, also das Vermeiden kämpferischen Engagements. Andere Einstellungen – wie zum Beispiel ein unerschütterlicher Optimismus, der Pessimismus oder die pragmatische Hinnahme – können dieses Verhalten stützen. Aber wahrscheinlich ist es von Phasen aktiven Engagements durchsetzt, die sogar bei denen vorkommen können, die ganz besonders zu Einstellungen wie Gleichgültigkeit oder Zynismus neigen. Denn um es noch einmal zu wiederholen: im Hinblick auf das von der Moderne in unser Leben eingebrachte Gleichgewicht von Sicherheit und Gefahr gibt es keine »anderen« mehr, das heißt niemanden, der völlig außerhalb stehen kann.

Einwände gegen die Postmoderne

An dieser Stelle möchte ich kurz auf einige am Anfang dieses Buches aufgeworfene Fragen zurückkommen und zur gleichen Zeit einen Blick nach vorn auf die Schlußabschnitte werfen. Ich habe mich bemüht, eine Interpretation der Jetztzeit darzulegen, die den üblichen Anschauungen über die Entstehung der Postmoderne widerspricht. Nach gewöhnlicher Auffassung beinhalten die zumeist dem poststrukturalistischen Denken entspringenden Vorstellungen von der Postmoderne eine Reihe von separaten Strängen. Diese Auffassung der Postmoderne (Pm) stelle ich in der Tabelle 2 auf Seite 186 der von mir vertretenen Alternativposition gegenüber, die ich als radikalisierte Moderne (Rm) bezeichnen werde.

Tabelle 2

Ein Vergleich der Auffassung der »Postmoderne« (PM) mit der Auffassung der »radikalisierten Moderne« (RM)

PM	RM
1. die derzeitigen Übergangsprozesse sind im Sinne epistemologischer Begriffe oder im Sinne einer gänzlichen Zersetzung der Epistemologie zu verstehen	1. RM ermittelt die institutionellen Entwicklungen, die das Gefühl der Fragmentierung und Zersplitterung hervorrufen
2. im Brennpunkt stehen die zentrifugalen Tendenzen der derzeitigen sozialen Umgestaltungen und das ihnen innewohnende Dislozierungsmoment	2. die Hochmoderne besteht aus einer Menge von Umständen, unter denen die Aufsplitterung in dialektischer Verbindung steht zu tiefreichenden Tendenzen in Richtung globale Integration
3. das Selbst wird durch die Fragmentierung der Erfahrung zersetzt oder in seine Bestandteile aufgelöst	3. das Selbst ist mehr als bloß ein Ort sich schneidender Kräfte; aktive Prozesse der reflexiven Selbstidentität werden durch die Moderne ermöglicht
4. Wahrheitsansprüche sind kontextabhängig oder als etwas »Historisches« zu betrachten	4. angesichts des Vorrangs von Problemen globaler Art drängen sich uns die universellen Merkmale der Wahrheit in unwiderstehlicher Weise auf; die Reflexivität der Moderne steht einer systematischen Kenntnis dieser Entwicklungen nicht im Wege
5. die Ohnmacht, die angesichts der Globalisierungstendenzen vom einzelnen empfunden wird, sollte Gegenstand der Theorie sein	5. eine Dialektik von Ohnmacht und Machtverleihung ist im Hinblick auf Erfahrung und Handeln zu analysieren
6. die »Entleerung« des tagtäglichen Lebens ist ein Ergebnis des Eindringens abstrakter Systeme	6. das tagtägliche Leben bildet einen aktiven Komplex von Reaktionen auf abstrakte Systeme, wobei sowohl Aneignung als auch Verlust eine Rolle spielen
7. koordiniertes politisches Engagement wird durch den Vorrang von Kontextualität und Zersplitterung verhindert	7. koordiniertes politisches Engagement ist auf globaler wie lokaler Ebene sowohl möglich als auch notwendig
8. die Postmoderne ist das Ende der Epistemologie/des Individuums/der Ethik	8. die Postmoderne ist nichts anderes als mögliche Umgestaltungsprozesse, die über die Institutionen der Moderne »hinausgehen«

V

Die Fahrt mit dem Dschagannath-Wagen

Inwieweit sind wir – und zwar »wir« im Sinne der gesamten Menschheit – dazu imstande, den Dschagannath-Wagen für uns einzuspannen oder ihn zumindest in solcher Weise zu lenken, daß die von der Moderne ausgehenden Gefahren minimiert und die von ihr gebotenen Chancen maximiert werden? Warum leben wir heute überhaupt in einer dermaßen ungezügelten Welt, die den Erwartungen der Aufklärungsdenker so wenig entspricht? Wieso hat die allgemeine Ausbreitung der »lieblichen« Vernunft keine Welt herbeigeführt, die unseren Prognosen und Kontrollmaßnahmen gehorcht?

Hier drängen sich mehrere Faktoren auf, von denen jedoch keiner mit der von Lyotard und anderen Autoren dargelegten Vorstellung zusammenhängt, daß uns keine brauchbaren Methoden mehr zu Gebote stünden, Wissensansprüche geltend zu machen. Den ersten dieser Faktoren könnte man als *Planungsfehler* bezeichnen. Die Moderne ist untrennbar mit den abstrakten Systemen verbunden, die für die raumzeitliche Entbettung sozialer Beziehungen sorgen und sowohl die vergesellschaftete Natur als auch den Bereich der Gesellschaft umfassen. Ist es vielleicht so, daß zu viele dieser Systeme an Planungsfehlern leiden, die im Falle von ihnen ausgelöster Systemstörungen dazu führen, daß wir ins Schleudern geraten und von der projektierten Entwicklungsbahn abkommen? Daß der Begriff des Planungsfehlers nicht nur auf natürliche, sondern auch auf soziale Systeme angewandt werden kann, liegt auf der Hand, sofern die Realisierung dieser sozialen Systeme von bestimmten Zwecksetzungen bestimmt ist. Im Prinzip läßt sich jede Organisation unter dem Gesichtspunkt beurtei-

len, inwiefern es ihr gelingt, gewisse Ziele zu erreichen oder gewisse Aufgaben zu erfüllen. Im Prinzip kann jeder Aspekt der vergesellschafteten Natur unter dem Gesichtspunkt bewertet werden, in welchem Maße er bestimmte menschliche Bedürfnisse erfüllt und keine unerwünschten Endresultate nach sich zieht. In beiden Kontexten kommen Planungsfehler zweifellos sehr häufig vor. Bei Systemen, die auf der vergesellschafteten Natur beruhen, gibt es zumindest im Prinzip keinen Grund, weshalb Planungsfehler nicht ausgemerzt werden sollten. Mit Bezug auf soziale Systeme ist die Situation, wie wir sehen werden, komplizierter und schwieriger.
Den zweiten Faktor könnte man *Bedienungsfehler* nennen. Bei jedem – auch bei dem am besten geplanten – abstrakten System kann es vorkommen, daß es nicht den Vorgaben entsprechend funktioniert, weil seine Anwender Fehler machen. Das gilt sowohl für soziale als auch für natürliche Systeme. Bedienungsfehler lassen sich im Gegensatz zu Planungsfehlern offenbar nicht ganz ausrotten. Gute Planung kann dafür sorgen, daß die Möglichkeit von Bedienungsfehlern stark vermindert wird, und die gleiche Wirkung kann durch gewissenhafte Schulung und Disziplin ebenfalls erzielt werden. Doch solange Menschen ihre Hand im Spiel haben, läßt sich das Risiko nicht ganz ausräumen. So war die eigentliche Ursache des Unfalls von Tschernobyl ein Irrtum bei der Bedienung des Abschaltsystems für Notfälle. Im Hinblick auf das Funktionieren physischer Systeme ist es durchaus möglich, mathematische Risikoberechnungen anzustellen, die etwa die bei konkurrierenden Verfahren der Energiegewinnung gegebene Gefahr ermitteln, daß Menschen zu Tode kommen. Dagegen ist es nicht möglich, das Element des Bedienungsfehlers nutzbringend in solche Berechnungen einzubeziehen.
Allerdings sind weder Planungs- noch Bedienungsfehler die wichtigsten Elemente, die den erratischen Charakter der Moderne bewirken. Die beiden bedeutsamsten Einflüsse

sind schon weiter oben kurz genannt worden, als von *unbeabsichtigten Konsequenzen* und von der *Reflexivität* oder *Zirkularität sozialen Wissens* die Rede war. Planungs- und Bedienungsfehler gehören offensichtlich beide in die Kategorie der unbeabsichtigten Konsequenzen, doch diese Kategorie umfaßt daneben noch weit mehr. Einerlei, wie gut ein System geplant und wie leistungsfähig die es bedienenden Personen sind, die Folgen der Einführung und des Funktionierens dieses Systems sind im Kontext des Einsatzes weiterer Systeme menschlichen Tuns generell nicht restlos prognostizierbar. Einer der Gründe hierfür ist die Komplexität der Systeme und Handlungen, aus denen die Weltgesellschaft besteht. Aber selbst wenn es im Gegensatz zu den praktischen Gegebenheiten denkbar wäre, daß aus der Welt (dem menschlichen Handeln und der physischen Umwelt) ein einziges Planungssystem hervorginge, käme es auch weiterhin zu unbeabsichtigten Konsequenzen.
Der Grund hierfür liegt in der Zirkularität des gesellschaftlichen Wissens, die in erster Linie nicht die natürliche, sondern die soziale Welt betrifft. Unter Modernitätsbedingungen kann die soziale Welt mit Bezug auf den Input neuer Erkenntnisse über ihre Beschaffenheit und ihr Funktionieren niemals ein stabiles Umfeld bilden. Neue Erkenntnisse (neue Begriffe, Theorien und Funde) führen nicht einfach dazu, daß die soziale Welt durchsichtiger wird, sondern sie verändern das Wesen dieser Welt und lassen sie in bisher unbekannte Richtungen schlingern. Die Wirkung dieses Phänomens ist von grundlegender Bedeutung für die Dschagannath-Eigenschaft der Moderne und betrifft sowohl die sozialen Institutionen selbst als auch die vergesellschaftete Natur. Denn obwohl das Wissen über die natürliche Welt keine unmittelbaren Auswirkungen auf die Welt hat, bezieht die Zirkularität des gesellschaftlichen Wissens vermittels der technischen Komponenten abstrakter Systeme auch Elemente der Natur mit ein.
Aus allen diesen Gründen sind wir nicht imstande, die

»Geschichte« in den Griff zu bekommen und sie ohne weiteres unseren kollektiven Zwecken entsprechend zurechtzubiegen. Obwohl wir selbst die Geschichte durch unsere Handlungen produzieren und reproduzieren, sind wir nicht dazu in der Lage, das soziale Leben vollständig unter Kontrolle zu halten. Außerdem setzen die eben genannten Faktoren eine Homogenität der Interessen und Zwecke voraus, die man im Hinblick auf die Menschheit insgesamt gewiß nicht als selbstverständlich unterstellen kann. Die beiden anderen oben genannten Einflüsse – nämlich die ungleiche Machtverteilung und die Rolle der Werte – sind hier ebenfalls maßgeblich. In mancher Hinsicht ist die Welt zwar eine einzige, doch durch Machtungleichgewichte ist sie radikal in verschiedene Welten aufgespalten. Eines der besonders charakteristischen Merkmale der Moderne ist die Entdeckung, daß die Zunahme des empirischen Wissens als solche und von sich aus keine Möglichkeit bietet, über verschiedene Wertpositionen zu befinden.

Utopischer Realismus

Doch nichts von alledem bedeutet, daß wir unsere Versuche, den Dschagannath-Wagen zu lenken, aufgeben sollten oder können. Die Minimierung folgenreicher Risiken ist in höherem Maße ausschlaggebend als alle Einzelwerte und alle auf Ausschließung angelegten Machtaufteilungen. Die »Geschichte« ist nicht auf unserer Seite, sie hat keine Teleologie und liefert uns keine Garantien. Doch das stark kontrafaktische Gepräge zukunftsorientierten Denkens, das ein wesentliches Element der Reflexivität der Moderne ausmacht, hat sowohl positive als auch negative Implikationen. Denn wir können uns alternative Zukunftsverläufe ausmalen, deren bloße Propagierung zu ihrer Verwirklichung beitragen könnte. Was not tut, ist die Schaffung von Modellen eines *utopischen Realismus.*

In diesen Begriffen, könnte man meinen, liege wohl ein Widerspruch. Doch das trifft nicht zu, wie man einsehen kann, wenn man diesen Standpunkt mit der Auffassung von Marx vergleicht. In der von Marx vertretenen Spielart der kritischen Theorie – einer Theorie, die Interpretation und Praxis miteinander verbindet – wird der Geschichte insgesamt ein bestimmter Weg und die Ausrichtung auf eine revolutionäre Handlungsinstanz vorgeschrieben, nämlich auf das als »universale« Klasse gedeutete Proletariat. Da das Proletariat die aufgestauten Reste der geschichtlich gegebenen Unterdrückung in sich enthalte, handele es durch den Vollzug der Revolution im Namen der ganzen Menschheit. Aber die Geschichte hat, wie wir bereits festgestellt haben, keine Teleologie, und so etwas wie privilegierte Handlungsinstanzen des auf die Durchsetzung bestimmter Werte eingestellten Umgestaltungsprozesses gibt es nicht. Bei Marx bleibt mehr als nur ein Widerhall der Dialektik von Herr und Knecht beibehalten, und diese Einstellung wirkt anziehend, weil sie den Gedanken nahelegt, die Unterprivilegierten seien die wahren Träger der Interessen der gesamten Menschheit. Aber obwohl eine derartige Vorstellung bei denen, die für die Befreiung der Unterdrückten kämpfen, Anklang findet, sollten wir uns ihr widersetzen. Die Interessen der Unterdrückten sind nichts Einheitliches und geraten häufig in Widerspruch zueinander, während vorteilhafte soziale Veränderungen oft den Einsatz der ungleich verteilten und nur den Privilegierten verfügbaren Machtmittel verlangt. Überdies kommen viele vorteilhafte Veränderungen in unbeabsichtigter Weise zustande.

Festhalten müssen wir an dem von Marx aufgestellten Prinzip, daß Wege zum erwünschten sozialen Wandel kaum praktische Wirkungen zeitigen werden, sofern sie nicht mit Möglichkeiten verknüpft werden, die den Institutionen innewohnen. Es war dieses Prinzip, mit dessen Hilfe es Marx gelang, sich deutlich vom Utopismus zu distanzieren. Doch jene immanenten Möglichkeiten stehen ihrerseits unter dem Einfluß des kontrafaktischen Charakters der Moderne, weshalb eine strenge Trennung zwischen »realistischem« und utopischem Denken nicht angebracht ist. Einen Ausgleich zwischen utopischen Idealvorstellungen und Realismus müssen wir heute in weitaus stringenterer Manier herstellen, als zur Zeit von Marx erforderlich war. Das läßt sich im Hinblick auf folgenreiche Risiken ohne weiteres aufzeigen. Utopisches Denken ist unnütz und möglicherweise äußerst gefährlich, wenn man es etwa auf die Politik der Abschreckung anwendet. Richtet man sich ohne Bezugnahme auf die strategischen Implikationen des Handelns nach moralischen Überzeugungen, können diese den psychischen Trost liefern, der von einem womöglich durch radikales Engagement ausgelösten Wertgefühl herrührt. Dennoch kann solches Verhalten zu abwegigen Ergebnissen führen, wenn es nicht durch die Einsicht gemäßigt wird, daß die Minimierung der Gefahr bei folgenreichen Risiken die oberste und ausschlaggebende Zielsetzung sein muß.

Wie sollte eine kritische Theorie ohne Garantien im ausgehenden zwanzigsten Jahrhundert aussehen? Sie muß *soziologisch aufgeschlossen* sein und wachsam auf die immanenten institutionellen Umgestaltungen achten, die die Moderne ständig der Zukunft bahnt; sie muß sich in politischer, ja *geopolitischer* Hinsicht *taktisch* verhalten, indem sie anerkennt, daß moralische Bindungen und »Gutgläubigkeit« in einer Welt folgenreicher Risiken ihrerseits potentiell gefährlich sein können; sie muß *Modelle der guten Gesellschaft* entwerfen, die weder auf den Bereich des Nationalstaats noch auf bloß eine der institutionellen Dimensionen der Moderne beschränkt sind; ferner muß sie erkennen, daß eine Verbindung nötig ist zwischen *emanzipatorischer Politik* und *Lebenspolitik* bzw. einer *Politik der Selbstverwirklichung*. Unter emanzipatorischer Politik verstehe ich Formen radikalen Engagements, denen es um

Schaubild 3: Dimensionen des utopischen Realismus

die Befreiung von Ungleichheit oder Knechtschaft geht. Wenn wir ein für allemal einsehen, daß die Geschichte weder allgemein noch in einigen Kontexten und Verhältnissen der Dialektik von Herr und Knecht gehorcht, können wir zu der Erkenntnis gelangen, daß emanzipatorische Politik nicht die einzige Facette von Belang ist. Der Begriff der Lebenspolitik bezieht sich auf Formen radikalen Engagements, die bestrebt sind, die Möglichkeiten eines erfüllenden und befriedigenden Lebens für alle zu fördern, und im Hinblick auf die es keine »anderen« gibt. Dies ist eine Spielart der alten Unterscheidung zwischen »frei von« und »frei zu«, doch die Freiheit *zu* bestimmten Handlungsweisen muß unter Berücksichtigung eines utopisch-realistischen Rahmens ausgestaltet werden.

Die Beziehung zwischen emanzipatorischer Politik und Lebenspolitik bildet eine der Achsen des in Schaubild 3 dargestellten Schemas. Die andere Achse ist die der Verbindungen zwischen dem Lokalen und dem Globalen, die in den vorigen Teilen dieser Untersuchung schon oft betont worden sind. Angesichts des zunehmenden Einflusses globalisierter Verhältnisse muß die emanzipatorische Politik ebenso wie die Lebenspolitik mit diesen Verbindungen verwoben werden. Es ist, wie ich zu zeigen versucht habe, charakteristisch für die Moderne, daß die Selbstverwirklichung zu einer Grundlage der Selbstidentität wird. Eine »Ethik des Persönlichen« ist ein Grundzug der Lebenspolitik und für diese genauso bestimmend wie die seit längerem eingebürgerten Vorstellungen von Gerechtigkeit und Gleichberechtigung für die emanzipatorische Politik. Die feministische Bewegung hat Bestrebungen den Weg gebahnt, die dazu dienen sollen, diese Anliegen miteinander zu verbinden.

Zu Recht kritisiert Theodore Roszak Autoren, die, auf entgegengesetzten Seiten des politischen Spektrums stehend, die Anschauung vertreten, das Ethos der Selbstfindung sei nichts weiter als eine verzweifelte Reaktion auf die psychologischen oder sozialen Unzulänglichkeiten der großen Institutionen der Moderne. Roszak schreibt nämlich: »Wir leben in einer Zeit, in der aus dem ganz privaten Erlebnis der Entdeckung der eigenen Identität und der Erfüllung des eigenen Schicksals eine subversive politische Kraft von erheblichen Proportionen geworden ist.« Unrecht hat Roszak dagegen, wenn er sagt: »Die Person wie der Planet werden vom selben Feind bedroht, nämlich von der Größe der Dinge.«[1] Eigentlich geht es um das Problem der Verflechtung von Entfernung und Nähe, von Persönlichem und umfassenden Globalisierungsmechanismen. Die »Größe« als solche ist weder ein Feind der Person noch ein Phänomen, das im Rahmen der Lebenspolitik überwunden werden müßte. Im Brennpunkt des Interesses muß vielmehr die Koordinierung von individuellem Nutzen und planetarischer Organisation stehen. Ganz verschiedenartige globale Zu-

1 Theodore Roszak, *Person/Planet: The Disintegration of Industrial Society*, London: Gollancz, 1979, S. xxviii, 33.

sammenhänge sind Vorbedingungen mancher Formen individueller Selbstverwirklichung, zu denen auch die gehören, die zur Minimierung folgenreicher Risiken beitragen.

Es liegt in der Natur der Sache, daß dieses Urteil auch für Bereiche der Welt gelten muß, in denen sich die Moderne bisher nur schwach ausgewirkt hat. Die Umgestaltungen der Jetztzeit spielen sich in einer Welt ab, die zerrissen ist von Ungleichheiten zwischen reichen und armen Staaten und in der die Verbreitung moderner Institutionen alle möglichen Gegentrends und Gegeneinflüsse aufkommen läßt, wie zum Beispiel religiösen Fundamentalismus oder Formen von reaktivem Traditionalismus. Wenn ich diese Vorgänge im vorliegenden Buch nicht detailliert behandele, geschieht das aus Gründen der Argumentationsökonomie, und nicht, weil ich meine, sie könnten bei einer konkreteren Interpretation der wahrscheinlichen globalen Trends unberücksichtigt bleiben.

Künftige Orientierungen
Die Rolle der sozialen Bewegungen

Als Formen radikalen Engagements, die im sozialen Leben der Moderne von alles durchdringender Bedeutung sind, liefern soziale Bewegungen signifikante Leitlinien für potentielle künftige Transformationen. Für diejenigen, die die Moderne vor allem mit dem Kapitalismus oder dem Industrialismus in Verbindung bringen, ist die Arbeiterbewegung die soziale Bewegung par excellence. Autoren, die sich an Marx halten, vertreten die Ansicht, die Arbeiterbewegung sei die »Avantgarde« der geschichtlichen Entwicklung. Die Kritiker dieser Autoren wollen vor allem nachweisen, daß die Arbeiterbewegung nur in den Frühphasen der Entwicklung einer industriellen Ordnung umgestaltend wirke, später dagegen zu einer unter mehreren

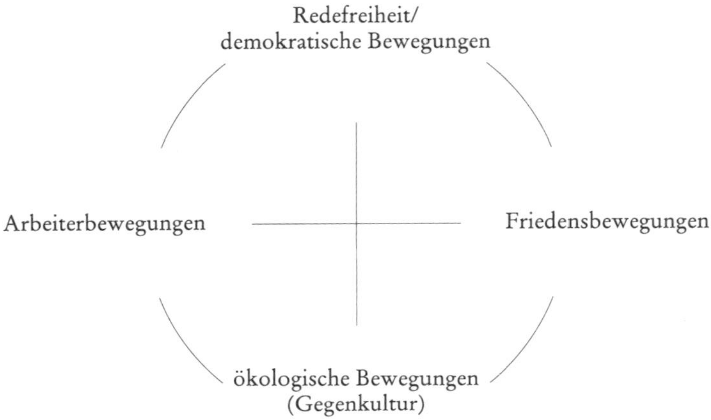

Schaubild 4: Typen sozialer Bewegungen

Interessengruppen werde. Freilich, der Kapitalismus bleibt ein Klassensystem, und die Kämpfe der Arbeiterbewegung sind immer noch von Belang für das, was womöglich »jenseits« des Kapitalismus liegt. Doch während die ausschließliche Beschäftigung mit Arbeiterbewegungen aufgrund von deren strategischer Bedeutung in der Anfangszeit der Entstehung moderner Institutionen und der Ausbreitung des Kapitalismus weitgehend gerechtfertigt war, spiegelt sie heute die einseitige Betonung des Kapitalismus oder des Industrialismus, die damit als die einzig bedeutsamen dynamischen Kräfte der Moderne hingestellt werden. Es gibt aber daneben noch andere soziale Bewegungen, die ebenfalls von Bedeutung sind und mit der weiter oben skizzierten Mehrdimensionalität der Moderne in Zusammenhang gebracht werden können.

Das Schaubild 4 sollte in Verbindung mit Schaubild 1 (das die vier institutionellen Dimensionen der Moderne darstellt) interpretiert und eigentlich als auf dieses projiziert betrachtet werden. Arbeiterbewegungen sind kämpferi-

sche Verbände, deren Herkunft und Aktionsbereich mit der Ausbreitung des kapitalistischen Unternehmertums verknüpft sind. Ob reformistisch oder revolutionär, ihre Wurzeln liegen in der Wirtschaftsordnung des Kapitalismus, insbesondere in Bestrebungen zur gewerkschaftlichen Verteidigung und Kontrolle des Arbeitsplatzes und zur Beeinflussung oder Ergreifung der Staatsmacht durch sozialistische politische Organisationen. Namentlich während der relativ frühen Phasen der Entwicklung moderner Institutionen waren Arbeiterbewegungen tendenziell wichtige Träger von Appellen zur Erlangung von Redefreiheit und demokratischen Rechten.
Die Ursprünge der Bewegungen, die sich für Redefreiheit und demokratische Rechte einsetzen, liegen in der Arena der Überwachungstätigkeiten des modernen Staates. Es ist allerdings möglich, sie in analytischer und zu einem erheblichen Grade auch in historischer Hinsicht von den Arbeiterbewegungen zu trennen. Zu ihnen gehören manche Formen der nationalistischen Bewegungen sowie Bewegungen, denen es um die Rechte auf politische Beteiligung im allgemeinen geht. Diese Kategorie umfaßt die frühbürgerlichen Verbände, die von Marx ziemlich geringschätzig als wesentlich klassenbedingte Gruppen angesehen werden. Was diese Diagnose betrifft, hat Marx zwar durchaus recht, dagegen irrt er sich, insofern er die »bürgerlichen Rechte« reduktionistisch, nämlich ausschließlich als Ausdruck der Klassenherrschaft zu deuten bestrebt ist. Derartige Rechte und Kämpfe um ihre Erlangung, Verteidigung oder Ausweitung sind in modernen – kapitalistischen wie staatssozialistischen – politischen Ordnungen von allgemeiner Bedeutung. Der Bereich der Überwachung ist ein eigenes Gebiet für Auseinandersetzungen.
Arbeiterbewegungen und Bewegungen für den Kampf um Redefreiheit und demokratische Rechte sind »alt«. Das heißt, in bestimmten Formen haben sie schon vor Beginn dieses Jahrhunderts eine feste Rolle gespielt. Die übrigen

Arten der genannten sozialen Bewegungen sind neueren Datums, insofern sie erst in letzter Zeit zu größerer Bedeutung gelangt sind. Ihre Neuheit läßt sich allerdings auch übertreiben. Der Schauplatz des Kampfs der Friedensbewegungen ist die Arena der Kontrolle über die Mittel zur Gewaltanwendung, einschließlich der militärischen wie der polizeilichen Macht. »Friede« muß hier ebenso wie »Demokratie« als umstrittener Begriff gesehen werden, der im Mittelpunkt der Dialoge steht, die von solchen Bewegungen auf dem Aktionsgebiet geführt werden, auf dem sie ebenso tätig sind wie militärische oder staatliche Organisationen. Zu den normalerweise von religiösen Werten beeinflußten pazifistischen Bewegungen gehören einige, die bis auf die Anfänge des industrialisierten Kriegs zurückdatieren. Wenn pazifistische Bewegungen heute eine besondere Bedeutung angenommen haben, ist das zweifellos zum großen Teil ein Ergebnis der Zunahme der mit einem Kriegsausbruch in Verbindung gebrachten folgenreichen Risiken, wobei Atomwaffen heutzutage den Kernbestandteil bilden.

Der Schauplatz des Kampfes ökologischer Bewegungen – denen auch manche gegenkulturellen Bewegungen als zur gleichen Kategorie gehörig zugeordnet werden können – ist die gestaltete Umwelt. Vorläufer der »grünen« Bewegungen von heute lassen sich ebenfalls schon im neunzehnten Jahrhundert ausmachen. Die frühesten dieser Bewegungen standen tendenziell stark unter dem Einfluß der Romantik und waren im wesentlichen bestrebt, den Auswirkungen der modernen Industrie auf traditionale Produktionsweisen und die Landschaft entgegenzuarbeiten. Da Industrialismus und Kapitalismus vor allem bezüglich der von beiden ausgehenden Zerstörungswirkungen auf traditionale Lebensformen nicht sogleich auseinanderzuhalten waren, kam es recht häufig vor, daß sich diese Gruppen mit Teilen der Arbeiterbewegung zusammenschlossen. Die heute vollzogene Trennung der beiden spiegelt das gewachsene Bewußtsein von folgenreichen Risiken, die die industrielle Entwicklung mit sich bringt, einerlei, ob sie unter den Auspizien des Kapitalismus organisiert ist oder nicht. Ökologische Anliegen schreiben sich allerdings nicht ausschließlich von folgenreichen Risiken her, sondern es geht dabei auch um andere Aspekte der gestalteten Umwelt.

Soziale Bewegungen gewähren Ausblicke auf mögliche Zukunftsverläufe und sind in mancher Hinsicht Mittel zu deren Verwirklichung.[2] Man darf aber nicht übersehen, daß

2 Alberto Melucci, *Nomads of the Present*, London: Hutchinson Radius, 1989. – Es springt ins Auge, daß die feministischen Bewegungen in Schaubild 4 fehlen. Wie sollten wir den Feminismus im Verhältnis zu den hier auseinandergehaltenen Dimensionen der Moderne und mit Bezug auf die Gesamterörterung des Buches einordnen? Erstens sollte betont werden, daß der Feminismus ebenso wie alle übrigen sozialen Bewegungen an der Reflexivität der Moderne teilhat. Ausgehend von einer Situation, in der die Hauptzielsetzungen darin bestanden, das Recht auf politische und wirtschaftliche Gleichberechtigung durchzusetzen, sind die feministischen Bewegungen dahingelangt, Grundelemente des Geschlechterverhältnisses in Frage zu stellen. Das Nachdenken über das Wesen des Geschlechts und seinen Einfluß auf die Strukturierung von Grundmerkmalen der Personenidentität ist heute auf Projekte für tiefgreifende potentielle Umgestaltungen abgestimmt. Zweitens, diese Belange stehen in enger Verbindung mit dem Thema des Selbst als eines reflexiven Projekts, denn alle Individuen erhalten im Zuge der Lernprozesse, durch die das Selbst sich entwickelt und anschließend gestützt oder modifiziert wird, eine Geschlechtsorientierung. Drittens gilt auch aufgrund dieses zweiten Punkts, daß manche der besonders tiefliegenden Phänomene, mit denen sich der Feminismus beschäftigt, nicht bloß durch die Moderne ins Dasein gerufen werden, sondern in allen bekannten Formen gesellschaftlicher Ordnung in der einen oder anderen Gestalt zu finden sind. Die Zielsetzungen der feministischen Bewegungen sind also komplex und laufen quer durch die institutionellen Dimensionen der Moderne. Doch vielleicht gibt der Feminismus Anstöße zu kontrafaktischem Denken, die somit ganz grundlegende Beiträge leisten zur Postmoderne im gleich zu erörternden Sinne dieses Begriffs.

sie aus dem Blickwinkel des utopischen Realismus weder die notwendige noch die einzige Basis von Veränderungen darstellen, die uns womöglich zu einer sichereren und humaneren Welt führen. Friedensbewegungen können zum Beispiel maßgeblich zur Bewußtseinsentwicklung und im Hinblick auf militärische Bedrohungen zur Erreichung taktischer Ziele beitragen. Für die Durchsetzung grundlegender Reformen sind allerdings andere Einflüsse ausschlaggebend, zu denen etwa die Kraft der öffentlichen Meinung ebenso gehört wie die Maßnahmen von Konzernen und nationalen Regierungen sowie die Tätigkeiten internationaler Organisationen. Die Einstellung des utopischen Realismus anerkennt die Unumgänglichkeit der Macht und betrachtet deren Einsatz nicht als etwas von sich aus Schädliches. Im weitesten Sinne verstanden, ist die Macht ein Mittel, Aufgaben zu erfüllen. In einer Situation immer schnellerer Globalisierung fordert das Streben nach Maximierung der Chancen und Minimierung folgenreicher Risiken zweifellos einen koordinierten Einsatz der Macht. Das gilt für die Lebenspolitik ebenso wie für die emanzipatorische Politik. Mitgefühl für die Misere der Zukurzgekommenen ist ein wesentlicher Bestandteil aller Formen emanzipatorischer Politik, doch die Verwirklichung der betreffenden Ziele beruht oft darauf, daß die Instanzen der Privilegierten handelnd eingreifen.

Der utopische Zug liegt hier ganz deutlich auf der Hand, und es wäre wirklich kurzsichtig, wollte man sich großen Hoffnungen hingeben darüber, inwieweit die Handlungsinstanzen der geballten Macht bei der Förderung von Trends mitwirken, die womöglich ihre eigene Stellung untergraben. Die Interessen der Konzerne weichen häufig von denen der Regierungen ab, die ihrerseits oft partikularistische Fragen in den Brennpunkt rücken. Alle Vorhaben, bei denen es keine »anderen« gibt, lassen sich im Sinne der Verfolgung trennender Interessen umdefinieren. Sozia-

.e Bewegungen sind gegen diese Tendenz nicht in höherem Maße gefeit als etablierte Organisationen. Es ist aber durchaus nicht immer so, daß Macht zum Erringen partikularistischer Vorteile oder als Werkzeug zur Unterdrükkung verwendet wird, und das Element des Realismus bewahrt hier seine zentrale Bedeutung.

Postmoderne

Gegenwärtig leben wir in einer Zeit der Hochmoderne. Was kommt danach? Können wir dem Begriff der Postmoderne eine feste Bedeutung zuordnen? Was für Utopien können wir als zukunftsorientierte Projekte vorlegen, die mit immanenten Entwicklungstrends verbunden und daher realistisch sind?

Nach meinem Dafürhalten sind wir tatsächlich imstande, die Umrisse einer postmodernen Ordnung zu ermitteln. Außerdem glaube ich, daß es gewichtige institutionelle Trends gibt, die darauf hindeuten, daß eine derartige Ordnung wirklich in die Tat umgesetzt werden könnte. Ein postmodernes System wird in institutioneller Hinsicht komplex sein, und wir können es so kennzeichnen, daß es eine Bewegung darstellt, die, wie in Schaubild 5 gezeigt, in jeder der bereits unterschiedenen Dimensionen über die Moderne »hinausgeht« (man beachte die unmittelbare Beziehung zu den Schaubildern 1 und 4). Sollten Umgestaltungen der angedeuteten Art tatsächlich eintreten, werden sie nicht automatisch in engem Zusammenspiel mit den übrigen erfolgen; und falls es zu ihrer Verwirklichung käme, würde dabei eine Vielzahl von Handlungsinstanzen ins Spiel kommen.

Als erstes ist zu fragen, was jenseits des Kapitalismus liegt. Sollte es sich dabei um eine wie auch immer beschaffene Art von Sozialismus handeln, dürfte es kaum wahrscheinlich sein, daß sie große Ähnlichkeit aufwiese mit den exi-

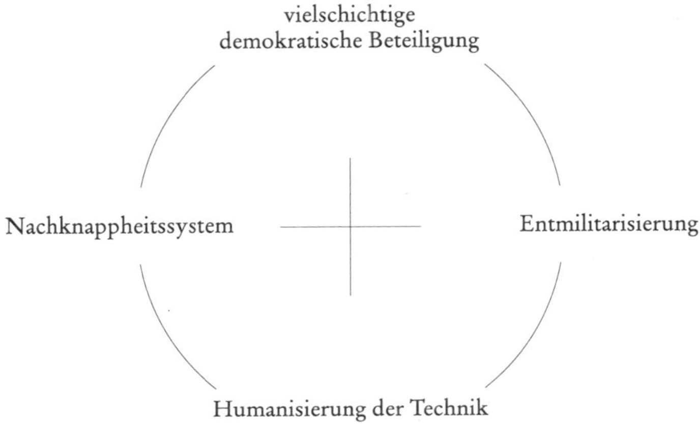

Schaubild 5: Umrisse einer postmodernen Ordnung

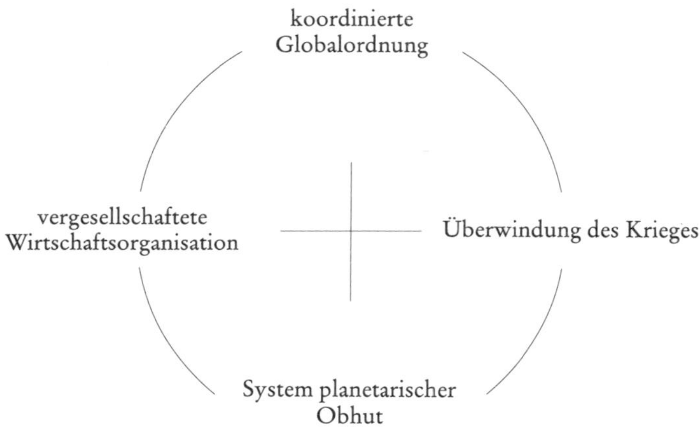

Schaubild 6: Dimensionen eines Nachknappheitssystems

stierenden sozialistischen Gesellschaften, die sich zwar gewiß von den kapitalistischen Staaten abheben, aber ein wirtschaftlich wenig leistungsfähiges und politisch autoritäres Verfahren verkörpern, mit dem Industrialismus zu Rande zu kommen. »Sozialismus« bedeutet freilich derart viele verschiedene Dinge, daß der Ausdruck häufig kaum mehr ist als ein schwammiges Wort für eine beliebige Gesellschaftsordnung, die der betreffende Denker gern herbeigeführt sehen möchte. Falls Sozialismus soviel bedeutet wie eine streng geplante und vor allem innerhalb nationalstaatlicher Wirtschaftssysteme organisierte Produktionsweise, dann ist der Sozialismus sicher im Aussterben begriffen. Es ist eine wichtige Entdeckung der gesellschaftlichen und wirtschaftlichen Organisationsformen des zwanzigsten Jahrhunderts, daß es undurchführbar ist, hochkomplexe Systeme vom Schlage der modernen Wirtschaftsordnungen unter kybernetischer Kontrolle zu halten. Die von derartigen Systemen vorausgesetzten detaillierten und ständig ausgesendeten Signale dürfen nicht von oben gesteuert werden, sondern müssen »von unten« kommen und von Einheiten mit geringem Input übermittelt werden.

Sofern das auf der Ebene der Volkswirtschaften zutrifft, gilt es auf weltweiter Ebene in noch höherem Maße; und das postmoderne Zeitalter müssen wir uns (wie in Schaubild 6 angedeutet wird) mit Hilfe globaler Begriffe verständlich machen. Die von komplexen Austauschsystemen vorausgesetzten Signalisierungsinstrumente werden von den Märkten zur Verfügung gestellt, die aber zugleich (wie Marx richtig erkannt hat) den Mangel in manchen seiner Hauptformen stützen oder aktiv verursachen. Zöge man ausschließlich die emanzipatorische Politik in Betracht, ergäbe sich aus der Überwindung des Kapitalismus, daß man die von kapitalistischen Märkten herbeigeführten Klassentrennungen hinter sich ließe. Die Lebenspolitik weist jedoch noch weiter vorwärts und über Verhältnisse hinaus, unter denen die Lebensumstände der Menschen von ökonomischen Kriterien bestimmt werden. Hier stoßen wir auf das Potential eines auf globaler Ebene koordinierten *Nachknappheitssystems*.

Wollte man schlicht behaupten, kapitalistische Märkte müßten zur Beseitigung ihrer erratischen Eigenschaften »reguliert« werden, würden wir dadurch in ein Dilemma geraten. Die Unterwerfung der Märkte unter die Kontrollgewalt einer alles umfassenden Handlungsinstanz ist der wirtschaftlichen Leistung abträglich und führt zu politischem Autoritarismus. Läßt man den Märkten dagegen ihre Freiheit, mehr oder weniger ohne alle Beschränkungen zu verfahren, so bewirkt das gewaltige Ungleichheiten zwischen den Lebenschancen verschiedener Gruppen und Regionen. Das Nachknappheitssystem leitet uns jedoch über dieses Dilemma hinaus. Denn wenn die wichtigsten Lebensgüter nicht mehr knapp sind, können die Marktkriterien nicht mehr als Mittel zur Stützung weitverbreiteten Mangels, sondern nur noch als Signalisierungsinstrumente fungieren.

Doch nun dürfen wir die Frage aufwerfen, ob Nachknappheit überhaupt ein sinnvoller Begriff sein kann in einer Welt, die von gewaltigen Ungleichheiten zwischen Staaten und Regionen – insbesondere zwischen den industrialisierten und den weniger industrialisierten Ländern – gekennzeichnet ist und in der die Ressourcen nicht nur endlich sind, sondern bereits unter Druck stehen. Statt dessen wollen wir die Frage stellen: *Welche sonstigen Alternativen gibt es* für eine Welt, die nicht auf dem Weg der Selbstzerstörung fortschreiten will? Die kapitalistische Akkumulation läßt sich nicht unbegrenzt fortsetzen, denn sie kann sich im Hinblick auf die Ressourcen nicht selbst erhalten. Nun liegt Knappheit zwar im Wesen mancher Ressourcen, doch die meisten Ressourcen sind nicht knapp, insofern »Knappheit«, wenn man von den Grunderfordernissen körperlicher Existenz absieht, relativ ist zu gesellschaftlich definierten Bedürfnissen und den Erfordernissen spezifischer Lebensstile. Eine Nachknappheitsordnung würde beträchtliche Änderungen der Modalitäten des sozialen Lebens nach sich ziehen (siehe Schaubild 6), und die Erwartungen mit Bezug auf ständiges Wirtschaftswachstum müßten modifiziert werden. Eine globale Umverteilung des Wohlstands wäre vonnöten. Doch die Motive zur Herbeiführung solcher Veränderungen könnten sich durchaus einstellen. Es liegt auch bereits eine Reihe von Erörterungen vor, in denen konkrete Maßnahmen nahegelegt werden, die sich durchführen ließen, um in dieser Hinsicht die Gangart zu wechseln. Es gibt manche Indizien, die dafür sprechen, daß ein Großteil der Menschen in den wirtschaftlich fortgeschrittenen Staaten eine gewisse »Wachstumsmüdigkeit« empfindet, während schon viele Indizien darauf hindeuten, daß allgemein das Bewußtsein herrscht, fortschreitendes Wirtschaftswachstum lohne sich nicht, sofern es nicht aktiv dazu beiträgt, die Lebensqualität der Mehrheit zu verbessern.[3]

Auch wenn das Nachknappheitssystem anfangs nur in den besonders wohlhabenden Gebieten der Welt in Gang käme, müßte es global koordiniert werden. In manchen Formen gibt es die vergesellschaftete Wirtschaftsorganisation bereits weltweit, nämlich mit Bezug auf Abmachungen zwischen transnationalen Konzernen oder zwischen nationalen Regierungen, die bestrebt sind, bestimmte Aspekte des internationalen Geld- und Warenflusses zu steuern. Es steht allem Anschein nach so gut wie fest, daß die Zahl solcher Abmachungen in den kommenden Jahren zunehmen wird, gleichviel, welche konkreten Formen sie womöglich annehmen. Gelänge die Durchsetzung solcher Abmachungen im Kontext eines Übergangs zu ökonomischen Nachknappheitsmechanismen, würden sie vermutlich eher der Informationsweiter-

3 Ian Miles und John Irvine, *The Poverty of Progress*, Oxford: Pergamon, 1982.

gabe als der Regulierung dienen. Das heißt, sie würden dazu beitragen, globale wirtschaftliche Austauschprozesse zu koordinieren, ohne die Rolle des »kybernetischen Reglers« zu spielen. Das mag zwar recht vage klingen und ist es wohl auch tatsächlich, doch es gibt jetzt schon verfügbare Modelle möglicher Wirtschaftsordnungen, aus denen hervorgeht, welche Prinzipien dabei ins Spiel kommen könnten.[4]

Werfen wir einen Blick auf eine weitere institutionelle Dimension der Moderne, nämlich die der Überwachung und der Verwaltungsmacht, so treten auch hier bestimmte immanente Trends recht deutlich zutage. Innerhalb der Nationalstaaten führt die Verstärkung der Überwachungstätigkeit zu immer nachdrücklicheren Forderungen nach demokratischer Beteiligung (wobei es allerdings nicht an entschieden gegenläufigen Trends fehlt). Es dürfte kaum Zufall sein, daß es heute praktisch keine Staaten mehr auf der Welt gibt, die sich nicht »demokratisch« nennen, obwohl das Spektrum der unter diesen Begriff fallenden spezifischen Regierungssysteme überaus weit reicht. Dabei handelt es sich auch nicht bloß um Rhetorik. Staaten, die sich als demokratisch bezeichnen, verfügen stets über einige Verfahren, die Bürger in Regierungsprozeduren einzubinden, egal, wie gering sich diese Beteiligung in der Praxis auswirken mag. Warum ist das so? Es liegt an der Erkenntnis der Herrscher moderner Staaten, daß wirksame Regierungstätigkeit die aktive Zustimmung der Regierten in einem Ausmaß verlangt, das in vormodernen Staaten weder möglich noch nötig war.[5] Es gibt zwar Trends in Richtung einer *Polyarchie* im Sinne der »fortwährenden Reaktionsbereitschaft der Regierung auf die Präferenzäußerungen ihrer als politisch gleichberechtigt angesehe-

4 William Ophuls, *Ecology and the Politics of Scarcity*, San Francisco: Freeman, 1977.

5 Begründet wird diese These in Giddens, *The Nation-State and Violence*.

nen Bürger«[6], doch zur Zeit sind diese Trends tendenziell auf der Ebene des Nationalstaats konzentriert. Da sich die Stellung der Nationalstaaten im Rahmen der globalen Ordnung ändert, während sich auf der Ebene darunter neue Formen lokaler Organisation und auf der Ebene darüber andersartige Formen internationaler Organisation ausbreiten, kann man vernünftigerweise damit rechnen, daß neue Formen demokratischer Beteiligung nach und nach immer zahlreicher zum Vorschein kommen. Diese können zum Beispiel in der Gestalt auftreten, daß Forderungen nach demokratischer Mitbestimmung am Arbeitsplatz, in lokalen Verbänden, in Medienorganisationen und in verschiedenartigen transnationalen Gruppierungen gestellt werden.[7]

Was die zwischenstaatlichen Beziehungen betrifft, scheint offensichtlich zu sein, daß eine besser koordinierte politische Globalordnung mit einiger Wahrscheinlichkeit zum Vorschein kommen wird. Durch zunehmende Globalisierungstrends werden die Staaten mehr oder weniger dazu gezwungen, mit Bezug auf Fragen zusammenzuarbeiten, die sie früher womöglich jeder für sich zu erledigen getrachtet hätten. Viele Autoren der ersten Generation, die sich im ausgehenden neunzehnten Jahrhundert mit dem Thema Globalisierung befaßt hat, waren der Meinung, aus der Entwicklung wechselseitiger globaler Verbindungen würde automatisch eine Bewegung in Richtung Weltregierung hervorgehen. Diese Autoren haben den Grad der souveränen Autonomie der Nationalstaaten unterschätzt, und heute hat man gar nicht den Eindruck, daß es in absehbarer Zukunft wahrscheinlich zum Auftreten einer Form von Weltregierung kommt, die einem »großgeschriebenen« Nationalstaat gliche. »Weltregierung« könnte al-

6 Robert A. Dahl, *Polyarchy*, New Haven: Yale University Press, 1971, S. 1f.

7 Siehe David Held, *Models of Democracy*, Cambridge, Polity, 1987.

lerdings beinhalten, daß die einzelnen Staaten zusammenarbeiten, um globale politische Maßnahmen zu ergreifen und Strategien zur Konfliktlösung zu beschließen, anstatt einen einzigen Superstaat zu bilden. Doch trotz allem sind die Trends, die sich auf dieser Ebene abzeichnen, dem Anschein nach stark und deutlich.

Wenn wir uns nun der Frage der militärischen Macht zuwenden, könnte es so aussehen, als bestünde hier kaum die Chance eines Übergangs zu einer Welt, in der die Kriegswerkzeuge an Bedeutung verlören. Denn global wachsen die militärischen Rüstungsausgaben immer noch, und die Anwendung innovativer Techniken auf die Waffenproduktion geht unvermindert weiter. Dennoch liegt ein ausgeprägt realistisches Element in der Erwartung einer Welt ohne Krieg. Die Entstehung einer solchen Welt ist im Prozeß der Industrialisierung des Krieges selbst ebenso angelegt wie in der geänderten Stellung der Nationalstaaten in der globalen Arena. Mit der Ausbreitung der Rüstungsindustrialisierung wird der Ausspruch von Clausewitz, wie bereits erwähnt, obsolet. Und wo die Grenzen zwischen den Nationen größtenteils feststehen und Nationalstaaten nachgerade die gesamte Erdoberfläche erfassen, verliert der Gedanke der Gebietsvergrößerung den Sinn, den er früher einmal hatte. Schließlich führt die zunehmende Interdependenz auf globaler Ebene dahin, daß der Bereich der Situationen, in denen alle Staaten ähnliche Interessen teilen, immer größer wird. Die Vorstellung von einer Welt ohne Krieg ist zwar offensichtlich utopisch, doch es mangelt ihr keineswegs völlig an Realismus.

Eine ähnliche Feststellung gilt auch für den Fall der gestalteten Umwelt. Die ständige Revolutionierung der Technik empfängt ihren Schwung zum Teil von den Geboten der kapitalistischen Akkumulation und von militärischen Erwägungen, doch sobald dieser Prozeß erst einmal in Gang gekommen ist, entfaltet er eine gewisse Eigendynamik. Ein wichtiger Faktor ist hier der Trieb, die wissenschaftliche

Erkenntnis zu vermehren und die Leistungsfähigkeit solcher Fortschritte mit Hilfe des technologischen Wandels unter Beweis zu stellen. Jacques Ellul weist darauf hin, daß der einmal als Routineablauf in Gang gekommene technologische Innovationsprozeß ausgeprägte Trägheitsmerkmale aufweist:

> Fortschritte macht die Technik nie *deshalb, weil* sie von hinten gestoßen würde. Der Techniker weiß gar nicht, warum er diese Arbeit verrichtet, und im allgemeinen kümmert er sich auch nicht sonderlich darum. [...] Es gibt keine Aufforderung, ein bestimmtes Ziel zu erreichen, sondern es gibt den Zwang, der von einem hinten angebrachten Motor ausgeht und der Maschine keine Pause gönnt. [...] Die Interdependenz der technischen Elemente ermöglicht eine überaus große Anzahl von »Lösungen«, denen keine Probleme entsprechen.[8]

Anstatt geringer zu werden, nimmt die Geschwindigkeit der technischen Innovationsprozesse und der industriellen Entwicklung überhaupt einstweilen immer noch zu. In Gestalt der Biotechnik berühren technische Fortschritte unsere eigene menschliche Leibeskonstitution sowie die natürliche Umwelt, in der wir leben. Werden diese gewaltigen Neuerungsquellen auch in Zukunft unbegrenzt und unbeschränkt weiterströmen? Niemand kann hier mit Zuversicht Angaben machen, doch einige Gegentrends zeichnen sich deutlich ab und werden zum Teil durch ökologische Bewegungen, aber auch in anderen Bereichen zum Ausdruck gebracht. Die Sorge um Umweltschäden ist heute weitverbreitet und steht auf der ganzen Welt im Brennpunkt der Aufmerksamkeit der Regierungen. Um gravierende und irreversible Schäden zu vermeiden, wird man sich nicht nur dem äußeren Druck stellen müssen, sondern auch der Logik der durch keine Fesseln gebundenen wissenschaftlichen und technischen Entwicklung. Die Humanisierung der Technik bringt es wahrscheinlich mit sich, daß das jetzt noch weitgehend »instrumentelle« Verhältnis

8 Jacques Ellul, *The Technological Society*, London: Cape, 1965, S. 89.

der Menschen zu der gestalteten Umwelt immer stärker von moralischen Fragestellungen geprägt wird.
Da die folgenreichsten ökologischen Probleme so offensichtlich global gelten, werden die Formen der Intervention zur Minimierung von Umweltrisiken unweigerlich von einer planetarischen Basis ausgehen. So könnte man ein Gesamtsystem der planetarischen Obhut schaffen, das sich die Erhaltung des ökologischen Wohlergehens der Welt als Ganzer zum Ziel setzen würde. Eine mögliche Vorstellung von den Zwecken der planetarischen Obhut bietet die von James Lovelock aufgestellte sogenannte »Gaia-Hypothese«. Nach dieser Idee zeigt der Planet »das Verhalten eines Einzelorganismus, ja eines Lebewesens«. Die organische Gesundheit der Erde werde durch dezentralisierte ökologische Zyklen erhalten, die in Wechselwirkung stehen, um ein sich selbst stützendes biochemisches System zu bilden.[9] Falls sich diese Anschauung im analytischen Detail erhärten läßt, ergeben sich für die planetarische Obhut eindeutige Implikationen, die womöglich eher dem Schutz der Gesundheit einer Person gleichen als der Pflege eines Gartens mit verstreut wachsenden Pflanzen.
Warum sollten wir die Annahme gelten lassen, daß die Bewegung der Weltereignisse in die von diesen verschiedenen utopischen Überlegungen skizzierte Richtung gehen wird? Von einer solchen Annahme können wir offensichtlich nicht ausgehen, obwohl es im Wesen dieser wie auch sonst *aller* vorschlagsweisen Erörterungen solcher möglichen Zukunftsverläufe liegt, eine gewisse Wirkung erzielen zu können. Auf mehr kommen immanente Entwicklungstrends nicht hinaus, und selbst wenn die Weiterentwicklung diesen diversen Verlaufsweisen entsprechen sollte, dauert die Zwischenzeit lange und steckt voller folgenreicher Risiken. Außerdem kann sich das, was in einer insti-

9 Martin Large, *Social Ecology: Exploring Post-Industrial Society*, Gloucester: Hawkins, 1981, S. 14.

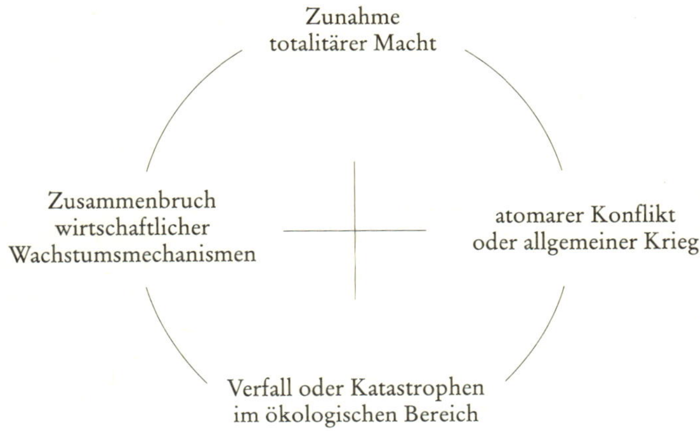

Schaubild 7: Folgenreiche Risiken der Moderne

tutionellen Dimension geschieht, nachteilig auf andere Dimensionen auswirken. In jeder können sich lebensbedrohende Konsequenzen einstellen, die viele Millionen von Menschen betreffen.

In Schaubild 7 wird die Schar der folgenreichen Risiken angedeutet, denen wir heute gegenüberstehen. Die globale kapitalistische Akkumulation muß Grenzen im Bereich des Endlichen haben, einerlei, welches die neuen technischen Entwicklungen sein mögen, die zwar vielleicht der kapitalistischen Produktivität nützen, im Hinblick auf den Schutz der Umwelt oder die militärische Sicherheit aber gefährlich sein können. Da Märkte innerhalb bestimmter Schranken sich selbst regelnde Mechanismen sind, können manche Arten von Knappheit zumindest eine beträchtliche Zeitlang bewältigt werden. Es liegt jedoch in der Natur der Sache, daß die der unbeschränkten Akkumulation zu Gebote stehenden Ressourcen begrenzt sind. Ferner kann es sich erweisen, daß die »äußerlichen« Momente, die – wie zum Beispiel die abgrundtief klaffenden globalen Ungleichheiten – von den Märkten entweder gar nicht oder nachteilig beeinflußt werden, sozial explosive Folgen zeitigen.

Mit Bezug auf die verwaltungstechnischen Ressourcen haben Tendenzen in Richtung zunehmender demokratischer Mitwirkung die Schattenseite, daß sie zum Ausbau totalitärer Macht führen können.[10] Die Verstärkung der Überwachungstätigkeit öffnet viele Wege zu demokratischer Beteiligung, ermöglicht aber zugleich die partikularistische Kontrolle der politischen Macht, die durch den monopolisierten Zugang zu den als Terrorinstrumente einsetzbaren Mitteln zur Gewaltanwendung gestützt wird. Besonders von Zygmunt Bauman ist deutlich gezeigt worden, daß Totalitarismus und Moderne nicht bloß kontingent, sondern wesentlich miteinander verbunden sind.[11] Daneben gibt es noch verschiedene weitere Formen von Zwangsherrschaft, die, obzwar sie keine regelrecht totalitären Regime sind, dennoch manche Merkmale solcher Regime an den Tag legen.

Die sonstigen Gefahrenarten sind auf den vorigen Seiten hinreichend erfaßt worden. Die Möglichkeit eines atomaren Konflikts ist nicht das einzige mittelfristige Zukunftsrisiko, dem die Menschheit im Hinblick auf industrialisierte Kriegsführung gegenübersteht. Eine breite militärische Auseinandersetzung, bei der ausschließlich konventionelle Waffen zum Einsatz kämen, hätte verheerende Konsequenzen, und die fortwährende Verquickung von Wissenschaft und Rüstungstechnik könnte zur Produktion anderer Waffenarten führen, die nicht weniger tödlich wären als Atomwaffen. Die Chance einer ökologischen Katastrophe droht zwar weniger unmittelbar als das Risiko eines großen Krieges, doch in ihren Folgen ist sie nicht minder beunruhigend. Es könnte durchaus sein, daß langfristige

10 Giddens, *The Nation-State and Violence*, 11. Kapitel.

11 Zygmunt Bauman, *Modernity and the Holocaust*, Cambridge: Polity, 1989.

irreversible Umweltschäden gravierender Art bereits eingetreten sind, wobei vielleicht Phänomene im Spiel sind, von denen wir bis jetzt keine Ahnung haben.
Es gibt kaum noch jemanden auf dieser Erde, dem es vielleicht noch nicht zum Bewußtsein gekommen ist, daß jenseits der Moderne womöglich nichts weiter liegt als eine »Republik der Insekten und Gräser« bzw. ein Häuflein ramponierter und erschütterter sozialer Menschengemeinschaften. Keine Vorsehungskräfte werden unweigerlich einschreiten, um uns zu retten, und keine historische Teleologie gewährleistet, daß diese zweite Version der Postmoderne nicht die erste verdrängt. Die Apokalypse als kontrafaktische Möglichkeit des täglichen Lebens ist uns derart vertraut geworden, daß sie nachgerade abgeschmackt wirkt. Doch wie alle Risikoparameter kann auch sie Realität werden.

VI

Ist die Moderne ein abendländisches Projekt?

In der vorliegenden Untersuchung habe ich durchweg von der »Moderne« gesprochen, ohne mich sonderlich auf die großen Sektoren der Welt zu beziehen, die außerhalb des Bereichs der sogenannten hochentwickelten Länder liegen. Wenn von der Moderne die Rede ist, meinen wir jedoch institutionelle Transformationen, deren Ursprünge im Abendland liegen. Inwiefern ist die Moderne etwas spezifisch Abendländisches? Bei der Beantwortung dieser Frage müssen wir verschiedene Merkmale der Moderne in Betracht ziehen, die analytisch auseinandergehalten werden können. Im Hinblick auf die Entstehung zusammenhängender Institutionengruppen sind zwei getrennte organisationsbildende Komplexe von besonderer Bedeutung bei der Entwicklung der Moderne, nämlich der *Nationalstaat* und die *systematische kapitalistische Produktion*. Beide wurzeln in spezifischen Eigenschaften der europäischen Geschichte und finden kaum Entsprechungen in früheren Zeitabschnitten oder in fremden kulturellen Umfeldern. Wenn sie seither in engem Zusammenspiel die ganze Welt erfaßt haben, liegt das vor allem an der von ihnen selbst erzeugten Schubkraft. Keine andere, traditionaler verfaßte Gesellschaftsform ist imstande gewesen, sich dieser Kraft insofern zu widersetzen, als es ihr gelungen wäre, außerhalb der globalen Entwicklungstrends zu bleiben und dabei ihre vollständige Autonomie zu wahren. Ist die Moderne ein ausgeprägt abendländisches Projekt im Hinblick auf die Lebensformen, welche von diesen beiden Transformationsinstanzen begünstigt werden? Die unverblümte Antwort auf diese Frage muß »Ja« lauten.

Die Globalisierung stellt, wie in dieser Untersuchung betont worden ist, eine der grundlegenden Konsequenzen der Moderne dar. Sie ist mehr als nur die Verbreitung der abendländischen Institutionen über die ganze Welt bei gleichzeitiger Zerstörung der übrigen Kulturen. Die Globalisierung – ein ungleichmäßiger Entwicklungsprozeß, der zugleich koordiniert und fragmentiert – bringt neue Formen der weltweiten Interdependenz ins Spiel, wobei es wiederum keine »anderen« gibt. Im Zuge der Förderung weitreichender Möglichkeiten globaler Sicherheit schaffen diese Interdependenzformen auch neuartige Risiken und Gefahren. Ist die Moderne, vom Standpunkt ihrer Globalisierungstendenzen betrachtet, etwas ausschließlich Abendländisches? Nein, das kann sie nicht sein, denn hier sprechen wir ja von neu auftauchenden Formen der Weltinterdependenz und des planetarischen Bewußtseins. Die Art und Weise, in der man an diese Probleme herangeht und sie löst, wird allerdings unweigerlich Konzepte und Strategien ins Spiel bringen, die von nichtabendländischen Umfeldern herrühren. Denn weder bei der radikaleren Durchsetzung der Moderne noch bei der Globalisierung des sozialen Lebens handelt es sich um Prozesse, die in irgendeinem Sinne abgeschlossen wären. Angesichts der kulturellen Vielfalt insgesamt bestehen viele verschiedene Möglichkeiten, in kultureller Hinsicht auf solche Institutionen zu reagieren. In einem globalen System, das in puncto Reichtum und Macht durch krasse Ungleichheiten gekennzeichnet ist, entstehen Bewegungen, die über die Moderne »hinausführen« und von diesen Ungleichheiten nicht unberührt bleiben können.

Die Moderne geht nicht nur im Hinblick auf ihre globalen Auswirkungen ins Allgemeine, sondern auch im Hinblick auf das reflexive Wissen, das für ihren dynamischen Charakter grundlegend ist. Ist die Moderne in *dieser* Hinsicht etwas unverwechselbar Abendländisches? Diese Frage muß bejahend, wenn auch mit gewissen eindeutigen Einschränkungen beantwortet werden. Die in der Reflexivität der Moderne angelegte radikale Abwendung von der Tradition führt zu einem Bruch, der sie nicht nur von früheren Zeitaltern, sondern auch von anderen Kulturen trennt. Da sich die Vernunft als außerstande erweist, eine Letztbegründung ihrer selbst zu liefern, hat es keinen Sinn, so zu tun, als beruhte dieser Bruch nicht auf kultureller Bindung (und Macht). Doch die Macht führt nicht unbedingt zur endgültigen Lösung von Problemen, die sich daraus ergeben, daß die Reflexivität der Moderne immer weiter um sich greift. Das gilt insbesondere in bezug auf die umfassende Anerkennung und Respektierung des diskursiven Argumentierens. Das diskursive Argumentieren (einschließlich der für die Naturwissenschaft maßgeblichen Begründungsweise) beinhaltet Kriterien, die sich über kulturelle Differenzierungen hinwegsetzen. Sofern man sich an eine solche Argumentationsweise als Mittel zur Schlichtung von Meinungsverschiedenheiten bindet, ist daran nichts »Abendländisches«. Wer vermag jedoch anzugeben, welche Schranken der Ausbreitung solcher Bindungen womöglich auferlegt werden? Denn die Radikalisierung des Zweifels ist ihrerseits stets Zweifeln ausgesetzt und ist daher ein Prinzip, das entschiedenen Widerstand herausfordert.

Schlußbemerkungen

Abschließend möchte ich versuchen, die Themen der vorliegenden Untersuchung zu resümieren. Vor allem in den industrialisierten Gesellschaften – doch in gewissem Maße in der Welt insgesamt – ist für uns eine Zeit der Hochmoderne angebrochen, die von ihren Bindungen an die beruhigenden Momente der Tradition ebenso abgeschnitten ist wie von dem lange Zeit festverankerten Ausgangspunkt der Vorherrschaft des Abendlands (und diese Verankerung ist für die anderen nicht weniger gültig gewesen als für diejenigen, die »dazugehören«). Die Begründer der Moderne suchten zwar nach Gewißheiten, um mit deren Hilfe vorgegebene Dogmen zu verdrängen, doch im Grunde bringt die Moderne die Institutionalisierung des Zweifels mit sich. Unter Modernitätsbedingungen sind alle Wissensansprüche ihrem Wesen nach zirkulär, obwohl »Zirkularität« in den Sozialwissenschaften etwas anderes bedeutet als in den Naturwissenschaften. In diesen geht es dabei um die Wissenschaft als reine Methode, weshalb gilt, daß alle gehaltvollen Formen »akzeptierten Wissens« prinzipiell widerlegt werden können. Die Sozialwissenschaften dagegen nehmen zweierlei Bedeutungen von »Zirkularität« in Anspruch, in denen diese für die modernen Institutionen grundlegend konstitutiv ist. Die von ihnen geltend gemachten Wissensansprüche sind prinzipiell allesamt revidierbar, doch außerdem werden sie in einem praktischen Sinne »revidiert«, indes sie in der von ihnen beschriebenen Umwelt zirkulieren und diese auch wieder verlassen.

Das Globalisierende liegt im Wesen der Moderne, und die beunruhigenden Konsequenzen dieses Phänomens verbinden sich mit der Zirkularität ihrer reflexiven Beschaffenheit, um einen Ereignisbereich zu bilden, in dem Risiko und Gefahr einen neuen Charakter annehmen. Die Globalisierungstendenzen der Moderne sind zugleich extensional und intensional: die Individuen werden dadurch mit umfassenden Systemen verknüpft und so zu Bestandteilen komplexer dialektischer Veränderungsprozesse, die sich am lokalen ebenso wie am globalen Pol zutragen. Viele der häufig als postmodern bezeichneten Phänomene betreffen in Wirklichkeit die Erfahrung des Lebens in einer Welt, in der Anwesenheit und Abwesenheit in historisch neuartiger Weise miteinander verschmelzen. Während sich die Zirkularität der Moderne durchsetzt, verliert der Fortschrittsbegriff seinen Inhalt; und auf der lateralen Ebene kann das Quantum des infolge des Lebens in »einer einzigen Welt«

täglich nach innen fließenden Informationsstroms überwältigend wirken. Dabei handelt es sich jedoch *nicht* in erster Linie um eine Äußerung kultureller Fragmentierung oder der Auflösung des Subjekts in eine »Welt der Zeichen« ohne Zentrum, sondern dies ist ein Prozeß der gleichzeitigen Umgestaltung der Subjektivitität und der globalen Gesellschaftsorganisation, der sich vor dem beängstigenden Hintergrund folgenreicher Risiken abspielt.

Die Moderne ist ihrem inneren Wesen gemäß zukunftsorientiert, so daß die »Zukunft« den Rang kontrafaktischer Modellentwürfe erhält. Dies ist ein Faktor, auf dem meine Vorstellung von utopischem Realismus gründet, obwohl es daneben noch andere Gründe für dieses Vorgehen gibt. Vorahnungen der Zukunft werden zu einem Bestandteil der Gegenwart und prallen daher von der wirklichen Entwicklung der Zukunft zurück. Der utopische Realismus verbindet das Öffnen von »Fenstern« in die Zukunft mit der Analyse anhaltender institutioneller Trends, so daß politische Zukunftsverläufe in der Gegenwart enthalten sind. Damit werden wir auf das zu Beginn dieses Buches angeschnittene Thema der Zeit zurückgeführt. Wie könnte eine postmoderne Welt im Hinblick auf die drei Faktorenmengen aussehen, die zunächst als Grundlagen des dynamischen Wesens der Moderne genannt wurden? Denn falls die modernen Institutionen eines Tages weitgehend überwunden sind, könnten auch grundlegende Änderungen bezüglich dieser Faktoren unmöglich ausbleiben. An diesem Punkt werden einige wenige Bemerkungen als Schlußaussage genügen müssen.

Die Utopien des utopischen Realismus stehen sowohl zur Reflexivität als auch zur Temporalität der Moderne im Gegensatz. Utopische Verordnungen oder Vorahnungen legen eine Grundlinie für künftige Sachverhalte fest, von der her die endlose Offenheit der Moderne abgeblockt wird. In einer postmodernen Welt wären Raum und Zeit in ihrer

Wechselbeziehung nicht mehr durch Historizität geordnet. Ob das ein Wiederaufleben dieser oder jener Form von Religion nach sich zöge, ist schwer zu sagen, doch vermutlich würde bestimmten Aspekten des Lebens eine neuerliche Starrheit anhaften, die an manche Merkmale der Tradition denken ließe. Eine derartige Starrheit würde ihrerseits ein Fundament abgeben für das Gefühl der ontologischen Sicherheit, das durch das Bewußtsein von einem menschlicher Kontrolle unterworfenen sozialen Universum verstärkt würde. Das wäre dann keine Welt, die »nach außen kollabiert« und in dezentralisierte Organisationen auseinanderfällt, sondern sie würde zweifellos das Lokale in komplexer Manier mit dem Globalen verflechten. Würde eine solche Welt eine radikale Neugliederung von Raum und Zeit nach sich ziehen? Das dürfte wahrscheinlich sein. Doch mit derartigen Überlegungen beginnen wir die Verbindung zwischen utopischer Spekulation und utopischem Realismus zu lösen. Und damit gehen wir weiter, als einer Untersuchung dieser Art gebührt.

Register

Schaubilder

Tabellen